漂流‧陶養與另類教育

台灣另類教育學會2007年度學術研討會論文集

馮朝霖 編著

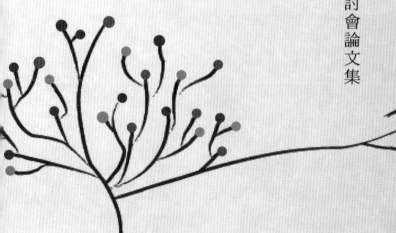

 政大出版社
Chengchi University Press

本書經國立政治大學出版委員會
社會科學學門編輯委員會審查通過

國家圖書館出版品預行編目資料

漂流・陶養與另類教育／馮朝霖編著.
　－－初版. －－臺北市；政大出版社出版，
　2011.12　面：　　　公分

ISBN：978-986-6475-14-6（平裝）

1. 教育哲學　2. 教育改革

520　　　　　　　　　　　　　100020267

漂流・陶養與另類教育

編　著｜馮朝霖

發 行 人：吳思華
發 行 所：國立政治大學
出 版 者：政大出版社
執行編輯：張幼群、吳儀君
地　　址：11605台北市文山區指南路二段64號
電　　話：886-2-29393091#80625；80626
傳　　真：886-2-29387546
網　　址：http://nccupress.nccu.edu.tw

經　　銷：元照出版公司
地　　址：10047台北市中正區館前路18號5樓
網　　址：http://www.angle.com.tw
電　　話：886-2-23756688
傳　　真：886-2-23318496
郵撥帳號：19246890
戶　　名：元照出版有限公司

法律顧問：黃旭田律師
電　　話：886-2-2391-3808

排　　版：唯翔工作室
印　　製：上新實業股份有限公司
初版一刷：2011年12月
定　　價：320元
I S B N：9789866475146
G P N：1010003999

政府出版品展售處
・國家書店松江門市：104台北市松江路209號1樓
　電話：886-2-25180207
・五南文化廣場台中總店：400台中市中山路6號
　電話：886-4-22260330

CONTENTS

PART 3　另類教育・全球思維

漂流・陶養與教育
「台灣另類教育學會2007年度學術研討會論文集」序文

馮朝霖

國立政治大學教育學系教授兼幼兒教育研究所所長

I've learned nothing without leaving, nor taught another without inviting him or her to leave the nest.[1]

陶養可以被最適當地描述爲無盡的努力以追求感情與思想的和諧、激情與道德律的統一，或被理解爲朝向無法抵達的目標——內在之神——的永恆之旅。[2]

美國教育哲學家Rebecca Matussewicz以爲「將自己置於教育之途，即是去成爲流浪者追尋通道以邁向更適當的存在之道」（To put oneself on the path of education is to become a nomad in the search for passages toward more just ways of being.）。這是「漂流」作爲後現代教育思維的典型表達。

然而漂流的美學與莊子所謂的「浮游」精神難道不也異曲同工？莊子〈在宥篇〉說：「浮游，不知所求；猖狂，不知所往；遊者鞅掌，以觀無妄。朕又何知！」（我順興而游，沒有什麼企求。任運而爲，不知道去那裏！游心到紛紜雜沓的境界，體察萬物的本眞，我又能知道些什麼呢？）

---

1 Serres, M. (1989). *Détachement* (English, translated from the French by Genevieve James and Raymond Federman). Athens: Ohio University Press.
2 Schiller, F. (1994). *Kallias Oder Über Die Schönheit: Über Anmut Und Würde.* Stuttgart: Reclam.

尼采也對此說過很精采的一段：

> 我們之渴望出外流浪或許是一種瘋狂而殊爲不智的行徑⋯⋯一
> 個人如果想要得到卓越的知識，則他的體態必然得十分輕盈，
> 因爲他必須飛躍自身所處的時代，以成就一雙盱衡千古的慧
> 眼，而在慧眼中還含藏著一個美妙的天堂⋯⋯

當代法國思想家Michel Serres的教育思想更令人激賞地提出「吟遊
詩人」（Troubadour）的美學隱喻：

> 流浪在它自己所開闢的道路上，流浪在這條幾乎不會找到自身
> 的道路上，只有焦慮、暴露與其中的突變相互支持，不停的在
> 地球上的其他破碎之處冒險，展翅如隨風飄揚的旗幟，在上路
> 之前沒有任何的援助或幫助⋯如同展翅在樹葉邊盤旋的飛鳥，
> 想要逃離、想要走向不同之處，開放的出走（exode）中，行吟
> 詩人（trouvères），他是快速的在新發現中找到新穎性的發現
> 者，受苦難以及歌唱。

德國教育學者Roland Reichenbach認爲：當代陶養理論有很好的理
由去看清其「陶養」（Bildung）已經是去目的論概念，但尙必須努力
的乃是試著構思一個無目的論（a-teleological）的陶養理論。從後現代
的觀點來看，「陶養」的歷程可被理解爲「附隨未知結果的不斷轉化歷
程」（processes of Bildung are perceived as processes of transformation with
unknown outcomes），而非趨向完美化的過程（Vervollkommung）。

而遠在19世紀，德國新人文主義標竿人物的美育哲學家席勒就曾指
出「陶養」的內在性意義，或其「無用之用」的通識教育意義：「陶養
可以被最適當地描述爲無盡的努力以追求感情與思想的和諧、激情與
道德律的統一，或被理解爲朝向無法抵達的目標『內在之神』的永恆

之旅。」（Bildung could, thus, in a first approximation, be described as the never-ending effort to achieve the unity of feeling and thoughts, of passion and moral law, or as the never-ending journey towards the unreachable goal of "God within".）[3]

　　古今中外眾多哲人賢聖無不以「浮遊／漂流」作爲生命轉化、藝術實踐或宗教修行必要歷程之隱喻：孔子「周遊列國」、莊子「浮游於世」、禪宗六祖慧能「藏遊於獵」、歌德教育名著《威廉師父浪遊記》、尼采名著《查拉圖斯特拉如是說》、赫塞文學名著《流浪者之歌》……尤其令人印象深刻者莫如20世紀初德國教改運動之一，名爲「青年漂鳥運動」（Jugend Wandernvogel Bewegung）！

　　如今，漂流、浪遊、體驗……幾乎已成爲「另類教育」、後現代教育思潮的流行理念，何以至此？何以如此？另類教育（alternative education）研究與實踐在台灣始終處於邊緣位置，然而「主流」到底是什麼？

　　2007年11月24日，一群對於另類教育思潮理論與實踐特別關心、有心的朋友，在政治大學「邁向頂尖大學」經費支持下，於教育學院（井塘樓）舉辦了一天的學術研討會，共同探討人生與學習境界的各種可能性！會後本人作爲主辦單位之一的負責人（台灣另類教育學會第一屆理事長），徵詢了若干論文發表人的同意，希望在作者對論文做了適當修正之後以專書方式出版面世。

　　本書共收錄了十篇論文，其中八篇是研討會上所發表的論文，而吳靖國教授〈失・思・詩：詩性智慧對校園「詩性領導」的啟示〉一文雖然並非研討會現場的題目，但與原先的題目都是以研究G. Vico的教育哲學爲宗旨，契合研討會原先規劃的目的。

　　為了使本書能呈現更有系統性或有機性，乃將文章編成三部：第一部「漂流・教育美學」收錄二篇論文；第二部「陶養・教育文化」收錄

3 Schiller, F. (1994). *Kallias Oder Über Die Schönheit: Über Anmut Und Würde* (Stuttgart: Reclam)；英文翻譯出自Hohr, H. (2002). "Illusion－How Friedrich Shiller Can Cast Light on Bildung." *Journal of Philosophy of Education* 36(3): 487-501.

四篇論文；第三部「另類教育‧全球思維」也收錄四篇。爲引導讀者方便閱讀，筆者利用小小篇幅對於各文之主旨與重點稍做說明如下：

第一部 漂流‧教育美學

■許宏儒〈吟遊者：Michel Serres的教育思想初探〉

本文旨在探討法國研究院（L'Académie française）院士（fauteuil）Michel Serres所撰《博學的第三者》（*Le Tiers-Instruit*, 1991）中的思想及其在教育上的啓思。Serres的「博學的第三者／知識的吟遊者」（le tiers instruit / troubadour of knowledge）爲法國學術界帶來了「另類」的人類與教育的意義，其中的教育蘊義在於漂流、冒險、去執、尋渡與愛。這個吟遊者，不斷地遨遊在各種知識場景與各種人類境遇中，不斷地越界、轉化與領略異地風光。他在冒險中學習到了事物、他在漂流中承受苦難、他在受苦中懂得節制並且能愛，因而他以愛尋覓著人與人之間的連結與通道，也就是能「尋渡」（seeking passage）。進而，他能創造。

■劉育忠〈無目的論的教育學可能性想像：後結構主義與另類教育的接合〉

傳統上，另類教育（alternative education）做爲主流教育學其社會控制及意識型態霸權再生產的抗拒實踐，本質上具有批判教育學（critical pedagogy）與差異教育學（pedagogy of difference）的激進教育（radical education）性質，因而細究另類教育的運作邏輯仍有停留於異／己、內／外、主流／另類等傳統二元對立邏輯之危險，也因而侷限其逾越、漂流的可能性。本文試圖通過啓用後結構主義思想來展現教育學另類邏輯思考的可能進路，以及逾越傳統邏輯之後所可能展顯出的存有動力樣態，進而構思一種不斷逾越、延異的生存實踐，並嘗試設想一種「無目的性」的教育學理論，據以陶養另類教育所需的差異實踐主體。

第二部 陶養‧教育文化

■梁福鎭〈斯泰納人智學教育學的另類教育涵義〉

　　本文採用教育詮釋學方法，對斯泰納的人智學教育學進行探討，主要的目的有下列幾項：（一）探討斯泰納人智學教育學的思想淵源；（二）分析斯泰納人智學教育學的主要內涵；（三）評價斯泰納人智學教育學的優劣得失；（四）說明斯泰納人智學教育學對另類教育的涵義。斯泰納深受德國觀念論、哥德自然科學、席勒美育思想、叔本華輪迴思想和尼采生命哲學的影響，批判自然科學對人類認識的不足，提出人智學教育學的理論。研究者希望經由斯泰納人智學教育學的探究，指出其學說的優點與缺點，提供我國做為建立另類教育理論和改善另類教育實際的參考。

■陳幼慧〈「理解」、「陶冶」與「文化傳承」：斯普朗格的文化教育學研究〉

　　文化教育學奠基於「精神科學」（Geisteswissenshaften）之理論基礎。主要代表學者為斯普朗格（Eduard Spranger, 1882-1963）。斯普朗格曾任柏林大學哲學與教育學的教授，其思想深受洪堡和施萊爾瑪赫（Friedrich Schleiermach）的人文主義、狄爾泰的精神科學，以及新康德西南學派價值哲學之影響，並以此建構出文化教育學（Kulturpädagogik）之理論。教育學一方面有著主觀純理想主義的意義，另一方面也具有客觀精神的特質。斯氏認為，教育的活動是在結合主觀人格和客觀文化的關係，吾人必須把自己織進文化關係之中，共同創造其文化價值。精神科學的人文教育學即是注重教育對人的價值和意義的提升，將文化、教育（Bildung, Erziehung）、人三者連接起來，融為一體。

■吳靖國〈失・思・詩：詩性智慧對校園「詩性領導」的啓示〉

　　本文主要從詮釋Vico「詩性智慧」理念之當代教育意義，進而嘗試建立其「詩性領導」的意涵與用於思考校園領導的可能啓示。本文首先闡釋Vico詩性智慧的現代意義，接續說明校園領導的獨特性，並透過所獲得之詩性智慧的基本精神，來啓發「詩性領導」的意涵，進而指出「詩性領導」在校園中的相關作為。我們的社會已經不是遠古的初民社

會，不再是神學詩人的時代，而且距離Vico的年代也有三個世紀，因此對於「詩性智慧」的意涵也將會有嶄新的詮釋和應用，尤其面對「校園」所具有的獨特性質，嶄新的「詩性智慧」意涵所啓發出來的「詩性領導」（poetic leadership）理念，將在轉型領導、僕人領導、感恩領導、女性領導等理念之後，爲校園領導帶來進一步的思考和啓示。

■詹家惠〈體制內另類教育實踐之可能──媒體教育的美學轉向〉

　　台灣媒體教育的發軔，早在教育部2002年《媒體素養教育政策白皮書》公佈前十年已經開始。白皮書所揭示的政策，朝向與既有推動媒體素養組織結合，因此，這些由媒體部門與傳播學門爲主的非營利組織所推動的媒體教育實踐，持續主導著台灣媒體教育的發展，並仍爲媒體教育師資培育的舵手。然而，做爲一個師資培育單位，若缺乏對學校教育氛圍的了解、教育本質的關懷，同時卻背負著強烈、無可懷疑的「道德使命」──批判媒體以端正視聽，進行教育活動，恐有淪於「反教育」之虞。當前媒體教育主要取向──「批判媒體」已呈顯「套裝知識」、「去脈絡化的實踐」與「學科本位與升學主義」的潛在問題，這是形成「假性批判」與「道德僞善」教育現象的原因。本文針對當前媒體教育發展的隱憂，尋思改善之道，逐漸發現美學取向的教育及課程理論，與另類教育理念不謀而合；媒體教育眞正的目的與意義，更與另類教育精神有融通之處，本文認爲媒體教育的美學轉向有助於平衡當前批判取向的偏頗，更可能做爲體制內學校實踐另類教育理念的嘗試。

第三部 另類教育‧全球思維

■王俊斌〈另類教育即人性涵養：Dewey實驗學校簡史回顧（1896-1903）〉

　　Dewey在1896年決定將過去在Michigan便已醞釀的教育改革與理想進一步付諸實現，此即他創設之「實驗學校」（Laboratory School，後來又稱「杜威學校〔Dewey School〕」）。這一所實驗學校設置的目的，他是希望通過大學來制定出從幼兒園到大學的一套有機整體的學校制度。1903年時，Dewey又再次嘗試將師範教育之實習學校與實驗學校

兩者加以合併，三年之後由於人事的紛爭，Dewey提出辭呈離開Chicago University，並同時轉赴Columbia University擔任哲學教授。他離開後，以引領當時主流思潮之Dewey哲學為基礎的另類教育實驗也頓時劃下句點。作者認為Dewey在Chicago University實驗學校的8年，這段時間正是他教育理想形成與發展的重要時期。

本文之目的正是期待能夠藉由重新閱讀Dewey在這段時間他提出有關實驗學校的組織計畫以及各種具體措施、以及其他有關實驗學校的記錄，期能透過這一段較少被提及的歷史，體會Dewey個人「另類教育」理念的世界。作者認為本文無疑會讓我們看見教育原本就應該有的豐富可能性，而且也能體會一種強調創化與邂逅的教育視野，或者是一種美學化的詩意實踐，進而成就人性涵養（Cultivating Humanity），而這應該也是另類教育的普世意義。

■許家齡〈遲來的春天：一所香港另類學校誕生的敘事研究〉

近十多年來，另類教育的思潮不斷衝擊亞洲地區的體制教育。華人地區相繼出現多所的另類學校。當中以台灣的成果最為豐碩，多元理念的教育模式及學校陸續誕生。然而不論地理環境及社會文化都與台灣相近的香港，至今仍未能出現一所另類學校。究竟原因，到底是香港此彈丸之地容不下另類教育？或是另有原因？本文以香港一所成立中的另類學校（自然學校）創辦人之一的質性敘說，探討該校在創辦道路上所經歷過的各個發展階段，從中窺探出香港另類教育發展步伐緩慢的原因。作者認為源自英國夏山學校的開放理念的種子落在貧瘠的香港教育土壤上，幸好得到台灣另類教育經驗的滋養才能萌芽成長。香港、台灣以至其他華人地區的另類教育發展容易互相影響，從理解香港另類教育的發展或許可以更全面地展望整體華人社會另類教育未來的發展趨向。

■薛雅慈〈另類教育的理念溯源及其與當代新興教育思潮的邂逅：兼論對台灣中小學體制化教育現場的反思〉

本文旨在從教育思潮的發展，釐出另類教育的起源、思想發展、以

及與當代新興教育思潮——多元文化教育、知識建構論、後現代課程思潮的邂逅與接軌。作者指出，從盧梭提出自然教育、人性本善的人本主義觀點後，思想家康德在教育上曾鼓吹民間參與各種教育實驗；而後杜威的實驗主義更將「教育實驗」賦予理念基礎——教育是哲學的實驗室，哲學是教育的一般性理論。而肇因於美國公立學校的體制化與缺乏彈性，六、七〇年代出現了「反學校化運動」，更加速了「另類教育」的呼聲與風潮。因此西方另類教育的傳統源自人本進步主義，由盧梭、裴斯塔洛齊、帕克、杜威、尼爾、赫特等人的思想鼓吹與教育行動相傳下來，其思想主軸是人本、自主、適性發展、建構、創新、多元等價值。

　　本文主要論點乃是，從當代各種新興教育思潮與社會環境條件等觀點來看，教育實驗與另類教育的核心價值不正是當代各種教育思潮所期盼塑造的人與社會嗎？另類教育已不是背於主流外的另一種聲浪，而是對於當代教育思潮與社會情境的一種真實的行動力：實驗與實踐。本文最後也反思台灣教育當前的脈絡，認為當前教育現狀與21世紀世界最為核心的價值——多元與創新——仍有相當距離。教育實驗與另類教育在21世紀的台灣，其重要性也因而不言而喻。

■夏惠汶〈混沌中找到次序：從學校沒有統一的教科書談起〉

　　研究者在擔任校長期間，在學校本位的教育政策下，建構學群制度，於建構完成後，決定不再使用統一的教科書，進一步的解構由統一學習內容以邁向單一價值學習目標的迷思，認為不同取向的學習路徑仍然能達成個人學習成就。這個觀點緣起於後現代社會建構論，相信每一個人都圓融俱足，教師只是幫助學生找出已具備的能力來解決所面對的問題。學校提供一個安全的空間和氛圍，讓學生自由的展現潛在的能力。

　　研究者採用敘事研究方式讓受訪敘說者回憶參與主題式教學的歷程，如何從衝突中激發了團體動力又跟隨團體動力，在互為主體的回向往返牽連糾葛中繼續合作，從接受指令跟隨辦理到堅持自主。老師從主

導的位置轉而成爲陪伴角色，受訪者從漂浮不定的混沌狀態中，找到非知識性的學習對象或目標，不知不覺間確定了自己的方向和信念，以及屬於自己生命獨特的意義與價值。而研究者本身也在當時的參與過程中不斷反思與學習，更統整經驗推動「分散式平行處理」的組織型態，在忍受模糊的歷程中，覺察團體自行組織的可能性，發現一旦自行組織完成，其完成任務的動力比威權者運用權力更爲有效。也就是學生在混沌激盪中找到了方向和次序。

以上是本書十篇論文的主旨摘要。

本書的面世要感謝所有熱心關懷另類教育學術研究與實踐推展的朋友，如果沒有大家的合作與參與，台灣另類學會也不可能誕生，更不會有每年一次的學術研討會了！但願隨著本書的出版，台灣另類教育學會始終秉持的理念能獲得世人更多的理解與認同：

> 另類意含求變與創新，是人類文明發展的必要動力；另類與批判往往共生，批判而無另類則空洞，另類而無批判則盲目；包容與鼓勵另類既是自由民主文化發展的重要條件，也是其所憧憬的主要價值。

馮朝霖　謹誌

PART 1

漂流・教育美學

許宏儒◎吟遊者：Michel Serres的教育思想初探

劉育忠◎無目的論的教育學可能性想像：後結構主義
　　　　與另類教育的接合

吟遊者：Michel Serres 的教育思想初探

許宏儒

法國盧昂大學CIVIIC教育學研究中心博士後研究員
國立新竹教育大學教育學系兼任助理教授

壹、前言

Michel Serres 為法國研究院（L'Académie française[1]）[2]的院士
（fauteuil）[3]（以下簡稱Serres）。Serres於1930年9月1日出身於法國西南
方的小鎮Agen。他是一名哲學家、數學家、科學史學家、文學家與登山
家。畢業於著名學府巴黎高等師範學院[4]。畢業後擔任海軍，海洋因此也

---

1 這個字在這裡應是指稱法語，但若是直接翻譯成法語研究院，則會忽略它的另一項重要工
   作：對於法國藝術文化的支持。可詳見註解2。
2 這個研究院在國內與另一個較為人熟知的、Foucault在43歲時被選為教授的Collège de France
   同樣被翻譯為「法蘭西學院」（法漢字典亦是如此）。但兩者有所不同。法蘭西學院為一
   研究與教學之機構，但不是一般的教育機構，也不授予任何學位。其中的教授定期將其研
   究公開講演，也不限聽眾為何人，是法國十分獨特的研究與教育機構。Collège與Académie
   在法文都可稱為學院，研究者之所以區分二者的翻譯，是因為法蘭西學院負有教學工作，
   故將翻譯為「學院」，而法國研究院並無教學之實，故翻譯為「研究院」。法國研究院為
   法國學術地位十分高的學術機構之一（法國並無什麼大學或研究機構的排名，故它與法蘭
   西學院一樣是屬於重要的學術組織），建於西元1635年。它的目的有兩個，一個在於研究
   法語，並編纂字典；另一個則為支持文學、藝術等活動。法國投入極大的心力來研究與維
   護法語，並精細的定義每一個法語字，如英文外來語的軟體（software），法語也要透過
   這個研究院來精確的譯為「logiciel」。隨身聽（walkman），法語翻譯為「baladeur」。不
   過，e-mail這個國外來語雖被翻譯為「courrier éléctronique」，但因為念起來繁複，所以e-mail
   還是被廣為使用。
3 該學院目前有710名成員，但只有40名院士，每個院士都有一個數字的座位（數字並不代
   表順序或是高低之分），其地位十分崇高，並為編纂字典的主要負責人。要成為院士的資
   格條件十分嚴格，有一連串的審查與投票機制，而只有當一個座位的院士死亡後，候選院
   士才有機會經過審查而被選上。Michel Serres於1990年獲選為院士，其座位為18。另外如結
   構主義大師Lévi-Strauss於1973年獲選為院士，其座位為29。
4 國內較為熟知的Michel Foucault、Louis Althusser、Raymond Aron、Pierre Bourdieu、Émile
   Durkheim、Jacques Derrida也畢業於此。

成為思想很重要的元素。後來他在巴黎的第一大學、美國的Stanford大學任教，也在著名的法國Sorbonne大學任教並在這裡退休[5]。

　　本文主要聚焦探討他的《博學的第三者》（*Le Tiers-Instruit*, 1991）一書[6]。事實上，Serres他說，這本書就是他談論教育的著述（Serres, 1994b:245）。這個混雜交融的「博學的第三者」，又稱做「知識的吟遊者」（The Troubadour of Knowledge）[7]，主要是Serres本人同意其英文翻譯本的書名可以更改為*The Troubadour of Knowledge*（1997）[8]（Paulson, 2005:25）。這個知識的吟遊者，不斷地遨遊在各種知識場景與各種人類境遇中，不斷地越界、轉化與領略異地風光：是故，他的旅程就是種學習、他本身在旅程當中不斷地轉化與解構自身，就蘊含著一個十分豐富的教育蘊意。

　　在《博學的第三者》當中，Serres以寫作誕生了一個新生兒，稱作博學的第三者（le tiers-instruit）。這「博學的第三者，他什麼都不是（qui n'était rien），今天才誕生，開始成為些什麼並開始成長。他在這本書中誕生，並且，作為他的父親，我許了他一個長久的生命」（Serres, 1991:81）。這名新生兒的另一個名字，叫做「吟遊者」（troubadour）或是「行吟詩人」（trouvères），其意味著不停的追尋的人。Serres他讚道：「喔！我們只能知道這些尋找者」（nous ne reconnaissons plus que les chercheurs）（Ibid., 163）。博學的第三者不停的追尋、不停的找尋，他是吟遊者。為什麼稱「第三者」（le tiers）？第三者是建立在「兩者間」（entre-deux）的交合與轉化，開展成為第三者。事實上，他原先

5　事實上，研究者與Michel Serres本人通過信，想到法國與之學習。而Serres親自打了一封信，並以航空郵件寄到家中，並親筆簽名，說明他瞭解我的想法，不過因為他已退休了很多年（高齡77歲），現在也不教任何的課程，或是領導任何的研究。但他留下了家裡的住址與電話，十分熱誠的歡迎我到巴黎去時與之聯絡。

6　當然，若是只有探討他一本書，會有斷章取義之嫌。故筆者仍會參閱Serres其他的著作，並且會穿插在本文中。唯因篇幅限制，所以無法一一列舉與陳述。

7　「Troubadour」這個字原本指的是12、13世紀時，在法國南部的「吟遊詩人」。但是，在Serres的書中，「Troubadour」這個字涉及到的不只是只有「詩人」之意，還包括學習者、教育者、流浪者、受苦者、能愛人者與能創造者。故本文使用「吟遊者」來統稱這些意義。

8　Serres, M. (1991). *The Troubadour of Knowledge*. (English translated from Sheila Faria Glaser and William Paulson, 1997. Ann Arbor: University of Michigan Press.)

扮演的是「被排除者」（l'exclu）的角色：他製造噪音、擾亂穩定的系統，必須被加以排除：「企圖去排除噪音，同時也是對於知識型式成功的理解狀態和溝通狀態」（Serres, 1969:43）。也就是說，我們企圖排除雙方面溝通時所產生的干擾噪音，以利溝通進行。被排除者事實上就是「第三者」，他被認爲是擾亂兩方之間交相互動的因素，因此必須被排除。但是，在Serres那裡，第三者被賦予極爲重要的角色，他的化身是：擾亂宿主但也轉化宿主的「寄生蟲」（le parasite）；是傳遞上天的訊息，然而並非以直線式的轉譯，而是在傳遞過程中更改、擾亂、轉變，甚至是偷盜與欺瞞訊息的古代訊息之神「Hermès」[9]。總而言之，他是個混種之人、是名混血兒、是中介者、干擾者、轉譯者、交融者、遨遊者、流浪者、漂流者、冒險者與造橋者。Serres 認爲，就是這種干擾與擾亂，使得意義不斷的更新；就是這個第三者，使得主體與他者，得以重新轉化融合；就是這個第三者，由於在各種溝通關係、各種知識領域、各種意義中間扮演傳遞者與轉譯者的角色，所以他能跨學科、跨意義、跨領域、跨越主體與他者之間，不斷地吸收四面八方來的各種意義與資訊，並從身體到心靈內在開始交雜融合，因而可稱之爲「博學的第三者」。這個第三者指明的是人類學習知識，必須進行混合交雜，在既有的兩者間（自然科學與人文科學、客觀與主觀、現代與後現代間、甚至是人與人之間、人與自然之間等等）不斷地進行混合交雜。那爲什麼稱作吟遊者？「遊」，在Serres那裡，就是越界、跨界、改道而行、冒險、旅行、漂流與尋渡[10]。「吟」，意味著他遊歷了各處、學習了各種事物、經歷了各種苦難，他以羽毛筆、以詩、以歌唱、以音樂、以愛來

9　甚至到九〇年代他更以「天使」（les anges）稱之。天使，有著更進一步凸顯「複雜性」的意味，而其中，Serres將具有偷盜意味的Hermès之神換成了無以計數的天使，所顯示出的是，他對於從六〇年代到九〇年代，一個更爲複雜的世界已然形成的表徵（Serres, 1993）。

10　「尋渡」（seeking passage）主要是來自於Rebecca A. Martusewicz 在2001年所出版的 *Seeking Passage: Post-Structuralism, Pedagogy, Ethics* 一書。在這本書中，她引用了許多Serres的理論，尤其是在「知識的吟遊者」這個概念。之所以翻譯爲「尋渡」，則是因爲她引用了許多Serres在《西北航道》中，致力尋找那可能存在但又常常關閉、狹小崎嶇的、自然科學與人文科學之間、甚至是人與人或是人與世界之間的「通道」或是「渡」（passage）。所以，加入「尋」在「渡」前，也代表了一種永無止盡的漂流與追尋之路。

訴說著這一切[11]。

貳、旅行（le voyage）

首先要先進入到「遊」的部分。既然這混血之人的「身體越界……身體從第三個世界成長，那麼他經由這個世界開始過境到下一處」（Serres, 1991:25）。這個第三個世界是在河流中：「第三者經常出現在游泳穿越河流時所發現的第三處（tierce place）」（Ibid., 31）。為什麼第三者要進入到如同河流的第三處？因為第三者就生於中介之處，他處在交流之處，他處在的是許多河流交會但又發散之處，他遊於其中：

> 他真正是三重的或是第三個的（tiers），居住在海濱也經常出沒在兩個方向（按：主體與他者）交會處之中，他也住在、出沒在流動的河流與風之中，以不自在的傾斜方式游泳，他也出沒在產生決定的數個意圖之中；而河流之中又有河流，身體之中有裂痕，它們之中又被羅盤或是圓形建築形所構成，透過羅盤或是圓形建築又分散出兩百種或是三百種方向。……他是多重的（multiple）。他是方向的來源（source）或是交流處（échanger）……他已經將一個羅盤吸進到他液態的身體裡……在河流移動的主軸上和顫抖的、感動的身體上，是方向的來源。（Ibid., 27）

第三者的身體就是一種混種。質言之，人的身上本來就負載著許許多多不同的意義與記憶，或連貫、或斷裂、或一致、或矛盾。第三者的

---

11 關於第三者、被排除者、寄生蟲、Hermès甚至「天使」，除了《博學的第三者》一書外，均可參考《寄生蟲》（*Le Parasite*, 1997a）、《闡明：與Bruno Latour的五個對話》（*Eclaircissements: Cinq Entretiens avec Bruno Latour*, 1994b）、《天使的傳說》（*La Legende des Anges*, 1993）等書。關於現代主義與後現代主義、自然科學與人文科學、人與自然、人與世界的融合，則得另行他文專述。亦可參考《闡明：與Bruno Latour的五個對話》、《Hermès V: 西北航道》（1980）、《自然契約》（*le contrat naturel*, 1990）、《重返自然契約》（*Retour au contrat naturel*, 2000）等書。

身體記憶中，隱隱約約的，不停的因為這種混種而有著分裂的傾向：
「也許，我的生活處於一種記憶，這種記憶是撕裂的時刻，身體爆裂成
為了好幾個部分，身體跨越了記憶和遺忘的、奔騰不息的、縱橫交錯的
河流」（Ibid., 35）。身體既然已經開始混雜、開始越界，人將開始追尋
自己，人將開始不斷地問：我是誰？我從哪裡來？我該是什麼樣貌？而
「要對於自己的起源精確證實，這顯示出到第三者的路⋯⋯他發現流動的
起源，他⋯⋯致力其中」（Ibid., 108）。第三者之路就是追尋自我之路。
而在這種追尋的過程中，「人不相信〔這就是自己〕、人相信〔這就是
自己〕；這些無法成定局，但是會一直發生」（Ibid., 229）。第三者，在
「這種狀態晃動著不穩定性或是可能穩定的性質，在平衡與失衡、存在與
虛無當中」（Ibid., 30）漂流著、遊蕩著。但總而言之，我們不斷地在第
三處之中追尋著生命與意義：

> 現實中，我們並不像樹牢牢地紮根在地上一樣，也不像所有
> 的植物不動地由偶然擾動的空氣獲得養分，或是播種於混沌
> 的失序狀態中，只有某些環境才能使它紮根生長。不同於動
> 物，其中遷徙的動物仍然走著相同的路，我們並不滿意固定
> 的巢或路：我們不是動物。我們不是只存在於那。（Serres,
> 1994a:188）

　　人類並不固定於某處。人類既然處在曖昧的中介處，人類既然也
是由這曖昧處而生，那麼人類不只是存在於那裡，終日進行氧氣與二
氧化碳的交換而已。人類的生命本身就意涵著「遊」，「遊」也意涵
著不停的「放逐」：「放逐，從今而後沒有固定居所，我們離開了庭
院」（Ibid., 193）。沒有固定居所，意味著已經離家、開始冒險，人
進入時間的洪流變化中，「冒著生命危險跨過好幾條險峻的河流」
（Serres, 1991:34）。因為人永遠無法壓抑心中的吵雜聲：我到底是誰？
我的血液裡究竟流著些什麼樣的東西？這些好奇、慾望、夢想讓人時時
處在不安與焦慮中。但是，這是人類改變的契機，因為「不適感、不

安、流竄在沈默身體中的嘈雜聲,已經且經常是生活的嚮導」(Serres, 1982:215)。人從不確定而生、人生而處在不確定之處,這些不確定性喚醒了我們:

> 我們與看似沒有關連的事物保持聯繫。我們的思想、我們的理解、我們的生活、我們所通曉的事物,都在那裡運作。感覺到的狂風、紛亂的四周、機遇與意外、不經意的直覺、消息、危險……喚醒了我們。(Ibid., 215)

人類在不確定中生活著。即便人沒有感覺到,但人類總是與錯綜複雜的萬事萬物相連著,這正是因為人處在中介處、位於第三處、在閃爍不定之處。因為處在不確定性中,人總是會產生焦慮,以及人類希冀找尋答案的焦慮。這些焦慮,時時刻刻伴隨著我們:

> 既然身體經常出現在左右兩邊的海灣,他必須不停的跨越(il doit traverser sans cesse);於是生活、時間、自然空間,環繞在焦慮的斷層線,震動著、顫抖著、打顫的、顫動著、躊躇著、猶豫著、懷疑著。(Serres, 1991:54)

人類活在左右兩邊(第一者與第二者)之間,活在既是主體又是他者之間:人類既是能動者(agent)又是被結構(structure)所影響者。人在中介處、在交融處,人類無法找到確定的答案,所以總是在兩處海灣之間打顫的、顫動著、懷疑著。所以,人類必須在喧囂擾動中不斷地跨越與越界,必須不停的追尋答案,因此「焦慮是生活中的指引,擔憂宣告了嶄新。我們不加思索的生產出意外,這是我們的希望,不加思索的生產出危機,這使我們充實」[12](Serres, 1982:216)。這意味著人總是被萬事萬物所吸引,總是不斷地離家,踏上旅程:

---

12 l'angoisse est guide de vie et l'inquiétude annonce le nouveau. Nous produisons sans y songer de l'imprévu, notre espérance, et du danger, notre enrichissement.

我將離開這個讓我從餐桌上起身好幾千次的生活。我將會發
現門外有聲音，它打斷了滿桌豐盛的菜餚，我會去看看它是
什麼，我不知道是否是鐘在響，或這只是回音，我不知道這
是否是風的氣息所傳遞的訊息。但我知道我將理解。（Serres,
1997a:166）

　　家門外充滿著許多聲響，這些聲響聲聲呼喚著我們的好奇心。它們
呼喚著我們離開自己的家，離開固定之處，離開安全的居所，去看一看
這些聲響到底是什麼，去看一看外面的世界有些什麼。「他總想離家，
離開他經常流連與居住之處」（Serres, 1991:240）。這種離家，除了代
表著離開自己安全的巢穴之外，就是「離開自己」，也就是離開現在的
自己，目的是爲了要找尋自己：「離去。遠去。有一天就讓自己被吸引
吧。變成多數、衝撞外邊、改道而行……我幾乎不再能知道我是誰、我
在哪裡、我從哪裡來、我要從何處去或是我要離開前往何處」（Ibid.,
29）。被吸引，因爲「太陽底下的新鮮事，在別處」（Ibid., 193）。人
開始了永無止盡的追尋：追尋未知的事物、追尋未知的自己。他變換方
向、不再走相同的道路。他離開自己，前往找尋自己。他踏上未知的道
路。變成多數、他分裂了自己，他要去變成任何人、他要瞭解其他的事
物。總之，沒有這種不確定，生命即將凋零：

　　我們是有生命的，我們知道、我們也希冀將會發生無法預期的
　　事情，這個事情與已經在那兒的或是已經出現的事情將會沒什
　　麼聯繫，這些事物可能會突然的出現在我們面前，必須好好的
　　與之進行協談。在十字路口、戲劇中、機運、改變航道之處相
　　逢。生命和思想因爲缺少事件、冒險、希冀美好的來臨、缺少
　　歷史而死亡與沈睡了[13]。（Serres, 1982:215）

---

13 La vie et la pensée meurent et dorment de l'absence d'événement, d'aventure, d'avènement, de
　l'absence d'histoire.

　　人類無法知道明天會發生什麼事。但是就是這種不確定，使得人類充滿了無窮的希望。這種希望也許帶來了失落、也許會使人失望。明天也許不更美好。離開熟悉之處所面臨的是一連串未知的可能將發生。這將人放在交流處，也將人放在十字路口上。但是第三者勇敢的踏上這個未知的道路，揮揮手與家再見：「而我也從我的童年時代，我所獲得的天堂中離開。再會……我離去了」（Serres, 2006a:13）。但是，離去才是返回人自身，因為離開自己踏上追尋自己的道路，這才是找尋自我的路。

參、漂流（流浪）(l'érrance)

　　但是，離開熟悉之處所踏上的追尋自我之路，毋寧是種流浪與冒險的旅程。流浪到沙漠、在沙漠中冒險，總而言之，這是一個未知的旅程：「你要去哪？我不知道。你從哪裡來？我試著不要想起來。你經過何處？可能是任何地方……你越來越失去參照。在沙漠中很少有參照點」（Serres, 1991:155）。第三者不踏上已經造訪過的路程。他走向未知的旅程，他前去流浪。如同Serres自己不追尋或是皈依任何一個學派或是理論[14]，第三者從不屬於任何一個固定的、僵化的範疇。他流浪到沙漠中，這裡人煙罕至，甚至從來沒有人造訪過；這裡沒有參照點、沒有基礎：

> 沒有制度、沒有系統、沒有科學、沒有語言、沒有行動或思考，可以在毫無變動之處被發現——這是最終的基礎，並且是什麼都沒有的基礎。我們只可以駛向它，但一旦我們即將到達，我們又離開了[15]。（Ibid., 54）

　　這裡一連串的「沒有」，其實應該看做是「沒有固定的」制度、系

---

14 「我沒有責任要接受這其中任一個人或是任一教派」（Ibid., 207）

15 nous ne pouvons que nous diriger vers lui, mais, au moment même de l'atteindre, nous le quittons.

統等等。即便沒有固定的基礎、沒有固定參照，但是就是在曖昧與交融之處，才能發現各種事物。也可以說這個基礎上什麼都沒有，因爲一旦我們快要碰觸到基礎時，我們又將要駛往下一站：

> 這裡冒險似乎走到了終點，然而旅程只是到了一個階段而已；第三處確切地含括了進來，因爲這裡有某些東西同時結束與未結束（finit et ne finit pas à la fois）……第三者含括了：沒有到達，但又終於到達……就在中介（milieu），工作完成了……就在下午我同時開始了，又已經完成了……這裡是路開始的山峰。（Ibid., 32）

爲什麼到達又離開？因爲人或是人生就是處在第三處、處在交流處。這個中介或是交流之處是變動不居的、是無法定位的、是沒有基礎的。所以到達時馬上又得離開，以前往下一站。然而，下一站又是另一座險峻的高山。所以，「所有的行動不斷地跨越再跨越那沒有人可以落腳的、缺席的中心處，在虛無與存在中，是極端或是最終的基礎：除了遠離自身之處，什麼支撐都沒有[16]」（Ibid., 55）。駛往下一站，可以發現許多事物；走上流浪的旅程，可以找尋自己。總而言之，在流浪中，他可以發現與學習：「爲了在遠離平衡的不穩定中變化，他離開穩定，也包括離開圍繞在四周歷史環境平衡的移動。這可以說他從不停止冒險。他開展並遊歷著……藉著知識、時間、學習」（Ibid., 89）。也許在沙漠中流浪，但除了沙漠，人類也將流浪到大海中，總而言之，「不走簡單的道路，而是到水裡游泳」（Ibid., 29）。在海中，「他發現並學到，在海濱中，沒有能夠發現所有的方位的一個方向」（Ibid., 27）。也就是說，在人生流浪的路途中，沒有任何一處、沒有任何永久的基礎可以照看全部。人生流浪的路途毋寧就是不斷地改變方向，因爲「除了遠離自身之處，什麼支撐都沒有」[17]（Ibid., 55）。駛往下一站，可以發現

---

16 qui ne support rien qu'a l'écart de soi.
17 qui ne support rien qu'a l'écart de soi.

許多事物；走上流浪的旅程，可以找尋自己。總而言之，在流浪中，他可以發現與學習。也許流浪在風中，但是「在飛翔或是在風中盤旋也都無法處在平衡、穩定或是完整的軌跡中」（Ibid., 88）。如同人生，這不是趟輕鬆的旅行，也不是完全能照計畫而走的旅程。這是艱困的流浪與冒險，在其中，人們所身處的和所面對的是各種危險、各種風險與各種危機：

> 在這種經驗的過程中，這段時光不是源自於設想出來的恰當的位置（如雕像的均衡），不是……一個永久不變穩定的氣體放電穩定關係──而是從均衡當中偏離，即離開所屬的位置或將自己拋出平衡之外，朝向不平衡邁進，這讓他自己免於停止與休息，以到達危險的處境（porte-à-faux）……在河流的核心水流是湍急不定的，游泳者是暴露在危險中的，如同任何人正冒任何危險一樣[18]。（Ibid., 33-34）

流浪與冒險，這就是Serres為人生旅程所下的註解。質言之，當人來到世界上，注定將流浪於世。因為人永遠處在複雜的關係網絡中：人無法定義自己、人也無法永遠掌控周遭的事物，人處在第三處之中。為了要找尋自己、為了要瞭解事物，人注定得投身於冒險當中、注定得處在危險的環境之中、注定得漂流一世。在漂流的旅途中，總將面對各種問題與困境。因此，人處在的是不斷做抉擇的狀態中：面對環境、考量關係、做出決定。但人卻永遠不能預知做決定之後的結果：

> 登山者有時要穿越幾個因為被大雪覆蓋而顯得脆弱的橋，才能穿越冰山或冰川間巨大的裂縫。最好是在太陽出來以前動身，不然，流冰會毀壞用繩子所搭的橋……得當下做決定：生命緊繫著這種分裂。我要過去嗎？我們的命運在這一步、這些門與

---

18 dans l'axe du fleuve dont le courant flambe, comme quiconque prend un quelconque risque, le nageur s'expose.

這些橋中播下種子。（Serres, 2006b:36）

　　得不斷地做抉擇，因爲人處於不確定性。能夠不做抉擇嗎？不行，因爲人一誕生時就已經處在危機之中，必須不斷地做抉擇來解決困境。能夠不處在危機之中嗎？無法，因爲人一來到世上就已經踏上了流浪之路。能夠不流浪嗎？無法，因爲人注定要踏上追尋自我與追尋意義之路？那麼，退而求其次，人能夠做出「對」的抉擇嗎？答案應該無人知曉：

> 當我們從事事情時，我們使自己處於危險之處，當我們不從事事情時，我們壓迫了自己。當我們不從事事情，我們就不會犯錯。我不知道有什麼好的辦法可以保持總是對的。相反的，我不相信有什麼更好的方式來定義人類，除了這個古老的諺語errare humanum est，我要說的是，是人皆會犯錯（qui est humain celui qui se trompe）。他至少嘗試了。（Serres, 1991: 128）

　　如同人生，冒險與流浪必須小心謹慎，步步爲營：「他尋覓著交叉點的皺褶（pli），這裡方向彼此交錯，就像迂迴纏繞的流動狀態。如果你要變換方向，你得小心謹慎」（Ibid., 52）。因爲漂流也意味著犯錯或是誤入激流漩渦：流浪也「包括犯錯與誤入歧途（égarment）」（Ibid., 155）。但是，對於Serres而言，這是美好的，因爲「生命眞眞切切地需要缺陷（manques）與錯誤（défaufs）」（Ibid., 183）。生活當中一定會犯錯，有犯錯才有轉化的契機。這才是眞眞切切的人生。質言之，我們的語言也說：「仙人打鼓有時錯」，人皆會犯錯。在流浪的途中，時時刻刻得做抉擇，做抉擇意味著，人們無法預知未來所以必須做抉擇。而做出抉擇後，因爲各種錯綜複雜難解的各種元素在關係網絡當中交纏繚繞，所產生的結果可能未如人意。未如人意，未如自己的意、未如他人的意、未如時勢的意、未如規定的意，總之，這些可能可以被稱爲

「錯的」抉擇，因為這個決定可能未如上述某一個向度的意，所以被稱之為「錯」。但錯的事物永遠都是錯的嗎？沒人敢保證。因為一個所謂「錯」的抉擇可能會使人失去些什麼，但是Serres他甘之如飴，他說：「我想要談談這很棒的冒險，現在仍有各種可能的冒險，屬於一個人經常失去所得與得到所失的遊戲」[19]（Ibid., 155）。為什麼他熱愛這種會失去事物的冒險？為什麼失去東西還會得到東西呢？Serres他說：

> 有太多位置的人失去他的位置（celui qui prenait trop de place la perde）。（Ibid., 78）

> 不再有位置的人得到所有的位置（celui qui n'avait plus de place prend toute）。（Ibid., 79）

這個第三者、吟遊者，他不斷地失去他的所在之處，因而他能夠去看一看它處。他不斷地離開自己的居所，投身到大海中、流浪到沙漠中、漂流在風中，所以他能遊於各處。若是他只甘於棲身在家中、在巢穴中、在每個安全的地方而不願離去，他將失去他的家、他的巢穴、他的安身之處。為什麼？因為他的家、他的巢穴、他想棲身的安全之處只有在冒險與流浪當中，才能暫時找尋到它們，然後，因為各種不確定的事物喚醒著我們，因為人內在好奇的本質所引發的動力，人又得繼續去尋找下一個棲身之處。這意味著人將不斷地踏上冒險於流浪的旅程。這是人生而於世無法避免的追尋。所以Serres他說，「什麼都沒有，就是所有；什麼都有，就是什麼都沒有」（Ibid., 89）。那麼，這也就是人永無止盡的「認同」（identity）的過程。人永遠的在「認同」的路上，這意味著人不斷地定位自己而後又失去自己，然後又繼續這個過程。因此，Serres他說：「這引領我們發現；想要拯救靈魂就得失去，假使你想要拯救你的靈魂，先確保你已經失去它了」（Ibid., 167）。換言之，

---

19 le seul jeu à qui perd gagne et à qui gagne perd souvent.

若是人想活得有靈魂，而非如行屍走肉般的在世界中遊蕩的，那麼，就得先失去自己的靈魂。這意味著失去自己、解構自己，踏上追尋自己的道路上。這就是吟遊者的宿命。

　　然而，吟遊者的自我認同將是種永恆的追尋過程。因此，人們無法定義何謂吟遊者，因為「當我們企圖要很快的定義吟遊者時，他將瀕臨垂死的邊緣」（Ibid., 159）。這個第三者沒有什麼（僵固的）能力，然而他擁有一切的能力：

> 我是誰？嚴格的來說，誰都不是。什麼都不是……嚴格的說
> 來，什麼都沒有……零……不是存有的一部分，而只是虛
> 無……因此，我是所有……什麼都沒有，因此什麼都有。
> 一點都不是，因此是種可能。什麼人都不是，因此什麼人都
> 是。空無的，因此有著所有的價值。透明的，因此能納百川
> （accueillant）。不可見的，因此極有生命力。不存在，因此是
> 最適合於宇宙（indéfiniment apte à l'univers）。因此是普遍的
> （universellement），因為人什麼都不是，人是：無限的能力
> （infinie capacité）。（Ibid., 234）

　　Serres不再要區分與辨明，他要遨遊與漂流。這種類似於東方的逍遙工夫，大大的改變了西方思想中思辨的「辨」的層面。王夫之在《莊子解》中，評論〈逍遙遊〉時，曾寫：「辨也者，有不辨也。有所辨則有所擇，有所擇則有所取，有所舍。取舍之情，隨之以立辨，辨復生辨，其去逍遙也甚已」（王夫之，1984：4）。這裡，王夫之從「有」這一概念，探討以「辨」為起點的思想架構，是用來追尋「有」、成就「有」。「辨」則需要「擇」，「擇」則需要「取」與「舍」。「取」「舍」之間，其目的是要擁「有」。「有」則與「無」、與「逍遙」漸行漸遠。為什麼Serres要漂流與遨遊，為什麼他的思想與逍遙工夫相似？因為Serres（他）從「無」開始，他認為「透明」（無）能納百川。相反的，擁有太多位置的人則失去所有的位置（Serres, 1990:80）。

空無，意味著開始要漂流、遨遊與逍遙於各處，因此能從「無中生有」：

> 他由被排除的第三處偶然而生，從這個不可思議之處：非此也非彼；從這無法言喻之處[20]……很快的……人們只會發現這個第三者……他什麼都不是，且看他如何變成幾乎是任何事物[21]……萬物本源（Genèse）寫著繼續創造紛亂（tohu-bohu）。（Serres, 1991:79-80）

　　牟宗三就指出，西方傳統哲學自柏拉圖開始，都是「爲實有而奮鬥」（struggle for Being），找尋萬物本源的那個「實有」（牟宗三，2002：255）。但是，Serres並不這麼做。這裡，我們毋寧說，Serres的「空」即「可能將有」，但是不是西方所謂的「實有」，而是「有著」可能「空」、可能再「有」萬物的潛能。吟遊者他什麼都不是，但他卻有著能夠變成任何事物的潛能。這意味著他能解構自己，前去領略他者；這意味著他敢於離家，前去領略異地風光。第三者、吟遊者、行吟者，從中介之處而生，從喧囂躁動之處而生，他是白色的、透明的，他解除了自己的一切執念與執著。他開始「去執」，因為他內心的喧囂躁動，促使他離開自己，奔向外在的紛亂：

> 穿上白色斗蓬戲服的人可能等於所有的顏色……他的演出歸功於他的白色：零與集合所有的顏色，白色包含了所有的顏色也排除了所有的顏色。白光在彩虹中消解卻也會吞噬彩虹，就好像孔雀開屏之後收屏。假使你要變成所有，接受自己什麼都不是吧[22]。是的。空洞透明。這種極度抽象化，這種去執（détachement）才是各種特質（polyvalence）。成爲白色，你

---

20 elle advint du tiers exclu; de cette impossible situation: ni ceci ni son contradictoire.
21 il n'était rien, voici qu'il devient tout.
22 si tu veux devenir tout, accepte de n'être rien.

　　將體會所有，你將從容地體會魚兒、地球、花兒、神與教堂裡
的燈。（Serres, 1991:236-237）

　　第三者他不斷地「去執」，失去僵固的自己，不斷地解構自己。他
將體會所有，因爲他知道自己什麼都沒有，什麼都還不知道。因而他
將學習所有的事物，他將朝向博學之路前進。這就是爲何Serres要命名
「博學」的第三者。博學的第三者的衣服是白色的，因而可以接受任何
的顏色；博學的第三者自我去執，因而他將體會與學習各種事物。
　　但是，既然這種體會與學習是在冒險與危險中，那麼它這絕對不是
種輕鬆的旅行。這個旅程其中充滿荊棘：必須登險峻的高山，必須穿越
大海，必須暴露在這些困難中以領略這些令人驚嘆的事物（陳姿穎、侯
憲勛、洪鈺婷譯，2006：7）[23]。但是，人們是害怕激流的。因爲，在這
些困境之中，沒有什麼基礎、沒有任何依靠：

　　缺席的和未定位置的（但他們又在那落地生根）中心處產
生……我們無法找到中心，我們傾向要放棄它。我們時而靠
左、時而靠右、時而到別處。我們害怕嗎？我們無法知道哪裡
是斷層線、中心或漩渦，我們也無法居住在斷層線、中心或漩
渦中：誰會在激流中間蓋房子？（Serres, 1991:54）

　　人們也許會害怕這種冒險。人們也許害怕離家；人們也許害怕離開
自己熟悉的地方；人們也許害怕離開安全之處；人們也許害怕那未知的
旅程；人們也許害怕陌生；人們也許害怕身處異地；人們也許害怕流
浪；人們也許害怕大海；人們也許害怕高山；人們也許害怕無根；人們
也許害怕失根。但是，我們就是處在這些令人害怕的不確定之中，無法
喘息地接受這一波又一波的洪流朝我們不斷襲來：

---

23 Serres爲文寫序言。出自陳姿穎、侯憲勛、洪鈺婷譯，Philippe de Cotardiere著（2006）。
　　《Jules Verne：從科學到想像》，台北：邊城，頁 6-7。

> 我們沒有獲得喘息的機會，傾斜地或是斜稱地或是橫向地，在
> 空間與時間當中所有的方向，回、去、從左到右、從前到後、
> 從高到低、上、下，我們穿越了河流。（Serres, 1991:55）

這些洪流中的漩渦不停的將我們襲捲進去。這就是我們的生活。生活中有太多不確定的事情不停的發生在我們身邊，甚至發生在我們身上。我們想要的也許不會實現；我們避之唯恐不及的事物卻常常不停的向我們狂奔而來。我們無法預知、也無法決定、更無法操控這些「無常」。不管我們要不要，想不想，我們已經在「無常」的大海中載浮載沉了。離家可能是內心的躁動，但也許是無常迫使我們離家。而無常也使人總是想家，想著回去安全的家、溫暖的巢穴：

> 離去，沉浸。在離開了河流後，你將會好幾次在它的旁邊流連
> 忘返而不是在其它地方逗留，至少無論如何自己的身體會一直
> 想著沉浸在其中，但有時你會安靜的想著，總是要回去了吧。
> 直到某個隘口（seuil），若你堅持著這種安全的感覺：那你還
> 沒真的離開……你發現自己十分接近陸峭的堤岸，於是你就說
> 你已經到了。不管左邊或是右邊的堤岸，它們都是陸地或是土
> 地。你還沒游泳，你等著要走路，好像一個人跳躍、離地然後
> 著地，但是沒有飛翔。（Ibid., 24）

若是我們堅持著回到安全的家，希冀永遠的保持這種安定的感覺，那我們只是如同鴕鳥般的，面對危險時，把頭埋在地底下：我們拒絕承認「無常」的存在。因為我們可能稍微離家、稍微的到河邊游泳、稍微的登個小山，然後又趕緊回到溫暖的家、安全的岸邊、平坦的陸地上。這不是冒險。這也不是真正勇敢的面對那無法將之隔絕在人世間之外的「無常」。換言之，那是象牙塔裡的人生；那是意欲區分、純化的意圖。如同Serres所言，區分與純化勢必要以鬥爭來成就，關在象牙塔中，拒絕「無常」，意欲捍衛與建立「有常」，那麼只會堅持「我

執」、堅持己見、堅持自己的正當性與永恆性，並不停的打壓其他的人、事、物，製造出永無終止的緊張與對立。然而，「無常」就是人生最重要、最要面對的課題。所以，Serres意欲的是：「游泳者，他知道……在兩個隘口中介的河流，前後所有的安全感都已經被消除：在那裡他放棄了所有的依靠」（Ibid., 24）。換言之，他投身於冒險與漂流中，他投身於無常。

肆、孤獨（la solitude）

然而，這個冒險之途，「行者（voyageur）是孤獨的」（Ibid., 24）。這個行者，這個吟遊者，在海中「漂流著」（érrant）。行者開始「漂流」（érrance）。而他獨自一人，因此，「所有的一切都……從寧靜、從我的下半身、從沒有任何東西之處、從安靜和從活生生的軀體內、從發生在漆黑的海上，那在我轟隆轟隆作響的胸口中，甦醒過來」（Ibid., 48）。他獨行於大海中，載浮載沉。在漆黑且又孤寂的海上，他感受到一切不可知的事物從海面下襲來。因為「在越界之中，甚至是失去了土地；任何歸屬感、支持的意義都已經消失」（Ibid., 25）。換言之，因為在大海上，在越界的路途上，漂流者沒有堅固的基礎、沒有平坦的土地，只有孤獨與不安定伴隨著他。這是他的人生，也是人類必須投身於此的人生。因為人從第三處而生、從交界處而生。意義也是如此、世界也是如此，所以Serres他說：「所有的生活來自令人寒顫之處」（Ibid., 157）。大海的寂靜使人不寒而慄，但萬物本源[24]即是由此安靜甚至是曖昧之處而生。曖昧之處可能蘊含著不確定、陌生甚至是艱困，是故Serres他說：「我們都是經由難關、陌生之處與自然山岳而來」（Ibid., 33）。這裡的「我們」有兩個意思：一個是人類就是由難關、陌生與自然山岳之處而生；另一個就是，人類若要找尋自己，必定得出發航行與漂流至難關、陌生與自然山岳之處。

---

24 這是Serres《萬物本源》（*Genèse*, 1982）一書的書名。對於他來說，生成流變、喧囂噪聲，就是萬物本源。

　　那麼，就從這裡開始，Serres告訴我們，漂流者必須敢於投入冒險，因為他在漂流中才能「敢行」。因為這是他找尋自己與瞭解世界的方式：

> 身體飛翔並忘了他處在孤單的情況之中，他不是等待著任何意義穩定的集合，而是這飛翔，為其陌生的生活投下了手臂與雙腿給這虛弱和浮游的人、適應騷動環境（turbulent）的皮膚……在溺水的威脅下，身體有自信的開始了緩慢的將頭埋下水去開始游泳。（Serres, 1991:25）

　　在孤獨與不確定中，人開始發揮自我內在的潛能。人因為敢行（敢於離開自己所熟悉的知識或是環境）而開始離家，人因為勇於離家、勇於去執，所以在漂流中能激發潛能與決心，因而敢於行走在困難的沙漠或是航行於洶湧的大海中。沒有去執與離家，則外面的世界永遠是人所敬而遠之、視為擾亂視聽的洪水猛獸之物、根本不敢靠近之處。而因為人敢於漂流，才能揭開世界神秘的面紗，才能獲得知識：

> 我住在大海，我經常在深海中出沒，這深海跟高山、浮冰和沙漠一樣少有避難處……地球就是在這些沒有避難處、無人的地方才能解開他的秘密。然而，當我失去大海，萬物將變得晦暗。（Serres, 2006b:140）

　　揭開世界神秘的面紗，意味著人開始獲得知識。人在漂流中領略事物，人開始知道了些什麼、瞭解了些什麼。就是在漂流中，萬物才顯得美麗，因為人在漂流中，才能發現萬物的奧秘。若是人不離家，不投身於大海，那麼人便無法領略萬物之知、萬物之情、萬物之美。當然，當人開始漂流，意味著人開始去我執。那麼，人便開始吸收了各種事物。人為自己畫上各種色彩、人開始在漂流中瞭解萬物的意義、感受甚至接受萬物的潛能，因而人自身是滿滿的潛能與滿滿的意義。Serres他又

說：「直到火光熄滅時，你才不斷地接近光亮」（Serres, 1991:125）。也就是說，遠洋航行的船，離開了陸地，來到了漆黑的大海上，漂流著、遊蕩著、載浮載沉。但是，遠方將會逐漸有著燈塔，引領船隻入港，稍作休息，然後繼續無止盡的旅程。這意味著，直到人敢於獨行於漆黑的大海上，人才能開始找尋自己、人才能開始領略意義，然後繼續航行與漂流，繼續朝著尋找下一個自我與下一個意義的漂流航程上前進。

　　總而言之，漂流者孤獨的漂流在世間中。但是他並不寂寞，因為他造訪各處，他變成了任何人、他理解了差異、他學到了意義。這種孤獨並非寂寞。寂寞是一種心理狀態，它是「一種不愉快的情緒」（梁永安譯，1997：45）。但是，「孤獨與寂寞最重要的分野在於，不快樂的感覺是寂寞固有的一部分，但一個孤獨的人卻既可以是快樂的，也可以是不快樂的」（Ibid., 47）。孤獨是一種心境，但非離群索居。這種孤獨毋寧是面對社會、面對苦難、面對危險的一種態度與挑戰。孤獨，為的是要理解、要找尋方法來面對這些困境。更重要的是，在孤獨中人更能激發起無限的觀察力、直覺、勇氣、反思能力、愛與包容。所以，《徒然草》作者吉田兼好曾說：「無他，以孤獨一人為善」（轉引自李永熾譯，1995：199）。這毋寧更是一種佛家的「開悟」，一種體會與覺悟（葉啟政，2000：566-567），領略了萬物之知、之情、之美而快樂，但也可能體悟了萬物之悲、之苦，因而不快樂。反過來說，「要理解孤獨，人們必須越界，這沒有任何的依靠」（Il faut traverser pour apprendre le solitude）（Serres, 1991:24）。也就是說，要達成這種孤獨的境界、要能體會與覺悟，就必須從現在開始越界。這越界意味著「去執」、「解構自我」、「漂流」、「冒險」與「敢行」。從失去一切進而能體會一切。

伍、暴露（exposer）

再進一步來說，Serres用了一個詞：「暴露」（exposer）來說明吟遊者漂流於危險中。吟遊者「暴露」在危險中。人必須暴露於危險中，這就是人生而在世的時光：「這段時光是暴露在危險中，是在沒有什麼固定的空間所產生的空間中。空間是散佈在這段展開其暴露在危險的時光中」（Serres, 1991:34）。「這更意味著，人生在世，永遠不知道這個時光將會發生些什麼。人所能知道的就是，暴露於危險中，如臨深淵、如履薄冰，必須步步爲營」（Ibid., 52）。但是同樣的，他也暴露在即將滿溢的可能性當中。因爲暴露在危險之中，漂流在大海中，他的身上滿滿的是潛能。更進一步說，他的身上充滿著潛能，這爲他自己帶來了各種改變與轉化的可能性：

> 相反地，他總是專注的，被可能性所填滿，可能性與潛能即將滿溢；他實實在在的不是任何的事物，而是潛能：他被暴露在所有的方向當中，就像晨曦。他以其熱情，擦去任何對他行決定論的力量……（決定論是）愚笨的和無價值的中立的事物……流浪而沒有居所，一個混合的身體，到達了各種的可能。最先存在的就是可能（l'existant est possible d'abord）。身體進入了潛能。（Ibid., 51-52）

如同一個異國求學的學子，他暴露在陌生中，於是乎他的潛能激發他產生了各種可能。他的身體因爲暴露在陌生與危險中，所以他必須小心謹慎的審度各個事物。潛能於是激起，他從來沒有這麼專注。這時他有著各種可能：他的身體開始產生變化，開始解構無法於艱困中生存的習慣，並且開始試著適應周遭環境，並與環境產生交融變化。他，就是潛能。Serres更直接的說，「沒有在這暴露之處，沒有這些我們就什麼都不是——一個沒有喜悅的自我」（Ibid., 63）。因爲沒有變化，每天在相同的環境生活，重複上演著同樣的生活戲碼，生命與生活猶如一灘

死水，人如何產生喜悅？沒有不斷地去執、拋起我執，而去追尋自我，人如何是人？人只是個名詞與定義、只是碳和水的結合。所以，人實實在在就是透明的、沒有顏色的、空無的吟遊者。這吟遊者已經且不停的得要暴露在交界處、中介處、轉換處。這些地方混沌曖昧，充滿了不確定與危機。人已經處於其中，人已經暴露於其中，更可以說，人就等於第三處、等於那暴露：「接下來我是什麼呢？我不再在那兒，我不是我，我暴露了我自己（je m'expose）：我就是那個暴露（je suis cette exposition-là）」（Ibid., 58）。他本身就已經暴露在危險中，他喜愛暴露於其中，因為他意欲投身於流浪的路中，他要試煉的人生：

> 他將自己暴露在外（il s'expose）。他放棄他卑微的身分並且起身。開始發展與延伸他的支脈。跳躍。他離開了穩定並走向別處去。走著，跑著。他離開了岸邊並下水。游泳。他拋棄了習慣，他要去試煉。[25]（Ibid., 58）

　　吟遊者將自己暴露在外面。暴露意味著投身於無人的海洋。他知道，唯有暴露在外面，唯有跳著行走、唯有開始游泳、唯有拋棄了我執、拋棄了身分，他才真正的開始去尋找自己，才真正的開始理解世界與意義。那或可問，他為何要暴露？因為他要去試煉。再進一步問，為何要去試煉？因為他要獲得人性、獲得愛：「沒有經驗，沒有通往爆炸性的暴露，就沒有所謂的人性慈愛，沒有這些擴張就沒有所謂的人性慈愛」[26]（Ibid., 62）。沒有暴露就無人性。這種人性由何而來？由暴露於危險之中、由漂流之中而來。因為暴露與漂流，他將受苦，但他將獲得人性。

---

25 il laisse le stable et s'écarte. Marche, court. Il laisse la rive et se lance. Nage. Il abondonne l'habitude pour essayer.

26 pas humain sans expérience, sans cette exposition qui s'avance jusqu'a l'explosion, pas d'humain sans ces dilatations.

陸、受苦（la souffrance）：探究人類的途徑

　　知識的吟遊者漂流在人世間。他在漂流中體會與學習。他將在漂流中受苦。但是，在經歷苦難中，他將「吟唱」、他將歌唱、他將吟詠世間的悲苦。事實上，當吟遊者處在第三處、處在交融處，就已經開始漂流、開始解構自身。在這種解構與漂流的路途中，他將發現許多撼動人心之事。

　　首先，得先從Serres論述這拋棄自身、甘願流浪，以求遊歷與體會全世界的「博學者」（érudit），他為何以及如何受苦開始。Serres他說：

> 而一切都開始了。人們說博學者行走並受苦。因為，他不要再重複了。炙陽曝曬，他精疲力盡，他渴求一滴水……要能寫就一部真正的書——這就是聖經——他必須出埃及，克服嚴酷的孤獨考驗，沒有任何的保護，只有天空和地平線。（Serres, 1991:100）

　　這個吟遊者不願棲居於巢穴。他不想重複每天的習慣，因為這才真正的使他失去了自己。這個博學者，不是什麼都知道，而是為了尋求自身的意義以及體會世間的苦。他想遊歷世間、他想變成任何人、他想領略差異、體驗異地風光，他想寫就一本書。因而他只得漂流。但是漂流意味著「無常」，而佛家的第一諦——苦諦，即「無常是苦」，因此漂流者只得以受苦，來成就這本書。也許苦中有樂，也許在漂流中、在冒險中，有著喜悅與快樂，因為「悲慘與喜悅一起成就了存在的、生活的、世界的、他者的和思想的基本經驗」[27]（Ibid., 63），但是Serres更說：「喜悅填滿了他們、滿足了他們，而悲慘與痛苦讓他們能更深入」（Ibid., 59）。因為漂流在各處，吟遊者將受盡苦難。因為漂流在各處，吟遊者看盡世間冷暖。但是，就是在受苦中、就是在領略世間苦難中，

---

27 la misère et la joie ensemble comblent l'expérience fondamentale que nous pouvons avoir de l'être, de la vie, du monde, des autres et de la pensée.

我們才眞正開始思考，眞正才行所謂的「我思」（cogito）。然而，這裡的我思：「有兩種我思（cogitos）。我們思考與我們體悟。因爲我受苦難」（Ibid., 115）。開始思考與開始體悟，因爲我在受苦難。

從這裡可以看出，Serres的理論多了些對於人與世間的愛與慈悲之心。事實上，打從因爲兩次世界大戰所遭受到的衝擊，他便開始思考，到底我們對於同樣身爲人類的同胞做了些什麼？在他的理論中，這種對於人世間的關懷始終不曾間斷。他筆下的知識的吟遊者或是博學的第三者，不是要成爲嘲笑睥睨一切的「浪遊者」，也不是要成爲一個目中無人的博學者；他不是要成就個人（主義）：吟遊是爲了體驗並吟唱出人世間的苦難；博學是爲了要領略這一切的苦難。

所以Serres在這裡對於「何謂人類」這個問題，提出了一個相當精采探究方式：

> 何謂人類？就許多層面來說……今天除了經濟學、語言學、心理學與社會學、民族學與人類學，超過二十種不同的故事的，從宗教問題到心理問題，簡單來說就是多樣又獨一的聲音的人類科學之宮（Maison），還有誰能，誰應該回答這個問題？（Serres, 2003b:70）

何謂人類？當我們用了各種的學科知識來探究這個問題時，我們還可以作什麼來回答這個存在已久的問題？Serres的方法就是，「受苦」。質言之，在Serres那裡，人類，就是受苦的人類：

> 是我們造成全球人類現在的狀態，因此我們有責任……我們從未離開惡的問題。那些被我們（指第一世界的人）選爲其他的人，是迷路者、屛弱者、脆弱者以及被剝奪者、貧窮者、飢荒者、完全沒有民生物資者、沒有避難處的悲慘者。今天這些人在地球上爲數眾多，他們從今而後所帶來的是，客觀地、數量上地、統計地、本體論範圍的人類，嗯，受苦的人類，這是人

類的最好定義。（Serres, 1994b:269）

是誰讓人類經受苦難？不是別的事物，就是現在聲稱為是地球的主人的我們。Serres認為，「小的數量的人產生大的數量的人，大數量的人回過頭來影響著我們」（Ibid., 269）。第一世界的人的所作所為產生了現在世間上多數的人（及其苦難）：戰爭、飢荒、貧窮、疾病、意識型態、霸權、財團、壟斷、政治干預、環境污染。這些讓第一世界之外的人正在遭受苦難。然而，這些人卻也牽動著第一世界的命脈：相生相息、牽絆羈連。所以，第一世界的人也在受苦。這些惡的問題，正是世間上大多數的人所正在經受的問題。那麼，延伸了Serres的話，即便是第一世界的人類，也遭受這些惡的問題的羈絆：商品慾望、意識型態、環境污染、疾病、階級再製。第一世界的人一樣正在經受著苦難。這不就是佛家的第二聖諦——「集諦」，也就是苦的來源嗎？而第一聖諦與第二聖諦就是世間現象。那麼，我們不能說，處在人世間的廣大人類，就是受苦的人，這受苦不就是人的定義嗎[28]？所以Serres他說：「悲劇獨自寫著人類的整體，同時也寫著行動、地方與時間之火……認識的主體自身奠基在這種悲劇之上」（Serres, 1991:220）。或者是，有時候，我們難道不應該打破明天會更好、世界是美好的虛妄，真正地來看一看那世界上的人類所正在處在的悲慘的境遇嗎？所以Serres他又說：「難道我們不應該在主體中，穿越中心頂端這不當地處在中心位置的喜樂的主體……並再認識一個悲劇的和痛苦的主體嗎？」（Ibid., 219）職是之故，知識的吟遊者，他開始吟唱，他知道他的使命，他沒有在「遊」中忘卻了「吟」的使命。他在「遊」中發現各種他所從未見聞的事物，他「吟」誦這些事物：

---

28 當然，這裡Serres所謂的人類不包括屬於涅槃境界的「滅」與「道」。所以，本文沒有再去討論超脫於紅塵之外的「得道者」的這些人與一般人的不同，而直接因著Serres的理論定義，人類就是處於紅塵的一般人。這裡可能是未來探討Serres的理論與東方或是佛家思想之間比較的切入點。當然，也許Serres的「去執」概念可能是進入到涅槃的中介，這或許可以再另為文探討之。

我的職責不是書寫與訴說我所知道的這些令人厭煩的往昔之
事，或是書寫與訴說著好還要更好，相反的，是書寫與訴說我
不知道的、令我驚訝的……不是書寫與訴說那些每天在我們的
耳朵旁呼喊著切斷死亡（的消息），而是書寫與訴說那些其他
的醜聞、戰爭、災難、權力鬥爭，和重複的操弄的世界中，那
致力於古老千篇一律的重複。（Ibid., 162）

　　吟遊者敢行於世。吟遊者敢於深察、勇於揭露不正義之事抑或惡之
事。他驚訝的發現許多在他的家中、在他的巢穴中所不曾看到過的事
情。這些事情除了是大海上、高山上、沙漠中的奇景與凶險之外，就
是那人世間的苦難。這些受苦難之事令他驚訝。吟遊詩人用他的羽毛
筆（plume）寫下「這些遺棄的眼淚、這些尋找的哭喊……試著用無言
的墨筆寫在沉默的紙張上，用悲傷的靈魂對冷漠的耳朵訴說」（Serres,
2006a:20）。對於悲苦，他的靈魂感同身受。但是他想到，語言有限，
語言有差異，不是每個人都使用同一種語言。怎麼做？吟遊者思考著要
如何讓這些悲慘的事情讓全世界都知道，讓受苦難的呼嚎讓全世界都聽
到：「如何同時以好幾個語言陳述，如何以好幾種聲音訴說這想要聽到
世界上所有的聲音的敘述呢？用音樂。每種語言所發出的聲音，都是人
類音樂的一部分」（Ibid., 21）。這就是吟遊者的「吟唱」。他用羽毛
筆寫下悲慘與苦難，他用音樂來吟唱這些故事。他要以音樂聆聽各種啜
泣：

必須要聆聽這些既迫切又強烈、既隱晦又輕飄的悲苦，要聆聽
這些強烈又迫切要尋找愛的關注聲。我的敘述跨越了難以言
喻的生活，訴說著實際的、確實的、關心的、無法預測的環
境……我的敘述因為聽到了悲苦的眼淚、憤怒的呻吟、婦女祈
禱的雙手、愛人的殉情、人們訴說著的悲痛……這些充滿淚滴
的敘述使我們悲痛的開始幫助廣大的人類、集體、普遍，令人
動容的遺棄的悲詩，而這些無法轉譯的悲歌幫助了我們瞭解，

為什麼在語言中或是寫作中，我們的神父、我們的歷史、我們的文化一點都不能瞭解這些事物，然而人們如此慘白的臉上交織著紅與黑、黃與暗。他們沒有聽到人們的鼓聲、琴聲與喇叭聲嗎？為了要更清楚聽到這些啜泣聲與同時更瞭解這些人們，必須要同時以所有的語言編寫這些小說，這些語言的部分，寫下合唱與交響樂，表達了遺棄與冒險、希望與撕裂、永無止盡的等待與偶然的邊緣、忘卻與回憶、幸福與殘酷、無以名狀的可憐……只有音樂。（Ibid., 21-22）

　　苦難散佈在世間當中的每個角落。呼喊與掙扎、眼淚與乞求，這些讓漂流的吟遊者感同身受。因為他在流浪中，什麼都沒有，沒有依靠、沒有終點、沒有嚮導，只有孤獨與受苦伴隨著他。他開始問道：為什麼我以前從不知道這些苦難？我的書本、我的老師、我家鄉教堂裡的神父，從來沒有告訴我世間上還有這些人正如同我一樣，甚至是比我還要悲慘的在苦難中掙扎著？吟遊者決定將這些事情公諸於世。他用音樂來譜寫：「風與鳥兒，詩人、音樂家前來營救，吟遊詩人，這新的敘述改變聲音，主要的想法是揚帆重尋人道。編寫音樂以再重組人道！」（Ibid., 22）

柒、節制（se retenir）

　　Serres認為，尋得人道的方式，其中一個很重要的要素就在於「節制」。事實上，在《博學的第三者》一書當中，他用了很大的篇幅來強調「節制」這個元素。「節制」是因應世間上惡與不正義的重要方式。Serres他說：

殘忍者追隨唯我獨尊的律法。擴張的律法。這是種氣體的擴張。氣體繁殖。殘忍者散佈。暴力散佈血腥，暴力散佈著。惡臭、流行病、細菌繁殖……如此的力量、如此的權力，因此是

如此的律法。如此的野心……佔據了整個空間與世界。這突然的惡，這是它的定義：超過限制。（Serres, 1991:182-183）

不節制，超過限制，這對於Serres來說就是暴力與惡。這種惡因為不懂得節制，而成為唯我獨尊的律法，意欲支配一切。「意欲」支配一切，就是造成苦難的來源：這也是第二聖諦「集諦」。從前的軍事戰爭意欲奪取土地與資源，現在的政治與經濟鬥爭也是如此。同樣的，意識型態、階級再製、霸權，這些都是少數人不懂得節制而意欲控制多數人的產物；當然，更進一步，少數團體意欲支配多數事物，這也是不知節度的欲念：我們可以好好想想，是誰造成整個地球與生態的浩劫。當然，Serres舉出了一個例子：英語：「當有權有勢者[29]只說英語，他們將開啟一種缺少羞恥心的宰制語言（la langue dominant）。他們將藐視的對待其他弱勢者（les pauvres）[30]的方言（les autres dialectes）」（Serres, 1991:191）。Serres讚美法語是個美麗的語言，如同舞蹈、如同音樂，不大剌剌的表達，而是小心謹慎而精緻地表達意義，但他不能接受的是：

我無法接受的是，從今而後人們總是到處說著我的語言。我相信我今天因為說著英語而正受苦著，我要說的是，我必須說英語如同說母語一樣，我正受苦著。唉呀！英語並沒有節制。雖然，它也是十分美麗的語言！（Ibid., 191）

當然，如同Zembylas（2002:481）所言，Serres在同一本書可以融合許多不同的概念、角度與知識來討論事情[31]，Serres在《博學的第三者》中並沒有直接談論所謂「英語霸權」的議題。但是我們可以發現，這些

---

29 les puissants et les riches.
30 這個字在法文中是窮人之意。而上一句「有權有勢者」（les puissants et les riches）的「les riches」之意為富者，這裡使用貼近中文慣用語的翻譯方式。
31 他的哲學取向融合了多種領域的概念，例如在同樣一本書中，他可以談論混沌理論、虛擬真實、比利時漫畫《丁丁歷險記》、神話、宗教史、古典機械論、遠距教育、繪畫、天文學、神秘的崇奉那司生養化育之神的儀式（mystical ceremonies of Baal）（Zembylas, 2002: 481）。

語言事實上是因為某一個時代強勢者的不知節制其權力，藉由其權力來界定什麼是易學好懂的國際性語言，進而意欲支配全世界（鄭佳美譯，2000：29-30）。這就是苦難的來源。當然，Serres的旨趣並非要排除所有的權力。他也不認為排除所有的權力就可以解決惡的問題與不正義的境遇[32]。他聚焦的重點仍然是在「節制」上。他以政治制度作為例子來回答他對於權力的看法。他說：

> 理論學者經常問，什麼是最佳的政府形式？有人敘述並寫下這個問題：貴族政治（l'aristocratie）。因為最佳的政府就是最好的政府形式，西方幾乎從它的時代開始就認識這種形式。在我們的文化的每個地方……一定必須要培養或是模仿理想的人（idéal de l'homme），那些可能是最好的人：生而富貴且聰慧。當我們只有知道這些例子以及這些模範，我們如何避開競爭，也就是貴族政治與不均等……為何最好的事物要有所節制呢……因為為了要能佔據空間，我們貴族的模範經常抬高或是樂觀地看待貴族政治，但我更希望真正的民主能夠消除或是減少這種抬高或是過度樂觀的（民主）力量。享有權力但不自大（s'en prévaloir），這才是審慎明智的開始。（Serres, 1991:192）

什麼政府形式是最好的形式呢？由貴族菁英領導的政府就是最好的政府形式嗎？還是民主制度就是最好的政府形式嗎？在這裡，Serres根本就沒有回答哪一個政府形式是最佳的政府形式。因為，首先他要我們想想，當我們「只」知道一種政府形式：如貴族政治，那麼，我們要追問這一個政府形式之下的人民生活，其中不正義的、不均等的問題有獲得了解決嗎？若是沒有，那是否代表這個政府制度有其缺失？我們難道

---

[32] 當然，Habermas認為只要排除了權力，無宰制的溝通就能運作，最後便能達成普遍的共識。

不能也去思考或是採納不同於貴族政治的其他思考與想法呢？再者，他念茲在茲的，就是節制。所以他才說享有權力但不自大。也就是說，不論哪一種政府形式，有其優點也有其缺點，但最重要的是，政府它擁有著管理其人民的權力，它的所作所為，或是擬人化的說法，他的心態就十分的重要了。任何被認為是最好的事物，都必須有節制。我們當然可以接受有人認為民主政治是最佳的政府形式，但重要的是這個制度必須有節制。換言之，有節制，才能審慎明智地面對與處理各種事情。但若是無法節制，仍執著於（attacher）其執念，那麼，Serres 稱之為偏執狂：

> 不停的堅持自己，一定要到達那完全地發展自己所堅持之處，超過了節制（conservant），這是瘋狂的行為。偏執狂應該被定義為，一個局部的心理空間加劇為像玻璃般（vitrifiant）固化的特徵，這個特徵使得人沒有任何機會與其他的變數（variable）有發展的可能。（Ibid., 185）

偏執狂不能忍受變化，太過執著、一定要達到自己心中的欲念、一定要迫使他人接受己見、想盡辦法利用各種機制，來使他人在有意識或是無意識的情況下順從自己，以鞏固自己的疆土。對於 Serres 來說，這是個瘋狂的行為、是惡、是不正義的來源。這種執念僵化著、固化著，不允許任何一點的柔軟，不容許一絲絲的變化。沒有變化，沒有新事物能夠出現：

> 當這個精神病患出現時，他消除了其他的在場者，精神病為自己削平了所有的事物。國王的、無上的、太陽般的，他在其存在中堅持著、擴張著、改變了他四周的人與事……這種瘋狂底下無新鮮事。（Ibid., 185）

不知節制者堅持己念與己見。對於 Serres 來說，這種執念毫無道德可

言。因爲在Serres那裡，他認爲「道德行爲[33]出現在有所節制的凹陷處」（Ibid., 183）。凹陷處意味著節度。凹陷處指的就是能低下頭來、願彎下腰來，謙虛節制。凹陷處更意味著能有著謙卑（modeste）的羞恥之心（pudeur），而羞恥之心意味著人能夠「去執」以重尋人道：「羞恥使人的本質去執，並又保留人的本質」（Ibid., 235）。羞恥使人失去自己（的執念），卻又重新尋回自己（一個謙卑的主體）。一個謙卑的主體，他敢行卻有著羞恥之心，他承認自己的軟弱，而不是戮欲以過度來掩飾自己的軟弱與不安；他亦不以恨來對付那些不知節制之人：

> 人類並沒有嚴峻的放棄不管弱者，也沒有對於強者或是那些被
> 認定爲是惡的人充滿憎意。當人類創造了軟弱時，人道就變成
> 了凡人類皆有的，而軟弱也是十分積極的意義。[34]（Ibid., 185）

質言之，承認自己的軟弱就是種「去執」。當人能去除自己的執著、人敢於挑戰自己的執念，換言之，當人敢於「離家」、「冒險」、「走不同的路」、「受苦」時，這就是人開始有著「爲人之道」。

人道，即善良之人的思與行。藉著漂流、旅行、暴露、受苦，而後才能產生道德。受苦難才能體會、才知節制與審慎。對於Serres來說，「道德首先就需要這種克制……就是要能節制。因爲過度膨脹，就像太陽太過炙熱一樣，好的很快變成不好的」（Ibid., 183-184）。節制並非退縮懦弱，而是審慎明智的行事。也就是種曖昧的、非過也非不及的曖昧性，人們從事自己的行爲，也就是在這個曖昧之處，人類才能夠進行創造[35]（Ibid., 184）；透過節制，才是所謂的善良的、有智慧的人：

---

33 Euvre在法文中很難詮釋，它可以看做是工作、作品、藝術品、實施，以及道德行爲。在本論文中會同時將這個字翻譯爲作品、工作與道德行爲。而在這裡斟酌上下文，決定翻譯成道德行爲，意旨有所節制不過份侵害他人自主的一種道德行爲。

34 Humain qui n'abaisse pas tourjours son bras, sur les faibles, par rigueur, ou vers les forts, par ressentiment, même sur les démontablement mauvais. L'humanité devient humaine quand elle invente la faiblesse —laquelle est fortement positive.

35 本節最後一部分將會分析創造。

善良的人有所節制（se retiennent）。他對於自己的力量十
分含蓄保留，避免他自己或是環繞在他四周的粗鄙權力（la
puissance brute）一直擴張（se propage）……有智慧的人不
符應過度擴張的律法，不一直堅持他自己的存在（persévère
son être），他能思考到，若是他符應所謂的普世律法（loi
universelle），這行爲是既惡又瘋（autant mal que la folie）。
（Ibid., 184）

　　這種節制開始了善的行爲。這種節制所帶來的人道，使得世間中眞
正存在著所謂的「上帝」：「只有沒有缺點才不是上帝……除了那正流
下眼淚的人，他竟丟下了羽毛筆（不去書寫人世間的悲苦之外的人），
所有的人都是上帝」（Ibid., 230-231）。歌唱吟詠人世間的苦悲；用羽
毛筆譜下屬於人世間疾苦的音樂。能體會、能領略、能節制，才能是上
帝。這就如同苦行僧的流浪一樣，「經歷了在我胸口、我的胃、我的子
宮與我的心臟的飢餓……我巨大的暴露的心靈，接受，謙卑」（Ibid.,
62）。這博學的第三者博學但節制！這吟遊者自此刻才眞正的開始吟遊
於知識之間，因爲他在去執中、在節制中，他才眞正地去除蒙蔽他雙
眼、遮蓋他雙耳的事物。他開始見識到了各種事物，苦難的、不可思議
的：

　　荒謬、不可能、難以令人接受：我不敢説了……但首先，我不
　　知道我是否相信，我不知道要相信什麼、我不知道伴隨著相信
　　或是信任，會有什麼想法、什麼行爲，或是那是什麼感覺。我
　　知道了一點點，那就是必須要去認識事物，而後我能知道我所
　　知道的事物，當我知道了我所知道的事物，和我又是如何知道
　　的，這時我就理解到了什麼是忽略與什麼是懷疑（je connais
　　l'ignorance et le doute），我理解到了探究與問題（la recherche
　　et la question），我理解了知識、知識給人類所帶來的幸福與它
　　的關注、它多樣的路徑、它熱情的探究與它的人煙罕至之處、

> 它深深的謙遜（sa profonde humilité）著、它不尋常的遺忘和它
> 喜好支配的理由。我再認識到了我所受到的影響……這未確定
> 的知識的混合和人世間某種悲愴（pathétique）。（Ibid., 228）

從此刻，「知識的吟遊者」理解到了與感受到了。他理解到了，因為他已經漂流、已經受苦，他不知道什麼是可以信任的事物：上帝？真理？這些並沒有照看了全人類、也沒有辦法解釋全世界。他只知道，必須要去看得更多、去聽得更多、他必須再去其它處看一看。看一看什麼是被上帝遺忘的人們（上述引言中的忽略）、什麼是真理無法解釋之事（上述引言中的懷疑）。他知道一切都是待答問題（上述引言中的探究與問題）。他知道了各種知識所隱含對於世界的關注與致力為世間帶來幸福的動力。他知道了還有許多知識可以理解事物、還有許多的知識同樣有著對於世間的熱情，然而卻尚未被發現。他感受到了許多知識謙遜且默默的在探究各種事情。他也知道了有些知識對於其他事物的冷漠以及意欲支配的執著。這一切，都在受苦難當中而得以體悟。因為這之中的許多悲愴之事，他才真正地看到了所謂的「知識」。職是如故，Serres所謂的「知識」，不再純粹只是寫在書本中，一連串的文字符號或是數字公式的集合了，而是在受苦難之中他所領略到的各種如同上述的事物。而因為這種領略的經驗，因為這「最謙卑（modeste）而為自己所帶來的喜悅，因為其歌聲……因為其靈魂的虛無（按：虛懷若谷）而使世界充滿光芒」（Ibid., 60）。

捌、愛（l'amour）

更進一步，Serres在這裡開始論述他對於人世間的關愛。在漂流與去執之中，他開始真正地領略了知識。吟遊者受盡了苦難：他在孤獨中體悟、他在受苦難中節制，他開始愛了！所以，Serres代替這個吟遊者回答他到底是誰的問題：「我是誰？是孤獨的和社會的、羞怯的和勇敢

的、謙遜的和自由的、燃燒的、多疑的、出走的猛獸和充滿愛的傻瓜」
（Ibid., 220）。這個愛的傻瓜毫無猶豫的打開自身，「他開展著。他給
予。他付出。他愛」（il évolue. Donne. Offre. Aime）（Ibid., 58）。換言
之，吟遊者展開自己，他敢於繼續漂流，因爲他要付出自己的一切，他
要在受苦中吟唱苦難、他要在流浪中領略一切的知識。他知道節制、他
體悟了世間的事，他要付出他的愛。所以，在這裡，Serres他以笛卡兒
於1637年的《方法論》（Discours de la méthode）一書中的名言：「我思
故我在」（Cogito, ergo sum）的形式，來說出他自己的核心思想：「我
思或我愛，故我不在；我思或我愛，故我不是我；我思或我愛，故我不
在。我已從那裡離開」（Ibid., 58）。他不在，他離開，因爲他將繼續
去漂流、去旅行、去受苦、去愛。因此，他將什麼都不是，他將變成任
何人、他將遊歷一切的知識、他將受盡各種苦難以及看盡各種悲慘。因
爲漂流、因爲敢行、因爲冒險、因爲孤獨與體悟、因爲暴露與受苦、因
爲節制與去執，吟遊者在這種永無止盡的旅程能夠愛。而回過頭來，體
驗、愛、慈悲，也必須是種無止盡的旅程，否則根本就不可能能夠獲得
這些。更進一步，Serres他說：「我受苦難因此我自我轉化」（Je souffre
donc je me transforme）（Serres, 1982:215）。他將不斷地消失與缺席，
意味著他將不斷地解構自身：因此吟遊者將不斷地「自我轉化」，並且
能愛。

　　而最重要的是，這是Serres對於「人的意義」的一連串緊密而厚實的
思維概念：愛與離開，是人性化（l'hominisation）[36]的開始。這種人類
必須要不斷的進行人性化的過程，這意味著人必須不斷的冒險、不斷地
漂流、不斷地離家，以理解、以領略、以體會，是故才能去執、謙卑、

---

36 這指的是如同雅斯培所說的，哲學是人不斷地成爲人的過程。人類從其有歷史開始，便一直
　在這種追尋的過程中。過去可能也有各種知識或是學科，如宗教、科學、文學、哲學與生物
　學，旨在尋找所謂人的意義。而在Serres的論述中，他在這些學科或是知識當中、在各種人
　類境遇與世界當中不斷地遊歷不斷地遊歷，不斷地離開以及尋找連結，這就是一種人性化的
　過程。

能愛（Serres, 2006a:13-14）。人性化除了是種自我的轉化與去執，更意味著一種尋渡（seeking passage）[37] 的過程：「我是誰……我藉著協議、鄰人、遭逢與關係來定義我自己：是的，在連結溝通中」（Serres, 1991: 218）。因此，我們從漂流者的愛，進一步來到了他想要在人世間中「尋渡」的過程。Serres他說：因為「我的心靈被暴露在學習事物中，如履薄冰，但仍然在那兒[38]……當我喜悅的、無限延展的穿越時，生活經驗鑄造了渡（une vie expériences fraie le passage），或短或長、或貧瘠或肥沃，從虛無到死亡」（Ibid., 61）。也就是，當我經歷了暴露於危險、當我受苦難、當我能愛時，我自我轉化了，我想要通向他者、通向它處、通向虛空之處以納百川、通向人間的悲慘與死亡，歌之、詠之。這對於Serres來說，是一種對抗暴力的方式。因為，「除了將人放置在他人的觀點，從他人的世界來理解事情以外，還有什麼可以獲得容忍與非暴力呢？」[39]（Ibid., 36）這也是一種對抗不正義的重要方式，更重要的是，因為吟遊者能節制、能慈悲、能愛，因此他將踏上這種尋渡的過程。

玖、創造（la créalité）

知識的吟遊者、博學的第三者，最終將創造。在漂流中、在冒險中、在轉化中，他「忘了他自己的地面，他攀爬著、遊歷著、流浪著、想要瞭解、想要看一看、想要發明、想要思考。不再重複」（Ibid., 58）。為什麼不要再重複？為什麼要創造？因為，生活、生命，就是種未定的旅程。這種旅程就像是種遊戲，一種富含著未定性的遊戲，它等待著我們投入其中，嬉戲、遊玩、發明、創造。所以，Serres他說：

---

37 當然，Serres本人並沒有用這個「尋渡」這個詞。他所用的就是「渡」（passage）。但當他用這個詞，就是一種尋求人與人、人與世間之間的「通路」的意義。故在這裡還是使用之前所說的Martusewicz所使用的「seeking passage」為名。

38 mon âme s'expose en connaissances, comme elle se risqua et reste encore sur la glisse des glaciers.

39 comment acquérir enfin tolérance et non violence, sinon en se plançant du point de vue de l'autre, savoir de l'autre côté?

「生活、品嚐、離開、遊戲、行動，別複製」（Ibid., 129）。在遊戲
中，重複一種方式是十分愚笨的事[40]（Ibid., 158）。又在遊戲世界中，
若是每個人都開始重複而不創造，則世界中充滿的是一堆「鸚鵡」。
Serres他說：

> 當世界上的人們最終說著同樣的語言，並且在同樣的訊號或是
> 同樣的理性規範（norme de raison）中溝通，我們愚笨軟弱的
> 墮落了……同樣的語言與狂傲的科學，在相同的自由度（les
> latitudes）下重複著同樣的名詞，地球上充滿著大聲嚷嚷的鸚
> 鵡。（Ibid., 191）

當然，這裡Serres談了兩點需要我們來分析。首先，若是人們重複
同樣的方法或是同樣的思考模式，來進入遊戲世界中遊戲，那麼，這個
世界會變成一堆說著相同的話的鸚鵡。並且，Serres舉出了理性或是自
然科學作為例子，當這個世界只能以理性或是自然科學的遊戲規則來
遊玩，那麼，這一堆鸚鵡因為「人多勢眾」，敢於放聲嚷嚷，駁斥其
他不與之同調者是為愚蠢者、掩蓋打壓任何異質與另類的聲音。這對
於Serres來說，無疑是種墮落，這些人在Serres眼裡，無非才是愚笨的人
們。

但是，既然世界是紛亂吵雜的、既然人的內在是擾攘不安的，這種
重複必然使人產生反感。內心的平靜絕對不在於重複：

> 這些編序（enchaînent le temps）的法則因為使人麻木不仁的單
> 調複製，讓歷史千篇一律（monotone）。大太陽底下沒有新鮮
> 事（Rien de nouveau sous ce soleil d'or）。很快的就會嚐到無趣
> 的代價了。重複買了10間房子、管理同樣的50個打蠟鞋子的工

---

40 但是，Serres也十分感嘆，這個世界竟然可以因為不斷地重複而獲得讚賞甚至是嘉勉。他舉
出以重複的方式來成為博士的例子：「藉著擴展這些我們應該要求的任何工作，由複製零
碎東西，如基本能力、歷史、音樂、理論。抄寫單一模式，你被稱為抄襲者，但如果你複
製一百種，很快你就得到博士學位」（Serres, 1991:70）。

人、擁有20枚高檔的戒指、住在知名的地段，還能獲得什麼樂
趣呢？您幾乎只能發現一樣的東西。安逸因爲重複的無趣產生
了讓人類不幸的力量意志，因此安逸因重複而被撕裂（L'aise
mâche par ennui de la répétition），其無止盡的遭遇到的是對於
服從這力量的反感（répugnante），因爲這力量似乎將我們放到
動物的行列。這些動物在全世界最大的動物園裡生活。（Ibid.,
162）

重複的千篇一律，很快的將會使世界每天都在上演重複的歷史。人
每天做同樣的事、重複同樣的動作、依循同樣的規則。思考著同樣的思
考，這將會讓人不再思考。打壓世界中的噪聲、壓抑人內在的擾攘，這
將因爲喧囂雜亂的萬物本源，而使得這些重複顯得無趣甚至是令人厭惡
反感。重複造成的是不幸，它將人類放在動物園裡，每天只有吃飯、睡
覺、呼吸、死亡。更重要的是，重複毋寧就是種過度與不節制：「假使
陽光過份加劇阻礙，沒什麼新鮮事可以出現」（Ibid., 183）。不節制的
律法抑制了另類發生的可能：「國王的律法：太陽底下沒有新鮮事」[41]
（Ibid., 177）。對於Serres來說，新鮮事就是各種創造的可能。若是因
爲強加秩序在各種紛亂的噪音上，將使創造下降：「如同某些事物再開
始流動，卻又因人強加秩序而下降。充滿著能量，意欲行動與充滿力
量，卻獨自跌落」（Ibid., 150）。因爲，噪音的確可能是無秩序的、甚
至是可能會讓原有秩序大亂、原有的系統解體。但是，噪音本身蘊含著
各種改變的可能、創造的可能，卻因爲過份加劇的陽光、不知節制的律
法，掩蓋其蘊含的能量、壓抑其內在的動力，這將使得「所有的差異互
相抵銷，這裡所有的呼喊成爲緘默，這裡所有的企圖被抹去」（Serres,
1982:216）。換言之，不知節制的強迫與麻木的重複，將會使得所有意
欲改變的動力、意欲創生的動力，有意識的甚至是無意識的淹沒在這個
巨大的牢籠中。而，這個牢籠，將如同冰雪籠罩大地，使萬物枯寂：

---

41 Loi du roi: rien de nouveau sous le soleil.

寒冷驟然襲擊大地，佔據了大地；當它引起恐慌，就是它支配一切了。贏得與佔據。它不以波浪狀方式迂迴曲折的融合許多的因素，來溫和地轉化這好不容易獲得的脆弱的平衡，而是殘害與沒收它們的多樣性。寒冬在戰爭中勝利：自此之後成為國王，他命令風、停止水流、整平起伏、覆蓋大地與海洋、驅逐或是使動植物越來越稀少、迫害某些物種、使空間全變成一片白色：透明化整個大地，一個唯一的法則，在這遙遠的和冰凍的光之下，完全的慘白，將沒有什麼會是新鮮的事。單調在冷漠的眼看來，一點都沒有重複，沒有火焰的光在冷漠的眼之下，新穎性早已經消失了。當單調一致出現，全能的太陽，或隱或現，產生了單調一致。（Serres, 1991:177-178）

在這裡，火焰——即熱情。這種事物內在蘊含的紛亂擾動的火熱熱的、想要改變的動力，將被單調一致的寒冬所澆熄。寒冷一致支配著大地，將所有的曲線剷平，將所有的紛亂弭平，將任何企圖改變的生物關進牢籠中。一片白茫茫死寂的大地，就是世界、就是規則。這是任何一種不知節制的概念或想法，簡而言之，就是太過執著的意念所造成的結果。

然而，對於 Serres 來說，也許萬物將會在壓迫暴力之下，或是意識型態霸權之下，有意無意的接受了這律法：重複。萬物可能習慣了寒冬。但是，一個只會如應聲蟲般喋喋不休重複的人，將發現，他無法重複任何事物，因為環繞在他四周的，是一個多樣性的、善變的世界（Ibid., 13）。即便被壓抑、被打壓，然而萬物意欲改變、轉化與創造的潛能，依然在地底下擾動著；火熱熱的，如同暫時休眠的火山，不斷地蓄積能量、不斷地衝撞地表，企圖綻放自己的能量。並且，就是這種能量的爆發，才能趕走寒冬、拯救大地：「相同使我們陰暗，而不同照亮我們。相同讓我們入土，而不同拯救了我們」（Serres, 2006b:211）。是故，Serres 認為，參與這個世界最好的方式，就是創造與善變。這時，人才活生生的活在這個世界上，他所從事的才是真正富含「知識性」的事

物。所以，Serres直接言明：「創造力是唯一真實的智識活動，唯一的智慧的實作。重複、照本宣科、倦怠、慣例、與老師們的戰鬥、睡覺。只有創造才是真正的智識活動」[42]（Serres, 1991:147）。這時，善變的知識的吟遊者，與善變的世界一同變化，他蓄勢待發：

> 走。小小的，蓄勢待發的動作。新的能量已蓄積……要做什麼呢？是的，開始進行些什麼，以更開闊的方式進行。穿越河流、建構、發現……在拂曉時，熱情而出，回到世界；世界和我已經回到了創造的早晨。充滿著能量：每件事又變成可能的。（Ibid., 64）

這時，知識的吟遊者的身體保持在蓄積能量狀態。他離家。他出走。他處在早晨，一個充滿希望與無限可能的早晨。他將投身於河流、大海、沙漠。他將不斷地跨越這些地方。他將投身於善變的世界之中。更重要的是，他將在那第三處、交會處、中介處，串連與轉化起各種可能：

> 具備智慧與具備發明創造的諾言……久久以來一直做為一名遊戲者，這個孩子，這個觀察者，他平衡著與游著，這個處女準備要決定了。身體、肌肉、神經、方位與敏銳力、靈魂、大腦和知識，所有的通通都會合到這有星星形狀（按：一個有許多通道的中繼點）的第三位置：注意左邊、從右邊繼續、保持對上面的注意、由底部開始跑。（Ibid., 31）

這時，他蓄勢待發。這是個醞釀期。他知道，既然他已經在中介之處漂流，他必須與時俱變，但又必須創造局勢。接下來他必須要做的是，在每個中介之處，眼觀四面、耳聽八方，小心翼翼的串連起

---

[42] l'invention est le seul acte intellectuel vrai.

各個要素，轉之、融之。他將因此打開任何的可能性（ouvert à toute éventualité）（Ibid., 51）。這時他處在不平衡的點。他極其專注，但是他知道沒有方向是最好的方向，有著的只是流動的思緒（Ibid., 49）。他知道，創造必須要在這種漂流與冒險中才能獲致。而他，已經暴露於冒險之中了：

> 如此一來，知識、思想或發明不停的從這第三位置穿越到另一處，所以總是暴露在危險中，或是如此一來，這些理解、思考與發明的人是一個吟遊的第三者。沒有適當位置也沒有相對，而是不停的暴露在危險中。少有平衡，也少有不平衡，總是從位置上偏離，沒有固定落腳處的流浪[43]。（Ibid., 34）

流浪、冒險，他才能轉化成吟遊者。成為吟遊者，註定了他將繼續漂流、繼續暴露在危險中。但是，這種漂流將蘊含著創造：「因此，沒有人……能夠沒有創造，而沒有……那深不可測的暴露經驗……沒有高且寬廣的擴展空間……就沒有這種通往所有另類性的可能」（Ibid., 63）。人類，既然已經處於第三處、既然已經處於中介處，漂流將是他的未來。在漂流中，漂流者也將體會到，即便漂流於世十分痛苦，但這就是創造所必經之路。更重要的是，即便在旅途中犯錯與迷航，他不會去傷害他人：

> 痛苦，為了尋求新穎性而付出的犯錯的勇氣。因為每天早晨，陌生的、不可預見的方式出現了，十分吸引人也十分引人入勝，他趕緊在晨曦中起床，興奮的要遊歷這些景色，趕快的再踏上十分陌生的且經常是不尋常的旅程。不知道下一頁有誰會出現。不在意失敗了，他嘗試著！假使他迷路了，他將不會傷害到人，假使他有所得，他會十分高興。（Ibid., 129）

---

43 peu en équilibre, rarement aussi en déséquilibre, toujours en écart au lieu, errant snas habitat fixe.

　　創造，可能意味著破壞而後重建。也許，為了要尋找另類事物，他可能會對現行事物有所毀壞。但是，他敢行，而且他小心翼翼的創造，以不去傷害他人為優先考量，他顯得十分靈巧且柔和，即便失敗了，也當是寶貴的經驗，不會埋怨，因為他知道他將因此而發現些什麼。所以Serres他說：「創造是輕盈的……溫柔的，它避免了……怨恨……創造通向發現的大門」（Ibid., 148）。

　　那為什麼他會考量到別人呢。這不是他自己孤獨的創造的旅程嗎？因為知識的吟遊者敢於冒險因而暴露在外、忍受孤獨與苦痛因而選擇無人的小徑亦或到大海上漂流（Serres, 1994:24）、漂流以體會他人與世界之苦痛：

　　　　流浪在它自己所開闢的道路上，流浪在這條幾乎不會找到自身
　　　　的道路上，只有焦慮、暴露與其中的突變相互支持，不停的
　　　　在地球上的其他破碎之處冒險，展翅如隨風飄揚的旗幟，在上
　　　　路之前沒有任何的援助或幫助……如同展翅在樹葉邊盤旋的飛
　　　　鳥，想要逃離、想要走向不同之處，開放的出走（exode）中，
　　　　行吟詩人（trouvères），他是快速的在新發現中找到新穎性的
　　　　發現者，受苦難以及歌唱。（Serres, 1991:158）

　　在苦難中歌唱，他發現、他受苦。因此他能夠「去執」（détachement），能夠節制（Ibid., 237,179）。因為，在受苦中，他也看到其他的受苦者，或是，人類這一個正在承受苦難的物種。與這些人類的遭逢給予他最為寶貴的經驗：

　　　　就是在（脆弱的匯流的奧秘中）第三者再次出現……這裡是
　　　　對於第三者與第四世界[44]的哲學。在這些世界之中最為貧窮
　　　　之人，是比富有的西方以及其只是用來殘害悲慘的人的那

────────────
44 比第三世界更進一步，說明的是那我們從未注意到的世界。

原子盾牌與機門，更負載著我們的未來。有錢人在軍隊的陰
影下睡覺，最為脆弱的人帶來的卻是偉大與創造。（Serres,
1994b:180）

　　最為脆弱的人為吟遊者帶來的是最為珍貴的人世間的經驗。也是因
為其悲慘，所以這是最為真實的經驗：苦難的人類經驗。而他們所帶來
的創造，蘊含了兩個核心：第一個核心就是，在悲慘苦難底下，這些人
他們如何生存、存活？換句話說，他們如何面對困苦的環境，依然創造
出各種知識與經驗，與命運搏鬥、與自然相互依存（即便第一世界或是
有錢人繼續破壞地球，但是脆弱的他們依然堅持下去，雖然仍然有人在
其中枯萎死亡）？這是原本棲居在安逸的巢穴中的吟遊者前所未見的事
物。自己受苦著，也感受到他人的苦痛，因此他能節制、他有著愛。他
將小心翼翼的不去傷害到他人。另一個核心就是，這些創造的經驗，也
與苦難的經驗融合，讓他能真正地進行創造。因為，他知道，他必須要
這樣投入到危險中，沒有這種受苦，他所做的創造將不是創造：「工作
以及冒險吧！人們說，真正的命運有時會笑那些大膽碰運氣的人⋯⋯遊
地獄的恐怖冒險就是生存與道德行為之美的狀態[45]。沒有在黑壓壓的軍
事坑道的旅程，就不會有真正的創造」[46]（Serres, 1991:169）。吟遊者
投入這個受苦的漂流旅程中，他才是真正地進行「我思」。因為他在遊
地獄的恐怖冒險與黑壓壓的軍事坑道，獲得了道德，而他將可以說：

我思考因此我創造，我創造因此我思考（je pense donc j'invente,
j'invente donc je pense）⋯⋯其它，他們沉睡或打鬥，並準備著
死亡。他們重複。這創造的氣息給與生命，因為生命正創造著
（la vie invite）。相反的例子，缺少創造就顯示著欠缺道德行
為與思考。（Ibid., 147）

---

45 ce risque terrible en cette visite infernale conditionne l'existence et la beauté des œuvres.
46 Pas de création réel sans un tel voyage dans la sape noire.

生命每天都正在創造事物，沒有創造的人，他將如行屍走肉般沒有思考。或是他將只是隻鸚鵡。沒有思考的人，也是沒有道德的人，因為他根本不在乎受苦的人類，他只想要控制、只想要鞏固自己所擁有的一切。因此，旅程、漂流、暴露、受苦、孤獨、節制、愛、創造，這一連串的事物將是吟遊者的宿命，也將是他的任務。他知道，他必須投身於其中，以去「尋找福祉（biens）而非財富（l'or）[47]與控制（la domination），因為這些都是千篇一律唯我獨尊的始作俑者」[48]（Ibid., 162）。現在，為了尋求「善」，知識的吟遊者將開始反抗了：

> 為了要創造，必須要盡量的去瞭解，因此是永無止盡的工作；這個必要性的條件現在一點都不足夠了……因此，用身體的所有部分、熱情、憤怒與不可分離的自由，以及創造能反抗（支配性）知識的力量，來反抗那些已經被建立好的既定事物以及所有棲身在其上的制度。這清楚意味的是：丟下所有令人放心的事物，冒最大的風險。（Ibid., 154）

只是瞭解學習知識，這對於知識的吟遊者來說是不夠的。知識的吟遊者用他身體中的每個細胞的能量與熱情，來對抗那一切想要強加既定秩序在其身上的事物。反抗，意味著敢於冒險：「為了達到反逆，我現在改道而行」（Ibid., 154）。反抗本身就是種離家、就是種去執（去掉身上被制約的執念）、就是種冒險。所以Serres他說：「去冒險，擺脫剝削」（Ibid., 130）。他冒險、漂流許久，因此他已經有著節制的道德、敢行的勇氣、愛人的能力。這時，醞積在他身上種種的能量將爆發，他將反抗，以創造人類新的狀態：「小小的火焰閃亮著……他取消或是轉變了整個社會、宇宙、存有與道德」（Ibid., 246）。取消，意味著這時他開始反抗了，反抗既有的不節制之事。而轉變意味著，現在，他將成為Serres最為喜愛的混種之人：

---

47 原本是金子之意，但這裡參照上下文翻譯為「財富」。
48 producteurs exclusifs de monotomie.

因此，當我落入凡間時，我是誰呢？對於起而創造與起而善之
人，我十分仰慕與殷切地期盼——我十分尊敬那些讓人大吃一
驚的、致力於激烈地不服從那些命令者，不服從那些大聲威嚇
者或是宣告律法者的人；我十分尊敬那些溫柔地在孔雀前反諷
之人；我十分尊敬那些感動於身體與才能之美的人，尊敬那些
對於企業或是機構的威嚇冷冰冰的人；十分尊敬那些馬上與自
誇自擂的人斷絕來往的人。（Ibid., 219-220）

　　不能無止盡的只有反抗卻沒有勾勒出未來。若沒有夢想一個未來，
那世界將只是一片斷垣殘壁。反抗之後，知識的吟遊者將創造事物來扭
轉局勢。他「創造：沉醉在此，在末日的晨曦中」（Ibid., 144）。末日
之後，晨曦將升起。這時，吟遊者開始勾勒未來了。他將轉化自己與世
界。

　　首先，他轉化自身。因為，他將掙脫束縛、他將解放。吟遊者至
此，他在轉化的路途中。他用其在漂流中所擁有、學習、領略與體悟的
一切，開始轉化與創造自身。為什麼要創造自身？因為他想要脫離。為
什麼要脫離？因為他想要自由。他不想再被拘束在一切既定的論述中來
定義自身[49]。於是，Serres他說：「這是解放現在唯一的方法……總是處
在沉睡狀態的時間因為創造而甦醒……找到暫時性，這是件困難的事。
知曉我們是什麼，這仍是種十分稀少的創造」（Serres, 1991:152）。人
到底是什麼？千百年來，無論西方或是東方，各個學科爭相為其下定
義、各種知識爭先恐後的說明他們的觀點。但是，「若是人類只喜愛一
種存在方式……一個無與倫比的生活根基與符號，歸屬於人之稱作人
（humas）。這個沉甸甸的指標，通往死亡，一個共同的、毫無疑問的
嵌入在同一中心之處」（Ibid., 57）。也就是說，若是人類只執著在一種
或是某些概念來定義「人」，在Serres眼裡，這無疑是讓人類一步一步

---

49 如同晚期傳柯所探討的主體的詮釋學一樣，他意欲掙脫論述，他意欲藉著關懷自身的方
　式，不斷地轉化自身與創造自身。不過，Serres的創造似乎比傳柯多了一些元素，如尋渡、
　愛。

通向死亡之處。轉化自己：在漂流、冒險、受苦中，吟遊者這個人的身體與心靈轉化了。他轉化成爲融合者。現在，他，這個主體，不再是什麼固定僵化的名詞了，主體只能在許多的形容詞中被發現：

> 但是我發現到：主體這個字本身本來是形容詞，但它不是近來變成了一個名詞了嗎……開始自以爲是由邏輯與文法敍述中，個別存在變成了一個人，人成爲了行動與認識的主要來源……自我命名爲名詞，它將其它的形容詞排除在中心之外。（Ibid., 219）

　　博學的第三者本身除了成爲介系詞，他要通向、承繼、轉向其他之處之外，博學的第三者的「博學」，使人對他的稱呼只能用形容詞來捕捉：「缺少主體，我就用形容詞來說話……這個問題：我是誰？……因此我用形容詞來說話」（Ibid., 218）。使用名詞來定義主體，那只會將主體限在一個又一個的框架之中，並且，排除掉許多另類的可能摻雜進來。這另類的可能就是種潛藏性、就是種可能性、就是種未盡性，總之，如同形容詞，只是部分的代表主體但卻無法窮盡之。更進一步，這是種混合的形容詞，一連串無止盡的形容詞：

> 我是形容詞之總，新穎的豐富性（人們稱作富含新穎性）……總是想要全面的和總是起伏不定的，陷入聲音和噪聲，處在大喊大叫之中，處在不時出現在我身邊的寄生蟲的混亂情況之中，在雨水的洗禮中流亡，胸口淹沒在淚水的湖泊中，在一個不穩定狀態中流浪……是的，形容詞一個接著一個的浸入了我，不停的與所謂的主體遊戲著……從現在起，我是誰這件事不再難以表達了：一種混合，一種或多或少有節制的混合，確切來說是一種氣質（tempérament）……從昨天到明天，所有的會被顛覆；或是，在同時同地，所有的都會混合。（Ibid., 221）

　　無止盡的形容詞，吟遊者浸身於喧囂噪音之中。他漂流至大海與湖泊，受盡折磨、經歷苦難。看盡人世間的冷暖悲哀。但是，這裡，吟遊者回到了最初的本質：混種。他在混種中開啓他的旅程。但是，他並沒有在旅程中終止了混種，或是混種完畢。這時，混種意味著他將以各種形容詞現身：

> 用眼睛仔細注視著各種景象，它是斑馬混色的、虎斑混色的、色彩多樣的、閃閃發光的、花紋的、苦痛的（chagriné）、猛烈的（fouetté）、鑲嵌的（lacunaire）、像豹皮的斑紋、多樣模式的顏色、撕裂的、多種相互涵蓋的線條的接合、帶著邊緣，到處都是未料想到的（inatendu）、悲慘的（misérable）、輝煌的（glorieux），是那麼如此的動人，將你的呼吸帶走，而又撼動你的心[50]。（Ibid., 12）

　　他永遠的混種下去。但是他將在混種中創造自身與創造事物。他是各種形容詞：旅行的、流浪的、冒險的、孤獨的、節制的、充滿愛的、勇敢的、閃爍不定的、曖昧的、搖曳的⋯⋯總而言之，他將成爲各種創造的動力。因爲他將混合交融各種事物，進一步創造出更爲另類與新穎的事物。他將「如藝術家書寫與訴説那不可預期性，以及不可想像的事物，和嚴肅的來説，不可能發生之事的發生」（Ibid., 162），因爲，他自身不斷地混合，他在中介之處也不斷地干擾、轉換與交混各種事物。他可以創造事物。他致力讓自己與整個世界處在不斷轉化的文化之中：「創造性的文化活在新穎性中並且可以是⋯⋯總是在初生的狀態」（Ibid., 163）。初生的狀態意味著：「創造，以再創造生活來抵擋著死亡，這稱爲復活」（Ibid., 157）。這裡的死亡，不意味著生物之死。這句話它毋寧也是種隱喻：創造，首先擁有著道德，批判支配與宰制，而後能抵擋單一重複的塞多爲大地帶來的枯寂與無生氣——因爲他將靠著

---

50 magnifique à couper le souffle et faire batter le cœur.

創造來勾勒未來。

這時，我們看到了一個「轉機」。由於吟遊者能夠創造，他將看到未來無窮的希望：「兩種生命交融積極的展現：喜劇演員（按：指Arlequin）與孩童……文化重要的時刻開始於青春般愉快的光芒：創造力微笑著」（Ibid., 236）。因為看到解放與自由的希望，他微笑著。他將用他的創造再重生萬事萬物。因為他能夠創造，所以他能夠夢想一個未來，因而他勇敢地投身於批判與反抗。那Serres在這裡為什麼要提出孩童呢？因為，對於他來說，孩童就是永保初生狀態之意：永遠處在初生的狀態；並且對於任何事物都充滿了驚喜與好奇。Serres他問：「那麼是什麼讓我們的孩子感到高興呢」（Ibid., 235）？就是他能夠反抗、批判與創造。因為創造，讓我們看到了解放的契機，因為吟遊者能夠批判，能夠解構，而且他有著創造的潛能，他能想像，因此他能「再建」：吟遊者能永保孩童般的嬉戲，盡情創造自身與轉化自身，同時也創造與轉化整個世界。他感激這一切，他將再上路：

> 我從未不願說再見。我也從未說了足夠的再見。謝謝巧合（les hasards）、謝謝這令人驚訝的事物、流動不羈的海洋（la mer turbulente）和朦朧的地平線（l'horizon flou）、謝謝雲兒、河流和燈塔、謝謝大熱天、熱心和熱情、謝謝風兒與聲音、羽毛和小提琴、謝謝這個豐盛的語言菜餚（ce repas immense de langage）、謝謝愛（amour）和受苦難（souffrance）、悲痛（la douleur）與母愛（la féminité）……不，我還沒結束，我要開始……我才剛開始唱著歌……我是碎裂、是噪音、是風（Je suis l'éclat, le bruit, le vent）。我開始小酌一口與這些恩典相等量的酒，表達我的感謝。我邀請您，那在門後發出聲音的噪音、風和聲音的氣息。我邀請您、我來接待您，歡迎您的光臨。（Serres, 1997a:167）

吟遊者的確還沒有結束他的旅程。因為，批判與創造，意味著一個

永無止盡的、通向世界的尋渡的過程。他將盡力的尋找知識與知識、人類與人類、人類與與世界之間的「渡」。即便，這個渡也許被冰雪封閉，等待他來打開（意味著批判與反抗）；或是這個渡根本從來都不存在，然而，他勇敢的踏上漂流之途，他將創造之。

拾、結語：教育的吟遊者

我們如何才能學習？我們如何才能教學？「我們」，這個「我們」又該長得什麼樣子？在Serres的脈絡中，這些問題的答案也許就是吟遊者！因為Serres明白揭示：「倘若我沒有離開，我什麼事情也學不到，並且沒有引起別人離開其住所的話，我無法教給他們什麼」（Serres, 1991:27）。這種漂流的學習與教學，就是Serres最為核心且發人深省的教育思維。而Serres所意欲的，就是這一名「博學的第三者」。

我們如何學？Serres他說：「沒有學習能夠避免旅行」（Ibid., 28）。「我們」是吟遊者。在漂流中，我們將「盡可能的自我學習，而能自我形塑」（il faut s'instruire le plus possible, au debut, pour se former）（Ibid., 154）。換言之，我們將能夠成為一個通向自我完成的人。並且，不同於個人主義，我們也將投身於人群與世界之中，關懷人群，因為我們將流浪至「所有地方的不幸之中，他將能自我教育⋯⋯其能將重尋人道的有力的連結，牢牢的繫緊精確嚴謹的線」（Serres, 1994b:266）。換言之，他將在第三處，努力的以人道，即以節制之德與愛，串起世間當中的每個人。所以他說：「我不會勸任何人剝奪孩子這種冒險的機會、這種渡河、這種資源、這種我從來無法用盡的寶藏，因為這其中含藏著學習的潛能、對於全世界的容忍心和太陽般閃閃發亮的關注」（Serres, 1991:36）。孩子就是在這種冒險、漂流與受苦中能轉化、能愛，更能致力尋找人與人之間、人與世界之間的「橋」（pont）與「渡」（passage），以愛和包容希冀一個和睦的世界[51]。這種漂流所開啟的孤獨、領略、受苦、與世界的連結、愛、謙卑、轉化與創造，怎能不稱之為是一種學習呢？

我們如何教？Serres他的回答是：

> 如何教？要成功的達到一種火光乍現（court-circuit）[52]，我們的職業指示了我們的消失，儘管我們是不可或缺的和熱切的人和身分。在這裡是我們的藝術秘密：在階梯教室出現時灑下知識和意義，在開始上課時點亮火柴。教師，其身軀消失在炙熱的火焰中；然而他為學生點明概念、加溫學生寫作的手、給予學生醍醐灌頂使其豁然開朗。他只是給予了學生熾熱的訊息[53]……我教故我不在（J'enseigne donc je ne suis pas），因為，我只是在我所企圖要去說我所說的是什麼時，我才存在。我們所傳達的是比訊息還要更多的火炬：身體在火焰中教學[54]。（Serres, 1998:3）

「我們」也只是「第三者」，一個已經開始漂流的「吟遊者」。「吟」，我們如火光乍現般的美，只在想吟唱的時候，向人群歌詠知識與悲傷。「遊」，「我們」馬上又將消失，因為又將漂流。但是，「我們」所留下來的，是對於知識充滿火焰般的好奇心[55]，與對於人群熾熱的關注。這將讓聽到我們的吟唱的人，也將踏上漂流之途。而「在不規律的火焰中養育、教導與教育，孩子自身產生了第三人或是第三種精神……清晰的光亮、害羞的和節制的、雜色的身體與靈魂……再生（re-né），他認識、他起著惻隱之心（il a pitié）。最後，他能教學」

51　這裡的概念牽涉到Serres的兩本書：《人文主義敘述》（*Récits d'Humanisme,* 2006a）與《橋的藝術：造橋人》。

52　這個字的原來意思是「短路」。但短路意味著短暫的出現與消失在火光中，經探究上下文，故翻譯為此意。

53　Pour réussir un tel court-circuit, notre métier prescrit que nous disparaissions comme personne, condition indispensable et chaude. Voici donc le secret de notre art: s'asperger de savoir et de sens avant de paraître dans l'amphitéâtre et frotter une allumette en commençant la classe. Enseignant, le corps se dissipe dans de hautes flammes ; alors seulement s'éclairent les idées, se réchauffent les mains qui écrivent, les têtes glacées dégèlent. Seul passe le message qui flambe.

54　Nous transmettons moins un message qu'une torche: le corps enseignant dans les flammes.

55　這讓我想到了全人中學校長老鬍子對全人中學教師李崇建說的話：「沒有不需要學習的學生，也沒有天生的教師」（李崇建，2004：63）。

（Serres, 1991:249）。是故，教育的吟遊者，他的學習就在吟遊中；教育的吟遊者，他的教學就在吟遊中。他同時能教且又希冀學，他熾熱的付出，希冀學習因此也消失在火光中。吟遊，意味著：旅程、漂流、孤獨、暴露、受苦、愛、節制與創造。吟遊，就是教育。

參考文獻

中文部分

王夫之（1984）。**莊子通‧莊子解**。台北：里仁。

牟宗三（2002）。**中國哲學十九講──中國哲學之簡述及其所蘊含之問題**。台北：學生。

李永熾（譯）（1995）。**清貧思想**（原作者：中野孝次）。台北：張老師。

李崇建、甘耀明（2004）。**沒有圍牆的學校：體制外的學習天空**。台北：寶瓶。

梁永安（譯）（1997）。**孤獨**（原作者：Koch, P.）。台北：立緒。

陳姿穎、侯憲勛、洪鈺婷（譯）（2006）。**Jules Verne：從科學到想像**（原作者：Philippe de Cotardiere）。台北：邊城。

葉啓政（2000）。**進出「結構─行動」的困境**。台北：三民。

鄭佳美（譯）（2000）。**英語帝國**（原作者：Crystal, D.）。台北：貓頭鷹。

外文部分

Martusewicz, R. A. (2001). *Seeking Passage: Post-Structuralism, Pedagogy, Ethics.* London/New York: Teachers College, Columbia University.

Paulson, W. (2005). Swimming the Channel. In N. Abbas (Ed.), *Mapping Michel Serres* (pp. 24-36). Ann Arbor: University of Michigan Press.

Serres, M. (1969). *Hermès I. La communication.* Paris: Minuit.

Serres, M. (1980). *Hermès V: Le passage du Nord-Ouest.* Paris: Minuit.

Serres, M. (1982). *Genèse.* Paris: Grasset.

Serres, M. (1990). *Le Contrat naturel.* Paris: François Bourin.

Serres, M. (1991). *Le Tiers-Instruit.* Paris: Francois Bourin.

Serres, M. (1993). *La Legende des Anges.* Paris: Flammarion.

Serres, M. (1994a). *Atlas.* Paris: Julliard.

Serres, M. (1994b). *Eclaircissements. Cinq entretiens avec Bruno Latour.* Paris: Francois Bourin.

Serres, M. (1997). *Le Parasite.* Paris: Pluriel.

Serres, M. (1998). *Inauguration.* Retrieved 2006, July 26, from http://www.resus.univ-mrs.fr/~zeus/michelserres.html

Serres, M. (2000). *Retour au Contrat naturel.* Paris: Bibilothèque de France.

Serres, M. (2003). *Qu'est-ce que l'humain?* Paris: Le Pommier.

Serres, M. (2006a). *Récits d'Humanisme.* Paris: Le Pommier.

Serres, M. (2006b). *L'art des ponts: Homo pontifex.* Paris: Le Pommier.

Zembylas, M. (2002). Michel Serres: A Troubadour for Science, Philosophy and Education. *Educational Philosophy and Theory*, 34(4), 477-502.

無目的論的教育學可能性想像：
後結構主義與另類教育的接合

劉育忠

國立屏東教育大學教育學系副教授

壹、導論：再思另類教育的定位

　　什麼是「另類教育學」（alternative pedagogy）？最素樸也最普遍的理解，多半是以「不同」於一般學校的課程安排或教育實踐，當作是對所謂的「另類教育」或「另類學校」的理解。這樣的理解，雖然粗略，卻也清楚地點明：對一般大眾來說，「另類教育」的定位與標記，乃建構在與一般學校的「對比」與「差異」之上，這使得另類教育在本質上就埋下喪失「獨立」地位的危險，而依附在一組「一般學校與『非』一般學校」的二元對立之上。

　　由於教育的「正統性」與「正當性」之宣稱，多由主流教育論述與一般學校所佔據，這或許也正是「主流之所以為主流、另類之所以為另類」的原因，但這樣的劃分，卻使得另類教育看似建立在「否定」（negation）的邏輯之上，因而容易被污名為對一般學校與主流教育論述的全盤否定，遂難以為大眾所理解與接受。馮朝霖（2002）即曾感嘆過台灣另類教育的艱難處境，尤其是在台灣的脈絡中，所謂的「另類教育」常被誤解為「離經叛道、標新立異、搞革命」，而「另類學校」則被錯誤地與貴族學校聯想在一起（馮朝霖，2002：33）。

　　在另一方面，由於另類教育，在西方傳統上被當做是對主流教育學中的社會控制及意識型態霸權再生產的抗拒實踐，因而具有批判教育

學（critical pedagogy）與差異教育學（pedagogy of difference）的激進教育（radical education）性質。馮朝霖（2002）對歐洲另類學校發展的考察，也發現：大部分替代性學校的由來皆與1970年代家長對教育參與的自發性有關，而這些替代性學校運動的精神，總不脫「解放的、基進民主主義的與社會主義的信念」以及「反威權的自由主義立場」（Ibid., 38）。因而另類教育學的基本訴求，也主要是擺在強調個別／個體面向上自我教育需求的彰顯與滿足，有別於主流教育學出於對整體／社會面向上的結構需求的教育安排。另類教育多半著力於對主流教育學中「體制內」教育設計的挑戰，提出修補性的或矯正性的「體制外」替代方案。這樣的立論傳統，使得另類教育向來自外於主流的教育設置，以強調個體面向的自我實現作為其主要定位，立基於教育的社會化與個別化這組功能上的劃分。這樣的主張，通常具體化為所謂的「兒童本位」的教育改革運動，也就是通過個別孩童的自身興趣與經驗來追求從事教育實踐的可能進路，因此Goodson認為，所謂的另類教育理論，其重點泰半是對學習個別化歷程的探究（Goodson, 2005:33）。

綜上所述，若我們細究另類教育的定位，可以發現：另類教育的主要運作邏輯，仍有停留於異／己、體制內／外、社會／個體、主流／另類等傳統二元對立邏輯之危險，也使得另類教育彷彿「寄生」於主流教育之上，成為主流教育的他者，因而侷限了另類教育的發展可能性。如何逃離另類教育傳統上所立基的二元對立邏輯，於是成為另類教育自我定位與未來發展的任務之一。在這個角度上，後結構主義思想恰可以提供充分的資源與策略來促成二元對立結構的崩解與鬆動，並產製出不斷踰越、延異（différance）的生存差異實踐。因此，本文試圖通過啟用後結構主義思想來展現差異邏輯思考的可能進路，以及踰越傳統二元邏輯之後所可能展顯出的存有動力樣態，進而構思一種「無目的性」的另類教育學理論，據以陶養當代社會的差異主體。

貳、教育中差異概念的再思與另類教育學的差異允諾

在教育學的思考傳統中，差異（difference）概念通常被放在一種與教育公平與社會正義的語境中加以理解。差異被當做是一種不均或不等狀況的現象，展現出一種過程中有待克服的過度現象，其終極理想是要超克差異，以達致一種無差異的平等、正義、自由。現代教育工作者往往信守的是「去異求同」的價值信念[1]，希望通過差異狀況的消除來達成或趨近某種一致性／同一性。這種一致性的追求，一方面展現在「公平即等同」的教育公平性理解中，預設著教育機會均等，即等同於教育公平；另一方面，一致性則「變形」藏匿在教育目標或教育目的的訂定當中，在一種達成教育目標的理想性中，將理想性當作一致性的假面，以促進某種理想的存在狀態或主體形式當做教育目標的普遍實踐。Trifonas即指出，在女性主義教育學、批判教育學、後殖民教育學等新興教育學理論中，「差異」被當成是一種實踐的現實場域，甚至是一種合理化／正當化這些教育論述的有力理由，做為創造公平的教育環境和改變偏見歧視等意識形態之起點（Trifonas, 2003:1）。無論如何，「差異」似乎被教育工作者當作是必須消弭的經驗狀況，或者僅是邁向一致性的階段性狀態。

以黃乃熒、鄭金興（2005）在〈差異教育學與維護公平之教育實踐——評介Peter Pericles Trifonas編著之《差異教育學》〉一文為例，Trifonas《差異教育學》一書即被認為是「挑戰去異求同邏輯之教育論述的經典之作」，以「主體差異性維護為主軸」，「受到Jacques Derrida解構主義（deconstructionism）思維影響甚鉅」（黃乃熒、鄭金興，2005：210）。然而，在解構學內「延異」（différance）意義的討論上，卻不能只強調其知識論層面的價值，將主體的差異性與意義的無限開展性都擺置在知識探索的架構中來理解，因而將解構的任務看成是「加強認知

---

1 參見黃乃熒、鄭金興，〈差異教育學與維護公平之教育實踐——評介Peter Pericles Trifonas編著之《差異教育學》〉，《當代教育季刊》，2005，13（4），頁209。

主體做為知識探索的核心機制，來促進加強學習知識之變化生成的特質，以促進教育體制與受教主體間之雙向交流，成為公平教育實踐的必要途徑」（Ibid., 211）。如此一來，解構與差異所具有的倫理學本質與本體論涵義就無法得到應有的重視[2]。實際上，解構絕不只是一種智性活動，而是一種與霸權挑戰有關的根本批判實踐；差異也絕不只是一種知識論上對意義的詮釋與認識，而是一種生命的存有姿態、一種生命之力的必然要件；公平教育實踐更不能只是一種知識論上意義的眾聲喧嘩、觀點的多元並呈，而應該是一種本體論上與倫理學上主體差異的實踐與存在狀況。

教育學界這樣一種對差異概念的理解，主要呈現出二大問題：（一）對差異的理解，陷在一種「去異求同」的價值信念中，認為差異是要克服的過程狀態，同一（identity）才是一種終極與公平的目的結果。（二）將差異理解為一種知識論上的現象，呈現出一種質量的不同，而未從倫理學與本體論的角度來考量差異具有的倫理學與存有論意涵：差異可能是存有本質上的必然動力學形式、是存有的必要狀態而非過度狀態；差異更可能是一種倫理學上善的展現、是自由與主體性的具體實踐、更是批判哲學的終極旨趣而非批判起點。本文認為，這種對「差異教育學」偏於知識論的對差異的掌握與理解，或許根源於台灣教育學的「知識論化」或「實用性至上」傾向，以及教育學界對後結構主義（post-structuralism）掌握的片面化所致。

事實上，台灣的教育學傳統向來置身在一種工具理性的知識論取向中，這種知識論取向，以闡明、展示並產製某種特定的規範性／價值性知識系統為主要的教育任務。教育被運作成合乎某種品管要求、贏得市場競爭、成就高就業率／升學率的產製技術。這種品質產製技術的知識論取向，明顯的表達在當前台灣教育所關心、所追求的教育願景[3]：在

---

2 Derrida曾說解構本身就是倫理的，見張寧澤（2004），德希達（1967）著，《書寫與差異》，台北市：麥田。頁22。詳見劉育忠（2006a），〈論德希達的死亡概念及其對死亡教育的啟示：死亡作為善性與個體責任之贈予〉中的討論。
3 以教育部長杜正勝〈開創教育新願景〉一文為例，諸如對「培養更具有競爭力的新國民」及「對台灣未來競爭力的期待」皆明顯顯露其目的性考量。http://english.moe.gov.tw/public/Attachument/6762053571.doc

世界名校排行的百名內出現台灣的大學、在世界性的競爭舞台上出現台灣，培育所謂的台灣的競爭力。這種對手段—目的的過分關注，讓台灣的教育每每淪爲一種技術、而非藝術，讓教育失去其內在本質的無目的性（教育的目的是讓人成爲「人」，但人自身就是目的而非手段），淪爲特定目的的生產通道：產出「有用的人／知識」（符合並滿足當前社會所需者），這就呈現爲一般熟知的「文憑主義」與「主智教育」。姑且不論定義「有用」的機制是什麼，以及其背後知識權力生產機制運作的政治性／宰制性，單單這種對既成知識／價值結構的符應，喪失對既成現況不滿、踰越、改造渴望的教育學思考，非但大逆強調解構、差異、遊戲、游牧的「後現代性」（post-modernity），更連追求進步、更新、反叛、發展的「現代性」（modernity）都不及。這種評論並非預設後現代性優於現代性的價值判斷，或者是教育學應該或不應該符應後現代性發展的立場取決，而僅是從一種思想史的發展脈絡來看，這種思想邏輯上的「倒退」即值得我們深思。

　　台灣另類教育學會理事長馮朝霖（2004）曾嘗試從尼采精神三變說裡頭，開採出批判教育學與另類教育學的起源，他認爲「尼采的精神三變說預言了20世紀西方教育學的精采發展」（馮朝霖，2004：5）。根據馮朝霖的詮釋，尼采精神三變說裡頭的駱駝代表著傳統／保守的教育學，獅子代表的是批判／解放的教育學，而孩童則代表了另類／創化的教育學，其中「象徵駱駝的教育學，著重文化的傳承與再製；象徵獅子的教育學，則彰顯批判與否定文化的立場；而象徵孩童的教育學則盡情地發揮自由與創化的文化生命」（Ibid., 5-6）。在馮朝霖的觀點中，另類教育學論述以「孩童」爲圖騰，強調的是超越我們現成的本質；不斷地「超越我們自身」，以成就更高的、或者說眞正的本質（Ibid., 9）。這種超越的本質觀，強調本質自身的生成性、變動性與創造性，也就是說，我們總是且不斷地編造著自身，不斷地抹除現存的本質，以生成新的本質。這種自我本質的不斷新生，或許正代表著另類教育學的差異允諾：通過另類教育學，學習者的本質如孩童般的生成、變異，造就出不一樣的自己。

　　然而，在這裡出現了一個十分關鍵且經典的尼采詮釋問題：在尼采的永恆回歸（Eternal Return）的預設中，這種不斷生成的創造意志，如何可能？如何自由？或者換個說法，主體如何可能在每次不斷返回同一個自身的同時，得以成就每一個不一樣的自己？針對這個問題，馮朝霖提供的回答線索是：「創造者的意志永遠嚮往著生成，生成即是自由」（Ibid., 10），他接著斷言，「20世紀的另類教育學正是尼采『孩童』教育文化預言的兌現，因為探究另類教育學的理念緣起與共同精神，終究會發現『兒童的自由與創造性』正是其核心觀念」（Ibid., 10）。在這裡，或許需要對所謂的「生成即是自由」這樣的命題，作更進一步地闡釋，以避免將此處的「自由」誤解成自由主義式的自由概念、那個立基在一個自律、自我穿透、自我確證的意識主體預設。

　　傳統的主體概念，主要強調的是自我意識所具有的自我確證性與自我穿透性，通過自我意識的運作得以有效地施為，成為施為主體、認識主體或道德主體。也因此，傳統的主體觀強調主體具有的自律性與主動性。然而，尼采所提出的主體圖像，並非是上述那種自我超越的意識主體，而是一種在永恆回歸底下差異的主體生成觀：主體是差異生成的效果、是「對必然的肯定」也是「對偶然本身的再生與再肯定」，是「對偶然的迎接」、「對所有偶然性因素的肯定」（Deleuze, 1962/1999: 42-43）。換句話說，主體不是「果」背後的「因」，不是「作為者」（doer），主體僅是虛構。因此，或許用「反動性」（reactive）更能清楚解釋這裡的自由之義。所謂的「反動性」，強調的是對自我置身所在（situatedness）的回應性肯認與所產製出的變異效果。不是那種無視於給定的置身所在、妄想以意識主體的主動性來當作主權的創造自由，而是一種對所有生成之偶然性加以肯認的反動性自由。

　　這種反動性的自由，來自對所有偶然性因素的給定結構下自我結構所呈現出的調適與因應效果，是一種將自我當成其對象性的自我修練實踐，是一種對自我原有狀態與框架的踰越、逃逸，目的在造就不同的主體施為與自我展顯。這種不斷地自身變異，來自對所有偶然性之必然性的肯認，於是允諾了另一種的差異概念，呼應了後結構主義從尼采思想

那裡開採出來的差異邏輯。在後結構主義那裡，尼采式的差異是一種積極性地肯認、一種差異邏輯的展現，而不是黑格爾辯證法綜合前的過渡階段，由「否定的否定」（negation of negation）的運作而來。對德勒茲來說，尼采哲學中的差異遊戲，可說是對黑格爾辯證法的一個批判。黑格爾式的辯證法，在德勒茲看來，代表的是一種否定的力量，乃是通過雙重的否定：「否定的否定」而來；然而尼采的差異概念，則是「肯定」的純粹積極性力量（purely positive power of affirmation）、是對差異的肯定所呈現出的差異邏輯。

參、後結構主義與另類教育的接合：
差異邏輯[4]的彰顯與實踐

　　Peters and Wain（2003）認為，「差異」（difference）概念可說是用以辨認後結構主義的主要元素（Peters and Wain, 2003:64）。差異哲學主要沿著尼采、索緒爾到海德格這條路線發展，而後結構主義思想家，如德勒茲（Deleuze）即曾根據尼采哲學中的差異原則，發展出對黑格爾辯證法的批判；另一位後結構主義的代表人物德希達（Derrida），其著名的「延異」（différance）概念，也正是從索緒爾的語言學觀點以及海德格的差異觀點而來。事實上，Peters（1996）向來主張，德勒茲對尼采針對黑格爾辯證法所做的批判之詮釋，恰可以當作是整個法國後結構主義的概念基礎，也是理解法國後結構主義的關鍵點之一（Peters and Wain, 2003:7; Peters,1996:38）。本文企圖將差異邏輯的若干元素與另類教育的思考加以「接合」（articulation）[5]，據以構思出一種不同的統一體、

---

4 這裡仍使用邏輯（logic）一辭，來指涉差異哲學所提出的不同思維模組（mode），這僅是為了討論的方便以及教育學界的習慣用法，並不代表差異哲學提出的差異邏輯，仍停留或延用傳統西方哲學中邏各斯中心主義的預設。有學者如張國賢（2007）嘗試用「語法」一辭來替代傳統的「邏輯」。見《南華當代歐陸哲學會議論文集》。

5 「接合」（articulation）這個概念，是英國文化研究大將Hall所提出的著名概念，指的是不同且有時甚至是矛盾的概念藉以相鏈結的過程，如同「大貨車上頭的汽車」。對Hall來說，「接合」是一種連接的形式，能夠造就出不同成分/元素之間的統一體，是一種非必然性地連結、不必然總是絕對或必須的。因此，其內部的不同元素皆可以用其他的方式加以接合，因為其中不存在必要性的歸屬關係（Dimitriadis and Kamberelis, 2006:138）。

可能的連接方式。要理解後結構主義式的差異邏輯，必須從尼采哲學體系中「本質」、「力」、「意志」、「否定」與「肯定」等一系列概念的指涉與彼此關聯性的理解中入手，從中理解差異如何可能成為一種新的本質觀、一種肯定的力之展現。因此，底下就特別針對德勒茲對尼采哲學中差異邏輯的開探，加以闡釋，作為後結構主義與另類教育的「接合」嘗試。

根據德勒茲（1962/1999）的詮釋，在尼采的體系中，「本質被理解為事物所有意義中的一種，它給予事物那種關係最為密切的力」（德勒茲，1962/1999：6）。在尼采看來，「對於一個事物而言，有多少種力能夠佔有它，它就存在多少種意義」（Ibid., 6）。換言之，在尼采那裡，本質不過是一種佔有事物的力，只是它能夠給予事物與其意義之間最為密切的關係。而「客體（現象）無一不被力佔有，因為客體本身不是力的某種表象，而是力的第一次、也是唯一一次顯現。每一種力無不與其他力密切相關……各種力在一定距離之內相互作用、相互感應，而距離是每一種力包含的、借以與其他力相互關連的區分性因素」（Ibid., 9）。因此，本質、客體、現象在尼采眼中都是力的展現，而力從來不是單一存在的，總是處於一種與其他力的關連性中。力與力之間的關係與區分就是通過所謂的距離，而在這種關連性中的力的形式，就被稱為意志（Ibid., 10）。德勒茲認為，「意志想要的就是對差異的肯定。在與『它者』的基本關係中，意志使差異成為值得肯定的對象」（Ibid., 12）。這種肯定差異的意志，正好可以拿來與辯證法中的那種意志做對比：辯證法，乃是將「否定力量當作是理論原則」，並「以對差異者的否定來替代對差異本身的肯定，以對他者的否定來替代對自我的肯定，以對否定的著名否定來替代對肯定的肯定」（Ibid., 285）。德勒茲認為，渴望辯證法的意志，「是一股已枯竭的力量，它無法肯定自己與它者的差異，並不再主動作用於任何力，只是對支配它的力作出被動的反應——只有這種力才使否定因素在它與其他力的關係中突顯出來。這種力否定一切它者，並且把否定作為自己的本質和存在的原則」（Ibid., 13）。這種辯證法中的否定，被尼采認為是「奴隸的思維方式」，恰恰

對比於那種肯定差異的意志、起著區分性因素的力。由於「尼采從不把力與另一種力的本質關係設想為本質的否定因素。在與其他力的關係中，力即使處於服從的地位中，也不會否定它者或其他的力，相反它肯定自己與它者的差異，甚至對這種差異頗為得意」（Ibid., 12）。

因此，德勒茲結論道：對尼采來說，「否定在本質上不是作為力的活動源泉呈現的，相反，它是活動的結果」（Ibid., 12）。換言之，尼采式的「肯定」並非是與「否定」相「對立」，而僅僅是相「區別」。因為對尼采來說，「肯定」是「它自己的差異產生的愉悅與遊戲，而否定則是隸屬於它的對立所造成的受難與勞役」（Ibid., 276-277）。也就是說，對「肯定」來說，「否定」只是與「肯定」不同：否定是肯定的「外部區別」；但對「否定」來說，「肯定」卻是「否定」的對立項：否定是肯定「內部對立」。這裡就出現了差異邏輯與辯證邏輯的主要差異：差異邏輯以肯定為其實踐特徵，而辯證邏輯則以否定為其運作特徵。差異邏輯中的肯定實踐，可具體呈現在「多樣性」、「生成」或「偶然」的回歸之中。所謂的「多樣性」，指的是「某種事物與另一種事物之間的差異」；「生成」則是「某種事物與其自身的差異」，而「偶然」是「所有事物之間的差異或分佈性差異」。在差異邏輯的肯定實踐中，差異乃是通過肯定的肯定，而被得以反映出來。第一重的肯定使得「多樣性」、「生成」與「偶然」中的差異，得以產生與發展：「多樣性」於是以「統一性」出現、「生成」以「存在」出現、「偶然」成為「必然」。而在這種肯定的肯定中，肯定被加倍，使得差異得以反映，而讓「統一性」隸屬於「多樣性」、「存在」隸屬於「生成」、「必然」隸屬於「偶然」。但如此一來，就造成「統一性」、「存在」和「必然」與「多樣性」、「生成」和「偶然」的等同，或者說無區別。於是，「多樣性」、「生成」和「偶然」必得再次回歸成「多樣性」、「生成」與「偶然」，以肯定其差異。也就是說，在肯定自身的被肯定中，差異再次回歸到差異自身：差異肯定差異自身的過程中，維持住差異所具有的與其不同物的距離。所以德勒茲這樣說，「回歸是肯定的性質。自我複製是差異的性質。回歸是生成之在、多樣之統

一、偶然之必然：是這種差異的存在或永恆回歸」（Ibid., 277）。差異邏輯的實踐，就展現在純粹肯定的力量所造就出的差異的永恆回歸，差異得以自我複製、彰顯差異而不致被消融、吞噬或對不同物加以收編。

於是乎後結構主義所強調的這種差異邏輯，恰提供了另類教育另一種定位的構思基礎。如果另類教育仍然以呈現出與主流教育的差異爲主要訴求，那麼通過上述這種差異邏輯，將可以避免過去那種出於二元對立邏輯的定位、或對主流教育學的否定，所造成的另類教育之自我窄化與自我邊陲化，而得以在此差異中更積極地擁抱差異、肯定差異、創造與主流教育學的差異距離。通過差異邏輯中由肯定實踐所造就的差異的永恆回歸，另類教育得從差異中開採出肯定的力、肯定的意志，迸生源源不絕的永續生命動力。從肯定差異的實踐中所創造出的差異的距離，將得以讓另類教育學的自我定位更具主動性，結合原先的反動性自由，能夠更充分的發揮差異的創造力量。事實上在尼采那裡，反動性與主動性並非是相對立的，反動性與主動性都是力的性質，是一體的二面。因此，若採用後結構主義的差異邏輯，將可以讓另類教育學之建構具有更爲多樣、豐富且靈活的動態運作泉源，不致固化在一個靜態的二元對立邏輯中，失去自身存在的獨立性。

肆、教育中後結構主義思想與差異主體的建構：
後結構主義思想所提供的另類教育學可能發展方向

不可否認地，後結構主義本身是一個甚難定義的辭彙，根據Peters and Wain（2003），它或可被標示爲一種思考的模式（mode of thinking）、一種哲學化的風格（style of philosophizing），以及一種寫作的類型（kind of writing）。Poster（1989）認爲，後結構主義一辭基本上根源於美國，吸收了多種歧異的理論（Poster, 1989:6）。Peters and Wain（2003）則主張，後結構主義一辭可被詮釋爲一個特定的哲學反動，針對由李維史陀（Claude Levi-Strauss）的人類學、阿圖塞（Louis Althusser）的馬克思主義、拉岡（Jacques Lacan）的心理學與羅蘭巴特（Roland Barthes）的文學等作品

所標示的結構主義（Peters and Wain, 2003:60）。Sturrock（1986）認爲後結構主義的「後」，意味的是「在結構主義之後，並就其當然的方向加以擴展」；他主張，後結構主義是結構主義的內部批判，也就是「將結構主義的某些主張轉過來反對自身，並指出結構主義者在方法上忽略的根本上的不一致性」（Sturrock, 1986:137）。不過，Peters and Wain（2003）強調，後結構主義不可以被化約成一組共享的預設或一種方法、理論、學派，而應該被當成是一個思想運動（a movement of thought）、一群複雜的思想、各種批判實踐的形式（Peters and Wain, 2003:61）。

後結構主義，一般指的是1960年代左右的法國思潮，主要以「差異政治學」（politics of difference）之闡述與對披露語言——知識與權力三者複合結構的論述分析聞名，具有明顯的社會性與政治性理論性格（Harris, 2001:337）。Hardt（1993）認爲，後結構主義並非僅只是對理論基礎的「否定」（negation），而是對哲學與政治探究的新基礎加以探索；因而不只是對政治與哲學論述傳統的拒斥，而是從傳統自身繁衍出另類的言說與肯認（Hardt, 1993:ix-x）。根據Standish（2004）的分析，後結構主義主要包含著對思想—語言之間，以及知識—權力之間關連性的關注，並呈現爲一種反基礎主義（antifoundationalism），主要牽涉到布希亞（Baudrillard）的「擬像物」（simalacrum）與李歐塔（Lyotard）的「表現性」（performativity）二大概念，並具有列維納斯（Levinas）的「否定性」（negativity）面向與尼采（Nietzsche）的「肯認性」（affirmation）面向（Standish, 2004: 488）。因此，Peters and Wain（2003）歸結道：大體上，後結構主義大致可被理解爲：（一）一個對結構主義可疑的科學地位之哲學反動，反對其作爲社會科學的後設典範地位；（二）一個受到尼采與海德格啓發，並嘗試對結構主義的結構、系統性與科學地位加以去中心化，批判其根本的形上學，且以各種不同方向加以擴展的運動；同時保留結構主義中對人類主體的批判主軸（Peters and Wain, 2003:61）。

在另一方面，如同Standish（2004）所分析的，在教育學中，後結構

主義常常在後現代性（post-modernity）、後現代主義（postmodernism）
一系列詞彙中被含糊籠統地混淆概括。但如果教育學中所謂的後現代思
潮指的是德希達（Derrida）、傅柯（Foucault）、列維納斯（Levinas）與
李歐塔（Lyotard）等人的思想，那麼或許稱之為後結構主義才是準確
的（Standish, 2004:488）。由於「做為一個以資訊與溝通科技、擬像與
視覺性、破裂與大眾化標示的歷史階段」之後現代性，以及「受到後結
構主義影響的觀念與實踐」之後現代主義，二者並未被教育學清楚的區
辨；而在後現代之名下，又充斥著若干對後現代主義的迷思：諸如後現
代主義必定拒斥過去，後現代主義必定主張著虛無主義—不存在確定
性、價值的倫理客觀性、不存在所謂真理等等。在Standish看來，過去
在教育理論與教育研究中對後結構主義所引發的、所謂的對他者關注的
轉向之意義，掌握地十分曖昧含糊，因而需要重新好好梳理後結構主
義對教育學，除知識論外，在本體論、倫理學賦有的可能啟示（Ibid.,
2004）。

　　除了教育學界常將後結構主義混同於後現代主義這個問題外，後
結構主義思想諸家也常遭受著普遍的誤解與曲解。根據Peters and Wain
（2003）的分析，後結構主義諸家多屬於所謂的「六八哲學」（The
philosophy of 68）[6]，而六八哲學通常被認為未對民主所需的一種積極主動
的人類能動性留下餘地，如Ferry and Renaut（1990）的分析，就將六八哲
學當作是一種「尼采主義—海德格主義式的反人文主義」（Nietzschean-
Heideggerian antihumanism），無法對內在於現代性中所允諾的民主方案
有所作為，而後結構主義思想家之一——德希達（Derrida）常常就成為
眾矢之的（Peters and Wain, 2003:313）。但 Peters and Wain 認為，其實
德希達也拒絕那種大腦簡單的虛無主義。事實上，後結構主義從未清除
主體，而只是重新加以安置、將之去中心化、加以移位（Ibid.）。許多
學者更對許多後結構主義思想家可能對教育造成的負面影響做了批判。
如德希達的解構思想，被認為耽溺在語言的自我反身性中，只對文本或

---

6 一般指的是與法國1968年的學生運動有關的思潮，後結構主義諸家諸如德希達、傅柯等人皆
　有關係，故也屬於此一傳統。

文本間性感興趣，而忽略其所強調的主體之死，此一事件可能帶來的政治問題（Bertens, 1995:7）；對傅柯思想中所提及的知識／權力議題，雖然讓有些學者如Merquior認為，傅柯有助將後結構主義帶到倫理與政治的議題層面，不像德希達只停留在文本（Merquior, 1985:14），但仍有許多學者都批評過傅柯思想的不負責任性，其社會現象批判在立場上的曖昧與矛盾。Taylor更指稱傅柯思想中權力概念的前後不一致性，更將權力等同於宰制而無法提出自由的對立概念（counternotion）（Taylor, 1985）。總結來說，相對於後現代主義，後結構主義受到教育領域更多的抵制，Peters and Wain（2003）認為，其可能原因包括：（一）教育領域的主流，仍相對保守，且大體上仍由政府或國家所成立，並在其發展為一合法專業化的學科領域之歷史過程中，深受實證主義氛圍之影響；（二）後結構主義，大體上乃是對結構主義科學預設的哲學反動，也是對今日教育研究仍引以自豪的「真理」、「客觀性」與「進步」之啓蒙規範的批判，也因此扞格於當前教育領域的主流價值（Peters and Wain, 2003:60）。

我們也許可以將後結構主義理解為一團無中心的論述，或許分享著若干共同的理論關懷與承諾，但由姿態殊異的哲學家各自表述。不過儘管後結構主義思想之間存在莫大的殊異，各自具有獨特性，卻也隱隱以揭露二元對立思考與逃逸現存框架之共同理論目的，並結合語言學分析，企圖展現出存有的非本質狀態與多元主體構建之可能性，因而展現出豐富的批判與創造意涵，具有深化教育學理論、匡正其知識論取向的豐富資源。在Peters（1998）的分析中，後結構主義對教育學理論的影響，包括有：「對自由主義者與馬克思主義者的啓蒙主體之批判」；「對那種頭腦簡單的自律與能動性之挑戰」；「對文本詮釋模式與其他不同脈絡之間關聯性的重新領受」；「對教育語言中的論述權力賦予更多關注」；「對新的溝通與資訊科技的察覺與政治性懷疑」；「在理解教育實踐的本體論與存有問題方面，對變化與生成歷程的觀點與原則之重視」；「對思考本身的二元對立模式的批判」；「將欲望重新當作是一組文化與教育力量」；「承認在教育場景中，施加於個體與群體之上

的力量」；「在其殊異的概念闡明中，對作爲複雜的社會文化與教育原則的差異概念之探究與承認」（Peters, 1998:12-13），這些影響，有些更被具體被發展成所謂的「差異教育學」（Pedagogy of difference）。因此，當代西方所謂的差異教育學，也正是企圖在這樣的差異概念下，去構思新的教育學可能，方有別於現代西方教育學傳統所根據的意識哲學傳統，或者換個說法，那種「啓蒙、現代性與教育方案之間的秘契關係」（Biesta, 1999:203）。

　　雖然教育對後結構主義的接受與認識，普遍來說是遲到而未充分的，但後結構主義思想對教育所可能提供出的工具，卻已經逐漸出現在許多教育學的探索中。比如Green（1994）已經採用過傅柯的論述分析（discourse analysis），證明是「將在鉅觀與微觀層面上的學校與教室中的意識形態、政策與權力關係加以解碼之有用工具」（Green 1994:74）；Marshall（1996）也曾展示過，傅柯論述懲罰的作品以及他對通過由現代機構中監督（surveillance）實踐所製造出的治理與宰制之不同規約機制權力來進行的「自我主體化」（the subjectification of the self）之觀點，也對學校教育提供出不同的檢驗技藝（Marshall, 1996）。Peters and Wain（2003）也認爲，傅柯提供出絕佳的資源，有助於我們探索在一個後現代紀元中將教育定義成一種自我創造歷程所具有的啓示（Peters and Wain, 2003:71）。事實上，後結構主義思想家普遍對當前我們所居處的實在與問題提供出的「政治性覺察」（political awareness）：包含如李歐塔提出的，由「效用邏輯」（the logic of performativity）所驅動的系統，消弭了差異而繁盛蓬勃；人文科學中傅柯所謂的權力／知識（power/knowledge），通常馴化（domesticate）並掌控著我們，但同時也企圖讓我們得以自由；來自一種邏各思中心主義的現前形上學（a logocentric metaphysics of presence）之自我與教育的科技化，與教育和知識系統的「商品化」（commodification）；以及將他者（others）同化（assimilation）爲自由主義共識編製（consensus-making）的部分包裹，無法偵察到或看見差異等等（Ibid., 71）。這些洞見，都得以讓我們更敏覺地去思索我們所居處的生命世界與教育環

境。

後結構主義者極力開採的差異概念，是將差異視爲一種處於意識／思想外邊的「踰越」（transgression）、「域外」（the outside）、「極限」（limits）經驗之可能，開採出二元邏輯之外、意識之思之外、既是重複又是差異的塊莖分裂裝置，具有創造主體新形式的動力可能。這些洞察，似乎指引著我們更深入地再思教育中的自我，邁向一種自我的教育學：協助個體朝向一種自我創造的踰越形式，來回應後結構主義，並在觀照差異的前提下，與一種對他者關懷的倫理學相調和（Ibid., 72），也隱約指出了另類教育學可能的發展方向。

若我們採用後結構主義思想所提供之洞見，另類教育學將可以被想像成一種以激化或活化生命動力的教育設計與安排，其目標在肯定個人存在本質中的本眞差異性。在一個意義上，差異本就是生命存有所顯現出的本質性現象，不必非得在與外部他者的對照或比較中來尋找肯定與差異的根源。生命可以通過對自我差異的肯定來找到源源不絕的創造動力、產製差異距離，而無須通過辯證法的否定：那種以對他者的否定來肯定自己，或者用征服收編他者差異的方法來架構一種超越或共識假象的同一性。這樣的另類教育學，重新回到對生命動力的差異創造之追尋，而不是以與主流教育學的差異或對之修補，當作追尋的目標。

伍、結論：邁向一種無目的論預設的另類教育學

> 主體不能只是仰賴某個事先固定他（她）倫理活動座標的明確實體內容（不論它有多麼的「普遍」）；唯一能夠使他（她）達到普遍性的方法是接受其處境的客觀未定——唯有透過激烈地努力從自我處境之特殊性裡脫身：通過把這個處境想成是有條件的、設限的，透過開啟在其中被我的行動填入的未定缺口——我才變成是「普遍的」。（紀傑克著，1999/2004：338）

如果我們追溯教育的古希臘根源，我們可以發現：教育被認爲是一

種人類發明、一種在自然本質上的人類改善努力，其目的在於使人類成為一種倫理性（ethical）存在。教育被認為具有三個要素：人性化、倫理學與處理人類經驗的理性藝術（rational art）（Lodge, 1970:11）。在這種古希臘對教育的理解中，我們不難發現教育活動本質與主體性構成技藝的一種本質上的呼應性：教育，在一個意義上，即是一種主體性的構成技藝。教育與人類主體性建構（the constitution of human subjectivity）有著不可分離的關係。誠如Usher and Edwards所指出的：「教育方案，無論其是否建構為規範，或是透過理性作為自主的完就，此遊戲之主軸始終相同，也就是，主體性的形成或模塑」（Usher and Edwards, 1994:141）。通過此種主體性構成技藝，人得以成為人（becoming human）。因此，主體性建構歷程的理解與分析，始終是教育學的重要旨趣。教育與人類主體性之組成因而有著無法分離的關連性，教育學甚至可被理解為一個「以翼助人類建構其主體性為目的之志業」（Ibid.）。

也因此，主體性概念的差異，構成了教育活動中對人類主體性的不同預設，也產生了不同的教育論述與教育學設計。晚期傅科在《主體詮釋學》（2005）中通過「認識自我」與「自身關注」之間的關係的反思，提出一個真理史的根本問題：主體與真理之間的關係是什麼？傅科發現，西方現代哲學（以Descartes為代表）根本上將主體與真理的關係視為一種認識關係，主體通過「認識」到達真理，因而「認識自我」被認為是通向真理的根本途徑。這樣的預設，使得通向真理的道路以認識做為條件，在認識活動中無止境地追求知識的累積。然而通過認識去追求真理，所追循到的，也只能是認識。真理因而外在於主體結構，與主體本身無關。然而，通過古希羅文獻的回顧，傅科發現了另一種主體與真理之間的可能關係：一種精神性哲學。在這種主體與真理的關係中，主體通過自我修練技藝，改造主體自身的存在方式而達到真理。主體本身成為真理的通道，真理在主體自身的結構之內，回歸到主體之內。因而真理賦予主體「真福、賦予它靈魂的安寧」（Foucault, 2005:16-17）。這種由傅科晚期開採出來的，主體與真理的合一關係，即是主體

性教育學的允諾。這樣的主體性教育學，除了人本身之外，別無其他預設目的。然而，由於人本身做爲目的，其呈現出的主體建構歷程，恰是差異的遊戲，而正如高達美所強調過的，遊戲除了遊戲自身別無其他目的，因此這樣的教育學必須呈現爲一種無目的的教育學。如果教育不只是對外在知識的認識追尋，也需關注到主體存在品質的改善與眞理的實踐效果，那麼這種允諾主體與眞理合一關係的無目的性教育學，就是教育學必要的追尋鵠的（劉育忠，2006b）。

　　通過後結構主義思想，我們得以窺見一種有別於當前學校教育運作機制與追求目標的教育學可能，這種另類教育學強調的是主體的自我修練與差異的肯定，強調的是在每一個具體的生活現實裡，在個別差異的實踐中創造一種與眞理的合一關係。在這種無預設終點、目的的差異實踐過程中，人再度成爲自身的最終目的，但連這個目的的形象都是未定、未決的，因爲每個主體必須在自身的差異情境中成就出自己，因而這個自己也必然是差異而獨特的，自然亦是無法事先預知的，可以加以籌劃但必然存在差異。通過這種另類教育學，通過主體性構成技藝所達成之自我成形活動，在差異肯定的過程中，人建構自身爲差異主體，因而獲致一種結合眞理、自由與美的差異存在。因此，正是在每個生存個體所面臨到的具體差異情境中，其所遭逢的各種給定限制或條件上，從中建立每個個體所具有的本質差異性，通過對自身差異的肯定與差異距離的展現，每個人成就出自身獨特的主體性與差異實踐主體。也正是在這個紀傑克（Slavoj Zizek, 1949-）稱之爲「未定缺口」的可能性中，在那個普遍性要求與每個主體所居處的獨特且殊異的給定情境之間距離的肯定中，主體通過自身差異的肯定實踐，得以開啓出那個所有主體的普遍性：一個必然是獨一無二的差異生存主體。唯有如此，我們才能領會尼采的箴言：

> 我們已經爲我們自己安排了一個我們能夠在其中生存的世界——通過安置身體、線條、高原、因與果、動與靜、形式與內容；沒有這些信念粒子，沒有人能夠忍受現今的生命。

但這不是為了加以證明。生命是毋庸爭論的。（Nietzsche 1974:177）

生命是無庸爭論的，其價值就在其生命自身；在那個我們早已具有的獨一無二的差異性中，我們通過生命歷程展現並成就出我們自己，並非完成什麼神聖的預定目的、也非踐履什麼偉大的造物設計，而只是不斷地踰越所有的給定條件與框架，肯定地活出獨特的自己。在生命過程中，我們通過不斷肯定自身的差異、不斷創造差異的距離，不斷踰越挑戰居處的框架與限制處境。能夠促成並鼓勵這樣的生命差異實踐過程的教育規劃，必得是一種無目的論的教育學：因為其目的永遠不是在過程中得知，更不可能在起點處預知，而僅能在終點處領會，並且愉悅地說出：YES——對那生命過程中所有遭逢的處境予以無條件地肯定。

參考文獻

中文部分

杜正勝（無日期）。**開創教育新願景**。取自http://english.moe.gov.tw/public/Attachument/6762053571.doc

周穎、劉玉宇（譯）（1999）。**尼采與哲學**（原作者：德勒茲（G. Deleuze））。北京：社會科會文獻出版社（原著出版年：1962）。

張寧（譯）（2004）。**書寫與差異**（原作者：德希達）。台北市：麥田（原著出版年：1967）。

黃乃熒、鄭金興（2005）。差異教育學與維護公平之教育實踐——評介Peter Pericles Trifonas編著之《差異教育學》。**當代教育季刊，13**（4），209。

馮朝霖（2002）。另類教育與全球思考。**教育研究月刊，92**，33-42。

馮朝霖（2004）。駱駝、獅子與孩童：尼采精神三變說與批判教育學及另類教育學的根源。**教育研究月刊，121**，5-13。

萬毓澤（譯）（2004）。**神經質主體**（原作者：紀傑克（Slavoj Žižek））。台北：桂冠（原著出版年：1999）。

劉育忠（2006a）。論德希達的死亡概念及其在死亡教育上的啓示：死亡做爲善性與責任之贈與。**當代中國哲學學報，6**，129-159。

劉育忠（2006b）。自問、自承、自創：晚期傅科自身關係倫理學與生存美學之教育學詮釋。**「第七屆當代教育哲學」研討會**。中央研究院歐美研究所主辦（2006年10月20日）。台北：南港。

外文部分

Bertens, H. (1995). *The Idea of the Postmodern: A History.* London: Routledge.

Biesta, J. J. (1999). Redefining the Subject, Redefining the Social, Reconsidering Education: George Herbert Mead's Course on Philosophy of Education at the University of Chicago. *Educational Theory*, 49(4), 475-492.

Dimitriadis, G. and Kamberelis, G. (2006). *Theory for Education.* London: Routledge.

Ferry, L. and Renaut, A. (1990). *French Philosophy of the Sixties: An Essay on Antihumanism.* (M. H. S. Cattani, Trans.). Amherst: The University of Massachusetts Press.

Foucault, M. (2005). *The Hermeneutics of the Subject.* New York: Palgrave Goodson, I. (2005). *Curriculum, Pedagogy and Life Works: The Selected Works of Ivor Goodson.* London: Routledge.

Green, A. (1994). Postmodernism and state education. *Journal of Education Policy*, 9, 67-83.

Hardt, M. (1993). *Gilles Deleuze: An Apprenticeship in Philosophy.* Minneapolis: University of Minnesota Press.

Harris, P. (2001). Towards a Critical Post-structuralism. *Social Work Education*, 20(3), 335-350.

Lodge, R. G. (1970). *Plato's Theory of Education.* London: Russell & Russell.

Marshall, J. (1996). *Michel Foucault: Personal Autonomy and Education.* Dordrecht: Kluwer.

Merquior, J. (1985). *Foucault.* London: Fontana.

Nietzsche, F. (1974). *The Gay Science.* (W. Kaufman, Trans.). New York: Vintage Books.

Peters, M. (1996). *Poststructuralism, Politics, and Education.* Westport, Conn.: Bergin&Garvey.

Peters, M. (Ed.) (1998). *Naming the Multiple: Poststructuralism and Education.* London: Bergin & Garvey Westport.

Peters, M. and Wain, K. (2003). Postmodernism/Post-strucruralism. In N. Blake, P. Smeyers, R. Smith, and P. Standish (Eds.), *The Blackwell Guide to the Philosophy of Education* (pp. 57-211). Malden, MA: Blackwell.

Poster, M. (1989). *Critical Theory and Poststructuralism: In Search of a Context.* Ithaca, N.Y.: Cornell University Press.

Standish, P. (2004). Europe, Continental Philosophy and the Philosophy of Education. *Comparative Education*, 40(4), 485-501.

Sturrock, J. (1986). *Structuralism.* London: Paladin.

Taylor, C. (1985). Foucault on Freedom and Truth. Political. *Theory*, 12, 155-181.

Trifonas, P. (Ed.) (2003). *Pedagogies of Difference: Rethinking Education for Social Change.* New York: RoutledgeFalmer.

Usher, R. and Edwards, R. (1994). *Postmodernism and Education.* London: Routledge.

PART 2

陶養‧教育文化

斯泰納人智學教育學的另類教育涵義

梁福鎮

國立中興大學教師專業發展研究所教授

壹、前言

　　法國哲學家布希亞（Jean Baudrillard, 1929-2007）主張在擬像的社會中，「真實已經死亡」，我們的環境已被虛擬的影像所包圍和覆蓋，而且擬像不但取代了真實，還導引著真實，讓實際行為模仿擬像，迎合媒體所塑造的標準，人變成了電腦運作下一個個被操控的符碼。這是一個沒有主體目的性的流行文化時代，每個人對於社會都存在著疏離感（吳靖國，2000：122-123；Baudrillard, 1994）。其次，人們透過消費佔有的事物，總在新產品的問世，和消費廣告的暗示下，產生喜新厭舊的觀念。在消費的過程中，許多人只是暫時滿足了佔有的欲望，卻填不滿空洞的精神存在。於是人類的理性，因科學而得到解放；但在工商機制宰制下，科學卻也間接將人拋入物化的牢籠（林逢祺，2002：390）。基此，台灣在走向高度發達的資本主義社會的同時，也感染了所謂的後現代性格，呈現出反主體，頌揚歧異、走向多元、享受感官，而失去了中心的指導規範。當教育改革無法跟上社會變遷的速度，學生無法在學校教育中充分發現自我意義、瞭解自我價值與開創自我未來，進而諧和他人、尊重他人與協助他人時，學校、社會將會問題不斷（楊洲松，2000：168-169）。而且，人做為一個會提問的動物，本身即是「成為問題」的存在（Derbolav, 1987:35），不論從生物學上，社會學上，演化論

上，宗教上來看，人其實仍是未成熟的，未完成的，向世界和存有開放的。人做為具有主體意識的存在，其主體性卻非固有而不變的；正是由於人的未確定性，才有教育的可能性和必要性（馮朝霖，2000：63）。在這種情況下，學校教育具有相當重要的地位。但是，近十年來的教育改革，卻違反了全人教育的理想。由於基本學力測驗的設置，學校不但偏重智育的教學，忽略想像、靈感和直觀的教育，而且僅僅強調學生身體與心靈的層面，忽略精神層面和情緒智能的開展，使學生無法得到真正的自由。因此，許多「另類教育」（alternative education）的理念才受到重視，有志之士紛紛成立「另類學校」（alternative school），進行體制外的教育改革運動。

「另類教育」是描述與一般傳統方案不同的教育或學校方案的總稱（Kapel, Gifford and Kapel, 1991:21），同時也是個相對的概念，本身未必指涉一種特定的教育理念或實踐方式。它的本質，是為了在主流的、制式的教育之外，尋求一種替代的空間。另類教育之所以會出現，自然是因為有人對主流的制式教育不滿，而發展出的補救之道（成虹飛，1997：34）。一般而言，另類教育間共有的特色在於趨向更個別化，對學生、父母與教師有更多的尊重，而且更加以經驗和興趣為基礎（Mintz, Solomon, and Solomon, 1994:xi）。「另類學校」則是教學法、方案、活動和情境異於傳統制式公立學校，而能提供學生或家長不同選擇的學校（Husen and Postlethwaite, 1994:260）。

1907年蒙特梭利（Maria Montessori, 1870-1952）在羅馬為貧苦學童成立了「兒童之家」（casa dei bambini），四年之後發展成為第一所蒙特梭利學校；1919年斯泰納[1]（Rudolf Steiner, 1861-1925）在德國南

---

[1] 斯泰納是奧國的哲學家與教育學家，1861年2月27日出生於奧地利的柯拉爾傑維克（Kraljevec），1880年進入維也納技術學院就讀，主修數學與自然科學，1891年獲得羅斯托克大學哲學博士學位。1899年至1904年在柏林的「勞工學校」（Arbeiter Schule）擔任教師，1901年也曾應邀到德國「神智學學會」（Theosophische Gesellschaft）演講。後來，由於哲學理念不合，在1913年離開了「神智學學會」，並且提出「人智學」（Anthroposophie）的觀念。1919應企業家莫爾特（Emil Molt）的邀請，到斯圖特嘉為「華德福－阿斯托利亞煙草公司」（Woldorf-Astoria-Zigarettenfabrik）設立一所學校，以便教育公司員工的子女。1923年斯泰納建立「人智學學會」（Anthroposophische Gesellschaft），進行人智學的研究，並且宣揚「華德福學校」的理念，1925年3月30日因病逝世於杜納赫（Dornach）（梁福鎮，2004：204-206；Böhm, 2000:514-515; Lin, 1994:222-230）。

部的斯圖特嘉的一個煙草工廠創立了第一所「華德福學校」（Waldorf-schule）。在當時的義大利與德國，人們無法預知這兩個學校在經過半個世紀後，逐漸成為全世界「另類學校」的濫觴，「另類教育學」（alternative pedagogy）也成為教育改革理念靈感的源頭（馮朝霖，2001：34）！

自從斯泰納創立「華德福學校」之後，這種學校就從德國逐漸擴展到歐洲各地，甚至經由歐洲移民介紹到美洲新大陸，然後再傳播到世界各地，例如：巴西和南非，甚至連臺灣地區也有這類學校的存在[2]。根據德國斯圖特嘉「自由華德福學校聯盟」（Bund der freien Waldorfschulen）的統計資料顯示：在1925年斯泰納去世前，德國漢堡也設立了華德福學校。接著，荷蘭一所、英國兩所……漸漸地，華德福學校運動展開了。到了1928年，美國紐約也有了第一所華德福學校，1946年德國境內，華德福學校就有24所之多。1980年代晚期，甚至以每年設立一百所的速度在增加，分佈到全球五十幾個國家。到2004年夏天為止，全球的華德福學校共有881所[3]，其中632所華德福學校在歐洲。荷蘭和德國的華德福學校數量佔了歐洲華德福學校的一半（德國有187所華德福學校）。這種學校制度獨立於國家和教會之外，包括幼稚園、小學和中學等階段，分為基礎學校（Grundschule）、文理中學（Gymnasium）、實科中學（Realschule）、主要學校（Hauptschule）、職業學校（Berufsschule）和特殊學校（Sonderschule）等不同的學校類型。光是「華德福幼稚園」（Waldorfkindergarten）在德國就有500所，有關華德福學校師資的培育機構也有64所之多，包括師資培育中心和教育高等學校，而且以每年增加20所的速度在穩定成長之中，可見華德福學校相當受到重視（梁福鎮，2004：209-210）。這種蓬勃發展的現象令研究者感到好奇，因為華德福學校的教育理念和課程教學，都以斯泰納

---

2 2002年由「台中市人智學學會」和部分熱心的家長共同成立了台灣第一所華德福學校：磊川華德福學校。2003年慈心華德福學校在宜蘭縣設立；2004年豐樂實驗學校在台中市成立，這些都是建立在斯泰納的人智學教育學基礎上的華德福學校。

3 根據德國自由華德福學校聯盟的統計，到2007年國際華德福學校共有958所，其中德國有208所，美國有134所，荷蘭有94所，佔國際華德福學校的前三名。詳見德國自由華德福學校聯盟網站http://www.waldorfschule.info/upload/pdf/schulliste.pdf。

的人智學教育學爲基礎。斯泰納的人智學教育學，奠基在德國觀念論的基礎上，注重情緒智能的教育，全面發展個體的身體、心靈和精神，強調生活導向的課程，以培養一位眞正自由的個體（Steiner, 1990）。因此，本文有下列幾項目的：（一）探討斯泰納人智學教育學的思想淵源；（二）分析斯泰納人智學教育學的主要內涵；（三）評價斯泰納人智學教育學的優劣得失；（四）闡明斯泰納人智學教育學的另類教育涵義。

貳、研究方法與步驟

　　本文將採用達奈爾（Helmut Danner）在《精神科學教育學的方法》（*Methoden geiste-swissenschaftlicher Pädagogik*）一書中，提出的教育詮釋學方法，進行斯泰納人智學教育學相關問題的探討。達奈爾主張教育詮釋學方法的運用有下列幾個階段（Danner, 1994：96-105）：（一）教育文本歷史的確定：研究者在採用「教育詮釋學方法」進行研究時，必須注重教育文本的歷史問題。教育學歷史的理解與解釋有助於教育與陶冶問題的澄清，因爲教育問題的產生往往有其歷史因素，這些因素無法孤立於歷史之外，只有通過歷史的探討才能理解教育問題的來龍去脈；教育文本只有在具體教育情境中才能被理解，因此研究者必須確定教育文本的歷史，然後才能在其歷史脈絡中加以理解。（二）教育文本意義的解釋：採用「預先準備的詮釋」[4]（Vorbereitende Interpretation）、「文本內在的詮釋」[5]（Textimmanente Interpretation）、「交互合作的詮釋」[6]（Koordinierende Interpretation）等三種方法以理解教育文本的內

---

4 「預先準備的詮釋」注重教育文本內容和資料來源的批判，通過版本的檢查以確定教育文本的信度。並且教育研究者在詮釋中，必須對自己的「先前意見」（Vormeinung）、「先前理解」（Vorverständnis）、「先前知識」（Vorwissen）、「待答問題」（Fragestellung）等加以澄清，使其非常明確。最後是注重文本一般意義的詮釋，以確定其核心的內容（Danner, 1994:94）。
5 「文本內在的詮釋」注重教育文本語意和語法的探究，經由文字意義和文法關係，運用「詮釋學循環」（Hermeneutischer Zirkel）的方法，就文本整體和部分的意義進行來回的詮釋。同時應用邏輯法則，將文本粗略加以劃分，以闡明文本的意義（Danner, 1994:94-95）。
6 「交互合作的詮釋」注重教育研究者對部分重要文本的理解，因爲部分重要文本的理解有助於整體著作的詮釋（Danner, 1994:95）。

容。首先，對於作者意識與無意識的先前假定，例如作者的政治或宗教
觀點等等，必須盡可能加以揭露，才能達到完全的理解。其次，必須從
具體教育情境出發，不能混淆作者和詮釋者情境的差異，方能達成較佳
的理解。最後，意義關係與影響關係只是一種假設，這些假設必須不斷
加以證明或修正，經驗顯示對一個作者或特定的事物做長期和密集的詮
釋，可以獲得較好的效果。（三）教育文本假設的建構：教育文本中含
有許多意義、規範、價值、目的等觀念，這些觀念的理解和闡明無法採
用實證研究的方法，將研究假設和研究結果用量化的方式加以解釋，而
必須借助於詮釋學的方法，詮釋教育文本的意義。研究者在確定教育文
本的歷史脈絡以後，運用各種詮釋方法解釋文本的內容，教育詮釋學可
以建構許多假設，形成無數接近教育真相的詮釋。（四）教育文本真相
的理解：通過教育文本歷史的確定、意義的解釋和假設的建構，可以使
研究者獲得一種教育文本真相的理解，但是這種理解必須通過詮釋者不
斷的反省，才能使研究者恰如其分的把握教育的真相。本文的研究步驟
如下：首先分析斯泰納人智學教育學的思想淵源，接著探討斯泰納人智
學教育學的主要內涵，然後評價斯泰納人智學教育學的優劣得失，最後
提出其對另類教育的涵義，做為我國建立另類教育理論和改善另類教育
實際的參考。

參、斯泰納的思想淵源

　　根據個人對斯泰納相關文獻的分析，其人智學的思想來自許多不同
的理論淵源，主要受到德國觀念論、哥德（Johann Wolfgang von Goethe,
1749-1832）自然科學、席勒（Friedrich Schiller, 1759-1805）美育思想、
叔本華（Arthur Schopenhauer, 1788-1860）輪迴思想、尼采（Friedrich
Nietzsche, 1844-1900）生命哲學、基督與印度宗教的影響，茲詳細說明
如下：

一、德國觀念論哲學

　　康德（Immanuel Kant, 1724-1804）以為先驗的知識能力僅在經驗世界，想要用經驗能力來驗證非經驗的事物，則超出了純粹理性的範圍（Kant, 1990）；但是斯泰納卻以為，在認知上人本來即在胚胎中，具有高功能的器官可去洞察高層次的世界，人智學不會說人類的感官是有其限制的界限，反而以為存在這種尚未能人人經驗的世界，代表人類器官功能的可開發性，也可說人類的感覺認知器官是因為有更高層次的世界存在著（Steiner, 1986）。斯泰納在認識論上，反對康德有關人類的認知侷限於現象界的看法，但是接受康德對於經驗論的批判。因此，斯泰納在《自由哲學》（*Philosophie der Freiheit*）一書中，首先反對康德哲學中「現象界」與「物自身」二分的世界觀，指出這種二元論觀點的錯誤，提出其「本體一元論」（ontologisches Monismus）的主張（Steiner, 2005:94-95）。其次，援引黑格爾的《精神現象學》，說明思想會影響人類的行動，指出人類精神的重要性（Ibid., 21）。而且區分「概念」（Begriff）與「理念」（Ideen）的不同，以說明思想具有不確定性（Ibid., 48）。然後，指出費希特（Johann Gottlieb Fichte, 1762-1814）奠基在「絕對觀念論」（absolutes Idealismus）上，從「我」（Ich）推演出整個「世界」（Welt），其真正的成功在於提出世界偉大的圖像，而不帶有任何經驗的內容，這是唯物論者很少能夠做到的；而他對物質的外在世界的忽視，也是唯心論者很難能夠做到的（Ibid., 27）。這種對於精神的觀念影響了斯泰納的《神智學》（*Theosophie*），他主張人類具有身體、心靈和精神三種本質性；而世界可以區分為物質、心靈和精神三種（Steiner, 1973）。接著，斯泰納也受到謝林（Friedrich Wilhelm Joseph Schelling, 1775-1854）自然哲學的影響，強調對於自然的認識就是創造自然。對自然而言，人類想要創造必須先效法其存有的條件，這種效法必須先預見創造，也就是必須先認識自然。在成功的效法之後創造會整個停止。只有目前尚未存在的自然能夠被創造，人類可以不必事先預見它們（Steiner, 2005:40-41）。這些觀點對於斯泰納主張親近自然和注重精神

發展的觀點，有相當深遠的影響。

二、哥德的自然科學

斯泰納贊同哥德的觀點，由人智學精神科學的觀點出發，發現植物的力量源自於太陽，植物從太陽擷取的其實不只是科學上的光，而是包含一種精神層面上的努力，讓它得以遠離地心，昂然而立。而生物和環境雖然息息相關，由於生物具有「自我形成」（self-formation）的能力，生物對環境的適應完全出於生物「主動」地改變，而非「被動」地受制於外在環境。讓兒童實際去感受太陽、月亮以及地球萬物的力量，可以拓展他們的視野，遠非只在書上描述的所能比擬（Steiner, 1968:67-72）。由於哥德對人的觀念，使斯泰納認為人具有身、心、靈等三方面，而且具有律動的法則性，不但在呼吸、心跳或器官的功能上，同時可運用於心靈和學習上，就像在教育藝術上強調的記憶與遺忘、睡與醒、對每日作息律動的重視和週期課程的產生。哥德對藝術教育的最高要求是忠於「自然」（Natur），而分別以造型藝術教育、音樂教育、文學教育、舞蹈和戲劇來陶冶兒童的感性能力，凡符合自然法則的事物必能展現「美」（Schön），「美」的教育重點著重在美能夠給予心靈愉悅、快適與神聖的感受。在各個學科的教育上，皆以宗教的崇敬精神為依歸，以該學科為核心並與其他學科相互聯結為一個整體的教育活動（Goethe, 1966）。斯泰納對美的看法也受到哥德的影響，認為美是符合自然的，並且使兒童能深入體驗生活的美感經驗是相當重要的，對兒童人格及精神發展有良好的影響，強調學校是一個自然的環境，學生在其中自然受到陶冶與發展。美育活動是一種身體與心靈完全投入的歷程，不僅能促使兩者和諧發展，並透過審美教育的課程，培養兒童具有對世界敏感的心智，關心他人與世界，體驗與世界的關係（Steiner, 1981）。

三、席勒的美育思想

席勒強調政治的改進要通過性格的高尚化，而性格的高尚化又只能通過藝術。藝術雖然與時代有聯繫，但因藝術家心中有一個有可能與必

然相結合而產生的理想，他的創作是發自心中純正的理想性格，因而高尚的藝術不沾染任何時代的腐敗，並且超越時代的限制。藝術家不是以嚴峻的態度對待其同代的人，而是在遊戲中通過美來淨化他們，使他們在休閒時得到娛樂，在不知不覺中排除任性、輕浮和粗野，再慢慢地從他們的行動和意向中逐步清除這些毛病，最後達到性格高尚的目的（Schiller, 1993:592-596）。斯泰納認為藝術活動得以開啓寬廣的心靈經驗，以及生理和心理活動間的密切交互作用，而且逐漸地在體內也產生了改變，此改變使得一個人對於來自人類內在生命的動力更容易開放自己去親近與接受。我們也逐漸成為更靈活而和諧的有機體。這個身體將成為一個靈活又和諧的感官組織，並使每個人的獨特性與其心靈力量結合而無限發揮（鄧麗君、廖玉儀譯，1996：94；Steiner, 1981）。斯泰納的教育理念已從藝術教育達到審美教育的境界，而非停留於技藝或純鑑賞的層次。席勒的審美教育在取得兩種衝動的和諧後，最後回歸到道德和高尚人格的培養；斯泰納也將審美教育的功能擴張到身、心、靈的層面，積極發展精神領域，使個體能發揮其獨特性。兩者皆強調審美心境的培養，由此路徑來引導到價值觀的建立和意志判斷能力，以表現出精神需求下人類理想的境界，達到全人教育的目的（Steiner, 1981）。由此可見，斯泰納深受席勒美育思想的影響，

四、叔本華的輪迴思想

　　斯泰納在《自由哲學》一書中，評論叔本華意志哲學的觀點，反對知覺的世界就是我的表象，我的表象即是一種真理。斯泰納主張真正的眼睛和雙手的表象可以做為太陽和泥土的修正，只有如此才算是一種批判的觀念論（Steiner, 2005:65-66）。但是，斯泰納深受叔本華靈魂輪迴學說的影響。主張在生命的歷程中，生死之框架是由身體、靈魂和精神三者來決定的，也因此我們依靠此三個超越生死之因素完成生命的歷程。身體是支配於遺傳的律則；靈魂是由自我創造的命運，或可使用一個古老的名詞──「業」（karma）的律則；而精神則是由輪迴轉世的早先生命化身而成（Steiner, 1973:89）。斯泰納將「輪迴」

（Reinkarnation）和「業」的內涵，納入其身、心、靈的三元人類本質之中，因此影響他對人類的知識論概念，形成其完善的體系。斯泰納認爲記憶能力的根源是來自於意志在我們睡眠時，製造一個從無意識深處深層的印象，並將其帶到意識層面。此一由睡眠的強度導致記憶過程，在與我和「星芒體」（Astralleib）強烈結合於精神世界中的過程一樣，都是在夢醒間提昇物質和「以太體」（Ätherleib）（Steiner, 1992/1996b:135）。而思想因爲是一個在我們出生或獲得概念之前，就反映出整個體驗的圖像性角色，便如同鏡子反映出空間物像，所以人類此刻的生命反映出從死後到獲得新生的生命，而思想這個生命歷程的圖像，本身可謂是生前存在的證據（Ibid., 50-52）。由此可知，叔本華輪迴思想對斯泰納人智學的影響。

五、尼采的生命哲學

斯泰納在柏林時期，透過尼采妹妹伊莉莎白（Elisabeth Nietzsche）的介紹而認識尼采，同時開始閱讀尼采的作品，對於尼采的哲學非常欣賞。尼采在《歡愉的知識》（*Die fröhliche Wissenschaft*）一書中，指出人類將在生存的永恆沙漏中，不斷重新流轉的學說（Nietzsche, 1999）。他本來想藉此化解人生虛無的陰影，結果卻陷入了可怕的夢魘，爲了擺脫這個夢魘，他發揮悲劇的精神，時時的勉勵自己，不但不逃避必然，而且接受必然的命運，承受一切命運的安排，做一個永遠的肯定者，這就是其生命哲學的核心意義（Gerhardt, 1995）。尼采認爲虛無是眞實的，一切都是被允許的，那就是「自由精神」（freier Geist），經由自由精神獲得的眞理，可以使人產生確定不移的信仰，因此眞理自身宣告了信仰（Nietzsche, 1993）。自由按照自身的法則去生活，不受到永恆眞理和過去道德的約束。這就像尼采的人格一樣，反對世俗的道德。尼采將世俗道德的連結稱爲「危險的精神」（gefährlicher Geist），因此不受抽象的道德形式的約束，勇於追求個體的自由。相反的，基督徒則謹守世俗的道德，斯泰納將這種人稱爲「微思之人」（kleinlich denkende Menschen），而稱讚尼采所謂的「超人」（Steiner, 2000）。尼采生命

哲學的觀點，不僅促使斯泰納承受一切命運的安排，做一個永遠的肯定者，進行精神領域的探索，而且指出自由精神的珍貴，注重個體自由的追求。因此，斯泰納的人智學深受尼采生命哲學的影響。

六、基督與印度宗教

斯泰納的思想除了受到前述哲學家的影響外，處於歐洲強烈的宗教氛圍之下，他也未能置身於其外，斯泰納曾經說過：「我心裡從質樸的兒童時代起，諸如恭敬的觀念與用音樂的供祭儀式相連，引起我對靈魂存在之謎，有著強大的暗示性質。神父所授的聖經與教義問答課，在我心靈裡的作用遠比恭敬的實行者在介紹物質界與超物質界時爲少。我從開始時起，對這一切不只是形式上的，而是有深刻經驗的」（轉引自宣誠譯，1980：7）。而斯泰納的基督論是由崇高的太陽做出發的：在基督教以前的信徒所崇敬的，便是那崇高的太陽，處於超越諸界之上——「爲於天父的懷中」，久已存在，並且發揮其功效，而以後降生成人的拿撒勒的耶穌（Ibid., 77）。此種對太陽非單純物理功能的賦予和神秘身分的崇敬，更可見於古印度時期，深刻影響斯泰納對輪迴的想法。以古印度來說，輪迴說本來是從以太陽爲唯一之神的原住民宗教裡產生出來的，促使刹帝利[7]接受此一氣質，從太陽崇拜導入五火教的說法，強調太陽崇拜與輪迴說的密切關係（吳村山譯，1997:163）。因此，斯泰納的人智學深受基督宗教和印度宗教思想的影響。

肆、人智學教育學的內涵

根據個人對斯泰納人智學教育學的分析，其主要內涵有下列幾項：

一、教育目的理論

斯泰納在《自由哲學》一書中，不僅批判唯物論和唯心論的偏頗，

---

7 在印度的種姓制度中有四種，分別爲婆羅門、刹帝利、吠舍和首陀羅，刹帝利即爲其中之一。

而且指出多元論的錯誤，提出本體一元論的主張，將世界做爲知覺，探討意識性的人類行動、世界的認識、人類的個體性、生命的因素和自由的理念。他從本體一元論的觀點出發，主張人類的行動是一半不自由，一半自由的。人類在知覺世界中覺得自己是不自由的，而在精神世界中實現自己是自由的（Steiner, 2005:149）。斯泰納指出自由對個體的重要性，成爲其人智學教育學核心的概念，主張教育可以拓展人類的精神領域，培養一個眞正自由的人（Ibid.）。其次，斯泰納在《神智學》一書中，探討人類的本質和世界的類型。主張人類具有身、心和靈三種本質性；而世界可以區分爲物質、心靈和精神三種（Steiner, 1973）。斯泰納的人智學是一種精神世界的科學研究，目的在於揭露自然知識的片面性和神秘性，探究人類超感官的世界，發展意識和科學尚未處理的能力。他的人智學的精神科學一方面主張在感官的─物質的世界背後，存在著一種精神的─超感官的世界；另一方面強調人類可以透過確定能力的發展，從感官世界進入到超感官世界。所以，斯泰納的人智學精神科學是一種特定的精神的─超感官世界的學說，經由特定的方式可以進入到感官的─物質的世界，同時透過特定能力發展的知識之路，能夠達到精神的─超感官的世界。這種知識之路將從感官的觀審提升到精神的觀審，從生活和科學知性知識的使用，達到想像、靈感和直觀這些類型的精神活動性。因此，斯泰納人智學的精神科學從一般知性的使用走出，朝向現代自然研究之路，使人類一層一層的向精神知識前進，在超感官世界中開啓精神的知覺，達到精神活動性的類型，獲得這個世界的眞理，以實現理念眞正有效的表達。斯泰納主張教育和教學的任務在於使兒童的身、心、靈達到和諧的統一，教師的任務則在於應用物質世界觀看和聆聽等方式，喚起兒童人格的精神，使兒童不只是物質的人，而能夠讓內在的精神關係支配教師和兒童，讓整個教室進入意識狀態，帶領學生從物質世界提升到精神世界（Lin, 1994:232-242; Steiner, 1965:66; Steiner, 1979:24-29）。

斯泰納指出我們所有高級的情感都要從對於宇宙的感謝開始，感謝它從自己來創造了我們，而且給了我們在它之內的位置。沒有這種感謝

情感抽象的世界觀，是不能讓整個人得到感受的。沒有情感抽象的思考就像一個異物，它不能讓我們快樂。老師們都需要對於宇宙感謝的情感，也要因為自己得到了學生，而感謝和尊敬他們。如果能感覺到精神力量在兒童中引起的形成過程，我們也能夠尊敬它，並去發揮一種使自己被感動的心情，這種心情是教育最基本的要求。斯泰納很重視老師是怎樣的一個人，而不重視他能掌握到什麼技術或知識。老師不僅要愛學生，也要愛自己的教育方法，但不是因為方法是他自己的，而是因為方法讓兒童變成什麼。但是光愛兒童是不夠的，要愛的是自己的事業，而這種愛就是精神科學的研究會引起的，因為它會讓我們發現奧秘的教育關係。斯泰納主張做為教師動機的三個規律是：被感動和感謝在兒童身上表現出來的世界，意識到兒童成為我們要解開的精神秘密。以愛的方式發揮的教育方法，使兒童自然地靠我們的生活去教育自己，使我們不用影響他現在還在生長中的、而以後要出現的自由（Steiner, 2002）。因此，斯泰納認為要當一個教師必須滿足三個條件：那就是要以感謝的方式接受學生，要運用愛的教育方法和讓兒童的思想能夠自由的發揮，而教育的目的是在培養一個身、心、靈和諧發展，達到善、美、真的理想，懂得感謝、具有愛和自由的人。

二、人類本質理論

斯泰納在《人類經驗的基礎》（*The Foundations of Human Experience*）一書中，主張未來所有的教學必須建基在人智學對世界瞭解的基礎上。大家瞭解教學必須建基在心理學基礎上，例如：赫爾巴特（Johann Friedrich Herbart, 1776-1841）的教育學，便建基於其心理學的基礎上。但是如果我們閱讀心理學叢書，會發現裡面沒有真實的內容。心理學家只在玩弄一個概念。例如：誰能清楚的說明思想和意志的觀念？我們可在心理或教育相關書籍中，發現許多思想或意志的定義，但是這種定義無法給我們明確的思想或意志的圖像。過去人們一直疏忽個體靈魂與世界的關係，只有在我們瞭解個體對全世界關聯時才能瞭解人類的本質（Steiner, 1992/1996b:49）。斯泰納認為思想應該如何描述，傳統科學

無法給我們解答，只有精神科學可以幫助我們。思想是一個在我們出生或獲得概念之前，就反映出整個體驗的圖像。如果人們無法確定自己在出生前便存在著，便無法真正瞭解思想。就如同鏡子反映出空間物像，此時的生命反映出從死後到獲得新生的生命，而這種反映是圖像式的思考。所以，我們必須想到生命中的生到死之圖像的歷程，進一步，必須想像思想印象從生命前開始進入，而被人類本質的呈現出其內涵。想要著手進入精神世界，就必須藉由身體和精神的圖像經驗。思想本身是生前存在的證據，因為它是此一歷程的圖像。當我們得知思想反映出靈魂在出生前純精神世界的活動時，我們可以對思想真實的綜合能力有一個瞭解（Ibid., 50-52）。

斯泰納強調精神心靈影響到物質身體的發展，因此老師們需要知道哪一種精神上的做法，會影響到人類哪一種身體的發育（Steiner, 2002）。他認為在教學上教師要帶兒童到自然的世界，另一方面，也要帶其到精神的世界。我們和自然世界有關係，另一方面也和精神世界有關聯。在身為地球的生物範圍內和生存於生理上生與死之間，現代心理學的探討是相當有限地。心理學在西元869年受到天主教教義廣布的影響，遮掩了天啟是基於本能的知識，構成身體的基本部分有身、心、靈。然而斯泰納當時的心理學，只偏頗的強調人的兩個面向，即是由身體和心靈所構成的。人們想到肉體和身體、或心靈和精神都是一樣的東西，幾乎所有的心理學理論都來自於對人類這兩個基本層面的錯誤認識。斯泰納認為如果我們接受人類只有這兩個部分的觀念為真，則我們不可能去達到真實洞察人類的本質。斯泰納認為幾乎每件事呈現在心理學上都是相當外行的，經常只是在玩弄文字而已。老師需要引領自然的可理解性給兒童，同時也要帶領他們理解精神的生命。雖然老師對於世界的類型不用多麼熟悉，但是至少要有一個確切的內容，只有自然世界而無精神世界，人們便無法融入社會生活。首先在自然世界中，自然呈現它自身給我們，讓我們來面對它。從一方面來說，我們的理想和思想是一個圖像性的角色和一種前世生命的反映。從另一方面來說，我們面對自然是隨著意志的角色，而且必然包含著死後我們生命的起源，它們

持續指引我們面對自然。這樣看起來自然是存在於兩部分之中，再向下便會推衍出人類只由兩部分構成的錯誤觀點（Steiner, 1992/1996b:62-65）。

斯泰納在《人智學教育學及其先前假定》（*Anthropolosophische Pädagogik und ihre Voraussetzungen*）一書中，曾經談到要想走出社會的混亂，我們必須進入精神性的心靈之中，才能促成人類文明的進步。而人類精神性的開展有賴於教育和教學的藝術，人智學可以對教育學有所貢獻。他從人智學醫學的觀點出發，將遺傳體做為新的有機體的模型，主張兒童是完全的感官體。在兒童身上所有心靈的理念，都在生理的感官之下，循環的干擾會造成學生易怒的脾氣，會在四、五十年內影響學生。血液疾病的干擾會產生憂鬱性情的影響；大腦的虛弱是受到黏液的影響。而生命力的缺乏則是來自樂天性情的影響，我們必須瞭解人類身體、心靈與精神的關係，為兒童帶來生動活潑的概念（Steiner, 1981:7-22）。斯泰納認為從自然科學而來的信念，無法真正的獲得人類的知識，因為自然科學無法進入人類精神的領域，因此需要透過精神科學的人智學，來瞭解人類的精神世界。從人智學的觀點來看，甦醒是有機體中冬天的活動，而睡眠則是有機體中的夏天活動。概念的練習可以達到思維能力的培養，兒童是一種模仿的生命形式，因此可以利用這種特性來進行教育的活動。斯泰納主張在兒童身上存在著一種自然的宗教，兒童從周遭的動作和觀察中知覺道德的事物（Ibid., 23-40）。斯泰納將人類的身體區分為「星芒體」、「以太體」和「物質體」（Physischer Leib），認為可以經由雕刻的模型來發展兒童的空間感，而且可以透過內在音樂的理解來理解「星芒體」；經由內在語言的理解來理解「我組織」（Ich-Organisation），教師在教學中必須使兒童的想像力發揮作用，才能獲得比較好的效果（Ibid., 41-58）。在此，斯泰納不僅批判心理學對於人類本質的誤解，同時提出其人類本質的看法，說明教師應該掌握人類的本質進行教學，才能提高教育的效果。

三、教育階段理論

斯泰納在《人智學教育學及其先前假定》一書和其他著作中，談到其七年一期的三階段教育論，此三階段是出生到換牙期前、換牙期到青春期和青春期到青年階段，茲將其三個教育階段詳細說明如下：

（一）出生到換牙期前（0到7歲）

以人智學的觀點來看，人類的心靈具有「同感」（sympathy）與「反感」（antipathy），也就是同理心與厭惡感，個體在出生前是位於母親體內，母體即爲其所接觸的環境，這是他出生前的第一個保護鞘。而在出生後到換牙期前，物質體對外界開放，感官與世界有正式的接觸，然而「物質體」和「星芒體」的保護鞘仍未解開，由於換牙前，身體器官要長成確定的狀態，所以此時教育階段的重要任務是身體的成長。7歲以前的「以太體」，是自動讓其發展，不要給其太多的知性影響，有了正確的成長基礎，之後才能順勢良好地成長下去，以外在的自然環境給予身體器官形塑良好的形狀。另外，在換牙前的孩童還可見到其很重的前世習氣，所以過於指導兒童思考的發展，會使其回到前生的狀態。過多抽象的觀念會使其專注力緊繃，血液中碳酸密度提高，這種「反感」的刺激是不符合此時的兒童的。也因爲其靈體還有明顯的前世習氣不適應於其肉體，所以兒童經常會是笨手笨腳的（Steiner, 1981; Steiner, 1995:7）。

（二）換牙後到青春期（7到14歲）

在換牙期前他是承繼著前世而來的力量在活動著，當其保護鞘被解開後，換來的新牙即表示其獨立運作之表徵，此時可由圖像和範例來推動兒童的學習，並引導其想像力，但還不適宜使用抽象的準則，因爲其「星芒體」的保護鞘尚未解開。而換牙後也代表著塑造身體的建構力量達到最後階段。在靈魂世界中，由於感受的力量逐漸與意志分離，「反感」的能力也漸強，記憶也可被創造，所以斯泰納相當著重此階段記憶力的鍛鍊，這種記憶力的培養，將來也才可以概念方式掌握住所習得的事物。不過此時的記憶訓練應該如何進行？配合此時所產生的想像

力，我們可以生動的圖像方式引發兒童的學習，這是利用已發展的意志來進行的教學方法。斯泰納指出如果我們觀察身體中的兩個概念體系中，我們會發現：記憶和生動的圖像是分屬於思想和意志這兩邊，不過正由於感受對兩者間的聯繫關係，我們可以結合來使用，此時的兒童心靈感受力比理解和認知能力來得強而深刻，多通過整個身體感受來知覺心靈中的細膩感覺，所以此時的兒童發展重點是在其活躍的感受上（Steiner, 1981; Steiner, 1996a）。

（三）青春期到青年期（14到21歲）

在青春期時，「星芒體」的保護鞘才被解開，此時人類獲得了完全的自由，也就是人智學所稱人類的第三次誕生。因為「星芒體」是對外在世界的開展，所以其出生代表著心靈可受外在的影響，發展其知性和抽象理解的能力，開始可以具有獨立判斷和挑戰權威，這種挑戰權威的目的在於不先預設任何觀點，而且以實驗和經驗建構出真實的精神，但絕非是局部的真理，而是從精神科學中找出真實的世界過程。在靈魂世界中，隨著生命中推移的過程，感受聯繫於思想的傾向漸強並持續於日後生活中，此時的兒童已不像過去是過度的感受體，而是可以開始教育其做預備日後生活的準備。在瞭解了意志、感受和思想的真實內涵後，我們知道此時的知識必須基於對世界的真實瞭解，在青春期後青少年開始會希望將其判斷聯結到周遭環境中，但此時的教育非僅只是從科學典範下實驗所得的知識為真（Steiner, 1981; Steiner, 1996a）。在此，斯泰納提出其三期的教育階段論，說明每一個階段人類發展的特徵，配合不同的教育方式，達成其人智學教育理念的理想。

四、教學方法理論

斯泰納在《教育藝術精神——心靈的基本力量》（*Die geistig-seelischen Grundkräfte der Erziehungskunst*）一書中，主張教育的目的就是要培養一位「自由人」（freies Mensch），因此華德福學校在課程教材上深受其影響，非常注重課程選擇的自由和課程內容的多元性。華德福學校非常講求自律，學生必須自己管理自己。在課程上兼顧普通教育和職業教

育，非常強調「週期教學」（Epochenunterricht），「週期教學」是在一個週期內，使學生專注於某一主要學科的學習，持續時間約三到四週。在「週期教學」中同一科目一年只重複出現二至四次，使學生所學的「知識」（Erkentnis），真正變成自己的能力，經歷重複、記憶與甦醒的內在學習歷程。除了團體教學之外，在許多課程上也實施小班教學和個別的指導。在教學活動上非常講求教學過程的活潑生動，以引起學生學習的興趣，增進學生學習的效果（梁福鎮，2004；Steiner, 2002）。斯泰納在談到教學的方法時，主張我們首先應該從兒童熟悉的環境開始，如同在介紹動物時，我們不能先瞭解毛，然後才瞭解長毛的動物，亦即應該先認識殊相，再認識共相。因此，兒童應該先從有生命的有機體開始，然後才瞭解植物在其中的角色，客觀的觀察是慢慢才學會的。在數學課程的教學上，老師應該首先給學生的不是一個果子，而是一堆果子，比如一個由12個部分組成的整體。然後，請出三個不同年齡，因此需要不同食量的兒童，把12個果子分給他們（3+4+5）。教師把12個果子的整體分為三個部分，或者來看整體是由什麼組成的：12=3+4+5。這樣就不是從偶然的部分開始後得到結果，而是從結果來看它是由什麼組成的，這樣做「加法」就不是一個呆板的過程。如此，學生就學會了看到生活中的整體，而不是少量通過增加去多得到一點，這對學生的心靈生活和道德情感很有作用。如果兒童習慣思考「加、再加」，他就會習慣去思考怎樣能得到多一點東西，這就是一種自私的思考方式。如果從整體開始進行，兒童學會的思考就不是自私的，而是審慎和適度的，這是一種很好的道德。老師把所有的課程像整體一樣，從兒童的特點和需要發展出來非常重要。如果一個老師根據同樣的模式教育所有的兒童，而不瞭解每一個兒童的差異，這是很可怕的一件事。體育課應該是從教室裡發現的特點和缺點發展出來的，因此在華德福學校的低年級，只讓一個老師來上一個班所有對培養人應該有作用的課程，華德福學校對老師藝術才能和獻身精神的要求很高，可是只有這樣我們才能使人類達到完美。我們不能否認華德福學校中充滿了基督教的氣氛，可是這不是我們故意要的。華德福學校不要成為世界觀的學校，而要是一所使用方法

的學校，而這種方法是根據對人類的認識發揮出來的，使學生的身體獲得健康和力量，個人的心靈自由發揮，精神變得更加的清楚明顯。斯泰納希望學生以整個身體來感受和表達快樂、悲傷、同感、反感等情感，因此特別重視「優律斯美」（Eurythmie）的韻律操。主張不僅語法能在韻律操中得到鞏固，而且修辭也能從韻律操中獲益。這種精神心靈的運動，既具有教育上的作用，又有藝術上的價值（Steiner, 2002）。

斯泰納在《人類形式健康的發展》（*Die Gesunde Entwicklung des Menschenwesens*）一書中，主張教師要以具有愛心的藝術表演，和具有藝術的愛心讓兒童接觸到一切。知道每一個發展時期的特點和屬於他的需要，這是教育最基本的基礎。7歲之前的兒童有模仿的特點，我們不能給兒童的想像、感受和意志太呆板的概念，我們給8或10歲起兒童應該是有發展變化可能的東西，否則在30年後他還是有著跟兒童一樣的思想。7至8歲的兒童則有遵循的特點，他根據在心理能感受到的去發揮自己心靈的才能。這個年紀的兒童還不要靠智力去學習，他不會根據邏輯去分析從老師那裡聽到的話，他無意識的接受，在心靈中對身體起著作用就像靈感一樣。孩子到了14歲時，我們就會發現一種奇怪的現象：如果用邏輯去說明，他就會覺得很無聊；如果根據老師說明的去思考，他就會很睏。其實，教育14歲起的孩子，除了邏輯之外，老師需要想像的才能。精神的認識是一個人在成長過程中慢慢地才能使用的，精神的才能是不能教育的，應該是自由的，只能在生活中得到培養。小學生要培養的主要是心靈，而心靈是從孩子的思考、情感和意志表現出來的。如果小學老師能理解思考、情感和意志存在於人中的樣子，他就有了培養小學生的基礎。老師們的任務是讓0到6歲兒童的身體盡可能的健康，使他的身體不會阻礙精神要做的事。教育者就像園丁一樣，他不能自己提供生長的力量，而只能避免阻礙植物自己要發揮的力量。這樣，學生能夠發揮一些老師自己沒有的才能，而且不會受到老師心中影像的影響。斯泰納做為《自由哲學》的作者也強調「權威」（Autorität）的教育手段，事實上7到13歲年齡階段的孩子，確實需要一個權威。這個年齡中的孩子只有在感受到了對於權威的尊敬和服從，在以後的生活中才能真

正使用自己的自由（Steiner, 2001）。在此，斯泰納提出許多人智學教育學的教學方法理論，例如：週期教學、熟悉環境、客觀觀察、教學順序、優律斯美、藝術表演、藝術的愛心、想像的才能、自由的環境、心靈的培養和權威的教育等等，做爲華德福學校進行教學活動的方法。

五、教師圖像理論

斯泰納在《人類經驗的基礎》一書中，主張教師們必須內化和生動的展現出主要的材料，將其填滿想像力。除非我們賦予感覺性的意志，否則不可能在幾年後對兒童會有強烈的影響。我們必須在小學的最後一年，強調教師和學生間溝通和諧的生命。如果不試著將課程以有想像力和新鮮的方式呈現，將不會成爲有好成績的老師。但如果我們呈現事物只使用想像一次，而後不斷的重複它，那反而會凍結兒童的智能。教師必須不斷地使想像力保持活躍，否則，在學習上只會產生僵化的現象。如果生命要是豐富的，在此有兩個概念是永遠不會聯結在一起：即教育的專業和虛僞。如果教學和虛僞在生命中聯結在一起，結果將是極爲不健康的結合。教學有個內在的道德性，一個內在的責任感。教師眞要有一個絕對必須履行的責任，這個責任是：保持自己的想像力活躍。如果教師覺得自己開始變得虛僞、在賣弄學問，那麼就告訴自己：對其他人而言，虛僞也許只是不好，但對教師而言，那是完全不道德的。這必須是教師的態度。如果教師沒有這種態度，則他們應該認眞學習如何使用其知識來教學，或另外找職業。當然，在生命中我們或許無法完成這些事和達到這種理念；然而，我們至少要知道這種理念（Steiner, 1992/1996b:210-211）。

斯泰納在《教育藝術精神——心靈的基本力量》一書中，主張根據學生的性格來安排班級裡的情況。在研究了每個學生的性格之後，老師可以讓有悲傷性格的學生都坐在一起，也讓有快樂或沒有反應性格的學生，跟同樣性格的同學坐在一起。通過這種做法，可以將他們的性格磨損掉。悲傷和悲傷性格的學生坐在一起會使他們活躍起來；而暴躁性格的兒童在一起，他們會互相打起來。如果最後有了傷口，這會使他們的

性格得到治療。華德福學校的管理中心就是經由全體教師會議，來處理學校所有的事情和做法。大家將這些會議看成像是人體中的心臟一樣，會議內容不是抽象的規則，也不是互相比較或競爭，而是體現合作的意志。只有基於對每個學生的愛，教師才有可能在會議上，說出一些對同事們有幫助的事。健康與教育是相互影響的，我們不能將健康與教育分給兩個人負責。如果兒童健康的成長有需要，老師們就需要醫學知識。我們不能根據方便的怪癖來安排生活，而要根據生活的需要去做事。特別是低年級的老師，需要瞭解兒童遊戲的方式與健康之間的關係。在遊戲的過程中，有很多種心靈作用得到發揮，我們要知道得到滿足和得不到滿足的情感。如果以引導的方式能讓他在遊戲中得到滿足，我們就支持了與消化有關係的情感（Steiner, 2002）。

斯泰納指出老師們需要一種能讓他們愛人的科學，因為教育的基礎是對人類和對認識的愛，這是人智學想給予的。對人類的認識是教育最需要的，因為人的結構會讓我們想到所有我們需要的教育手段。因為自然科學不能幫我們回答教育方法的問題，所以才需要發展精神科學。斯泰納希望將來再也不用講教育，因為普通的科學和世界觀已經包括了對於人的認識，使老師們很自然地就能找到教育藝術的手段。在此不是要老師們學習更多的特殊知識，而是人類需要一個包括對人認識的那種世界觀，使老師們自然而然地就感覺到教育對人的作用（Ibid.）。他指出要在課程中填充想像力，教師還需增加求真的勇氣。沒有這種求真的勇氣，老師在教學的意志上將不會達到任何事，尤其在對年紀較大的孩子上，必須發展得以求真的勇氣，而且帶著強烈朝向真實的責任感。對想像力的需求、真實的感覺和對感受的責任——這些是構成教育勇氣的力量（Steiner, 1992/1996b:211-212）。在此，斯泰納提出其教師圖像理論，主張一位理想的教師，必須具有想像力、求真的勇氣和責任感，才能勝任教師角色的要求。

伍、人智學教育學的評價

　　根據個人對斯泰納相關文獻的分析，其人智學教育學具有下列幾項優點：

　　一、建立具有特色的教育目的理論，主張教育目的是在培養一個懂得感謝、具有愛和自由的人，注重學生身、心、靈三個層面的教育，希望達到善、美、真兼具的人格理想，這種教育目的理論不僅可以補充傳統學校注重紀律訓練，忽略學生自治精神的不足；而且能夠糾正當前學校注重學生身體和心靈，忽略精神層面教育的缺失。

　　二、倡導不同於以往的人類本質理論，強調人類本質的理解，做為教育活動實施的依據，設計教學步驟的參考，可以彌補傳統教育忽略人類認識，提高學生學習的效果，充實教育人類學的理論，提供教學實施的原則，解決教育實際遭遇的問題，補充傳統教育理論的不足。

　　三、提出嶄新明確的教育階段理論，批判傳統心理學觀點的缺失，促使教師從新的觀點來看待學生，增進學校教師對於學生發展的瞭解，有助於教師選擇有效的教學方法，安排適當的教學活動，提高教師教學的效果和學生學習的成就，培養一個身、心、靈和諧發展的人。

　　四、創造新穎有效的教學方法理論，例如：「週期教學」、「藝術表演」、「教學順序」「心靈培養」、「優律斯美」等等，這些教學方法奠基在其人智學的理論上，不同於奠基在心理學上的教學方法，能夠提供學校教師做為實施教學和安排教學活動的參考，有助於改善教師教學的效果，增進學生學習的成就，補充傳統教學理論的不足，對教學方法的進步貢獻很大。

　　五、形成規範指引的教師圖像理論，主張教師必須具備基本道德，擁有想像力，充實醫學知識，履行教育責任，瞭解學生的性格，對真實的感覺和對學生的愛，才能勝任教師的角色，做好學校教育的工作。這種理論可以提供師資培育機構做為參考，以設計適當的師資培育課程，培養一位理想的學校教師。

　　當然，斯泰納的人智學教育學也存在著下列幾個問題：

一、斯泰納深受叔本華靈魂輪迴思想的影響，運用生前、今生和死後三個階段，來描述人類思想的本質，這種說法不但非常抽象模糊，無法讓人理解；而且缺乏理性的論證。皮特斯（Richard S. Peters, 1919-）主張教育活動的界定，必須符合認知性、自願性和價值性的規準（Peters, 1966）。這種理論違反了認知性的規準，因此實在難以獲得學者的認同，而且得到科學的支持，成為一種能夠被理解的教育理論，普朗格[8]（Klaus Prange, 1939-）也指出其人智學的方法不符合科學的規準，其教育論證不夠嚴謹，難以讓人理解，因此無法達到科學的要求（Prange, 2000:184-191）。這是其人智學教育學的限制。

二、斯泰納的教育階段理論將人類教育的發展分為換牙前（0-7歲）、換牙後到青春期（7-14歲）和青春期到青年期（14-21歲）三個階段，雖然可以提供學校教師做為安排教學活動的參考，但是對於人類教育階段的描述並不完整。因為根據杜威（John Dewey, 1859-1952）教育本質理論的觀點，人類教育的發展是沒有終點的，教育是不斷發展的過程（Dewey, 1916）。因此，人類教育的過程是一種終身學習的過程，人類在青年期之後，依然需要接受教育，所以三個階段的教育理論仍然不夠完整。其次，斯泰納的人智學教育學比較注重觀點層面的陳述，忽略基礎層面的論證，不僅無法與智性和道德的要求關聯，未經批判的接受哥德理性主義的觀念，而且沒有指出透過哪些思想媒介與運作可以達到其精神研究的結果（Prange, 2000:176-191），這些都是其人智學教育學的問題。

三、斯泰納主張學校教育不應該是一種世界觀的教育，因此反對在華德福學校中實施宗教教育。但是宗教教育有其重要性，學校排斥宗教觀點的影響，不一定就是好的。事實上，華德福學校深受基督宗教的影響，而且從宗教教育中獲益匪淺。裴斯塔洛齊（Johann Heinrich Pestalozzi, 1746-1827）就認為宗教可以做為道德教育的媒介，宗教雖然

---

8 普朗格是德國當代著名的教育學家，1939 年出生於德國拉徹堡（Ratzeburg），1969 年取得基爾大學哲學博士學位，1975 年通過大學任教資格審查，1975 年擔任基爾大學教育學教授，後來轉到拜羅伊特大學任教，1985 年轉到杜賓根大學教育學教育科學研究所，擔任普通教育學講座教授，目前已經從杜賓根大學教育科學研究所退休（Böhm, 2000:428-429）。

是個人對神的事，而道德是個人對他人和自己的事。但是兒童從與母親的交往中，一些基本的道德即由此建立起來。諸如愛、信賴、感激等等。品德的形成是道德人的必要條件，而品德的形成並不僅有主觀的條件，如個人的自覺、自律的行爲等等（Pestalozzi, 1961）。因此，斯泰納的人智學教育學排斥宗教介入學校的觀點並不正確。事實上，適當的融入課程和指導學生，反而可以讓學生對宗教有正確的認識，當前華德福學校的教育實際上就是最好的證明。

陸、另類教育的涵義

根據個人對斯泰納的人智學教育學的分析，其學說對我國另類教育有下列幾項重要的涵義：

一、提供適當的教育理念

在眾多的另類學校中，有的注重讀經的教育理念，認爲讀經可以擷取人類文明的精華，成爲高遠見識和優美人格的源頭。有的強調東方哲思、教育美學和教學創新，希望在自然情境中，培養學生人本關懷、互動參與和探索創造的精神。有的倡導教育的目標在培養尊重萬物、愛護環境和天人合一的精神，使其成爲未來社會的領導人。這些另類學校的教育往往比較注重學生紀律的訓練，忽略學生自由精神的培養。而且只注意到學生身體與心靈的教育，忽略學生精神領域的開展。不但教育的內容繁瑣零碎，而且無法兼顧身體、心靈和精神三個層次，因此教育理念偏頗不全。斯泰納的人智學教育學可以彌補這些另類學校教育的不足，培養學生具有感謝、愛和自由的觀念，兼顧身體、心靈和精神三個層面，對於我國另類學校教育的發展具有重要的意義。

二、提出嶄新的人類理論

我國師資培育忽略教育人類學的學習，教師普遍缺乏對於人類的認識，不瞭解學生在人類學上的特性，因此無法達到適性教育的理想，發

揮學校教育的效果。許多另類教育也只有哲學的基礎，缺乏對人類真正的認識。斯泰納的人智學可以彌補傳統教育忽略人類認識的不足，從精神科學的觀點出發，彌補自然科學的不足，提供另類學校嶄新的人類理論，幫助教師深入的瞭解學生，提高學生學習的效果，充實教育人類學的理論，提供教師教學實施的原則，解決教育實際遭遇的問題，補充傳統教育理論的不足。

三、建立不同的階段學說

另類學校教師大多來自傳統的學校，經常從心理學的觀點來看待學生的發展，這種觀點其實是偏頗不全的，以致無法掌握學生的特性，選擇良好的教學方法，安排適當的教學活動，提高學生學習的效果。斯泰納的教育階段理論提供教師一個不同的觀點，能夠增進教師對於學生發展的認識，又助於選擇良好的教學方法，安排適當的教學活動，提高學生學習的效果。

四、創造新穎的教學方法

斯泰納提出許多新穎的教學方法，例如：「週期教學」、「藝術表演」、「教學順序」「心靈培養」、「優律斯美」等等，可以提供另類學校教師做為實施教學和安排教學活動的參考，有助於改善另類學校教育的效果，增進學生學習的成就，補充傳統教學理論的不足。

五、提供理想的教師圖像

斯泰納的教師圖像理論提醒教師必須具備基本道德，擁有想像力，充實醫學知識，履行教育責任，瞭解學生的性格，對真實的感覺和對學生的愛，才能勝任教師的角色，做好教育的工作。這種理論可以提供另類學校的師資培育機構做為參考，以設計適當的師資培育課程，培養一位理想的另類學校教師。

柒、結語

　　總而言之，斯泰納深受德國觀念論哲學、哥德自然科學、席勒美育思想、叔本華輪迴思想、尼采生命哲學、基督與印度宗教的影響，不僅批判唯物論和唯心論的偏頗，而且指出多元論的錯誤，提出本體一元論的主張，將世界做為知覺，探討意識性的人類行動、世界的認識、人類的個體性、生命的因素和自由的理念。他主張教育的目的是在培養一個身體、心靈、精神和諧發展，達到善、美、真的理想，懂得感謝、具有愛和自由的人。教師必須配合學生的身體、心靈和精神的發展來進行教育的活動，使兒童的精神心靈能夠達到獨立自主。人類的教育可以分為出生到換牙期、換牙後到青春期、青春期到青年期三個階段，教師必須配合學生的發展，應用各種教學方法來進行週期教學、小班教學和個別指導，促進學生身體、心靈和精神的和諧發展。主張教師必須具備基本道德，擁有想像力，充實醫學知識，履行教育責任，瞭解學生的性格，對真實的感覺和對學生的愛，才能勝任教師的角色，做好學校教育的工作。斯泰納的人智學教育學首先可以彌補我國學校教育的不足，培養學生具有感謝、愛和自由的觀念，兼顧身體、心靈與精神層面的教育。其次，可以彌補傳統教育忽略人類認識，提高學生學習的效果，充實教育人類學的理論，提供教師教學實施的原則，解決教育實際遭遇的問題，補充傳統教育理論的不足。再次，能夠提供教師一個新的觀點，能夠增進教師對於學生的認識，選擇良好的教學方法，安排適當的教學活動，提高學校教育的效果。接著，可以提供我國教師做為實施教學和安排教學活動的參考，有助於改善我國學校教學的效果，增進學生學習的成就，補充傳統教學理論的不足。最後，可以提供我國師資培育機構做為參考，以設計適當的師資培育課程，培養一位理想的學校教師。雖然，斯泰納的人智學教育學違反了認知性的規準，對於人類教育階段的描述並不完整，而且排斥宗教介入學校的觀點並不正確。但是，斯泰納的人智學教育學可以彌補傳統教育理論的不足，提供學校教師嶄新的觀點，促進人類教育的革新，因此依然值得我們加以重視。

參考文獻

中文部分

成虹飛（1997）。另類教育的另類反思。**我們的教育，2，**34-35。

吳村山（譯）（1997）。**輪迴與轉生——死後世界的探究**（原作者：石上玄一郎）。台北：東大。

吳靖國（2000）。後現代主義與教育。載於吳靖國，**教育理論**，頁122-123。台北：師大書苑。

林逢祺（2002）。美育與人生。載於伍振鷟、林逢祺、黃坤錦、蘇永明合著，**教育哲學**，頁375-394。台北：五南。

宣誠（譯）（1980）。**華陀夫實驗學校之父——魯道夫‧史坦納傳**。台北：國立編譯館。

梁福鎮（2004）。**改革教育學——起源、內涵與問題的探究**。台北：五南。

馮朝霖（2000）。**教育哲學專論——主體、情性與創化**。台北：元照。

馮朝霖（2001）。另類教育與全球思考。**教育研究月刊，92，**33-42。

楊洲松（2000）。**人文精神的再宏揚——新世紀台灣教育的願景**。載於楊洲松，後現代知識論與教育，頁168-169。台北：師大書苑

鄧麗君、廖玉儀（譯）（1996）。**邁向自由的教育——全球華德福教育報告書**（原作者：Frans Carlgren）。台北：光佑文化。

外文部分

Baudrillard. (1994). *Simulacra and Simulation*. (Sheila Faria Glaser, Trans). Ann Arbor: University of Michigan Press.

Böhm, W. (2000). *Wörterbuch der Pädagogik*. Stuttgart: Alfred Kröner Verlag.

Bund der Freien Waldovfschulen e.V. *World List of Rudolf Steiner (Waldorf) Schools and Teacher Training Centers*. Retrieved from http://www.waldorfschule.info/pdf/schulliste.pdf

Danner, H. (1994). *Methoden geisteswissenschaftlicher Pädagogik*. München: Universität Taschenbuch Verlag.

Derbolav, J. (1987). *Grundriß einer Gesamtpädagogik*. Frankfurt/M.: Diesterweg

Verlag.

Gerhardt, V. (1995). *Friedrich Nietzsche.* München: C.H.Beck Verlag.

Goethe, J. W. v. (1966). *Werke.* Bd. 6. *Vermischte Schriften.* Frankfurt/M.: Insel Verlag.

Husen, T. and Postlethwaite, T. N. (1994). *The International Encyclopedia of Education* (2nd ed.). New York: Pergamon.

Kant, I. (1990). *Kritik der reinen Vernunft.* Hamburg: Meiner Verlag.

Kapel, D. E., Gifford, C. S. and Kapel, M. B. (Eds.) (1991). *American Educator's Encyclopedia.* New York: Greenwood.

Lin, T.-M. (1994). Die Waldorfpädagogik und Rudolf Steiner-Ein "reform" pädagogischer Versuch unter dem Aspekt der anthroposophischen Entwicklung des Menschen. *Soochow Journal of Foreign Languages and Cultures*, 10, 219-254.

Mintz, J., Solomon, R. and Solomon, S. (Eds.) (1994). *The Handbook of Alternative Education.* New York: Simon & Schuster Macmillan.

Nietzsche, F. (1993). Also sprach Zarathustra I–IV. In ders., *Friedrich Nietzsche: sämtliche Werke. Kritische Studienausgabe. Herausgegeben von Giorgio Colli und Mazzino Montinari. KSA 4* (pp. 9-408). München: Deutscher Taschenbuch Verlag.

Nietzsche, F. (1999). Die fröhliche Wissenschaft. In ders., *Friedrich Nietzsche: sämtliche Werke. Kritische Studienausgabe. Herausgegeben von Giorgio Colli und Mazzino Montinari. KSA 3* (pp. 343-651). München: Deutscher Taschenbuch Verlag.

Pestalozzi, J. H. (1961). *Wie Gertrud ihre Kinder lehrt: ausgewählte Schriften zur Methode.* Paderborn: Schöningh Verlag.

Peters, R. S. (1966). The Philosophy of Education. In Tibble, J. W. (Ed.), *The Study of Education* (pp. 59-89). London: Routledge & Kegan Paul.

Prange, K. (2000). Erziehung zur Anthroposophie. *Darstellung und Kritik der Waldorfpädagogik.* Bad Heilbrunn/OBB.: Verlag Julius Klinkhardt.

Schiller, F. (1993). *Sämtliche Werke. 5 Bände.* München: Hanser Verlag.

Steiner, R. (1965). *Philsophie und Anthroposophie. Vorbemerkungen zur*

Philosophie. Gesammelte Aufsätze 1904-1918. Donach: Rudolf Steiner Verlag.

Steiner, R. (1968). *The Roots of Education.* (Fox, H. Ed.). London: Rudolf Steiner Press.

Steiner, R. (1973). *Theosophie. Einführung in übersinnliche Welterkenntnis und Menschenbestimmung.* Donach: Rudolf Steiner Verlag.

Steiner, R. (1979). *Allgemeine Menschenkunde.* Donach: Rudolf Steiner Verlag.

Steiner, R. (1981). *Anthropolosophische Pädagogik und ihre Voraussetzungen.* Donach: Rudolf Steiner Verlag.

Steiner, R. (1986). *Anthroposophie-ihre Erkenntniswurzeln und Lebensfrüchte.* Donach: Rudolf Steiner Verlag.

Steiner, R. (1990). *Die Waldorfschule und ihr Geist.* Donach: Rudolf Steiner Verlag.

Steiner, R. (1995). *The Kingdom of Childhood: Seven Lectures and Answers to Questions Given in Torquay, August 12-20, 1924.* Fox, H. (Trans.). Barrington, MA: Anthroposophic Press.

Steiner, R. (1996a). *The Education of the Child and Early Lectures on Education.* (Selections). Barrington, MA: Anthroposophic Press.

Steiner, R. (1996b). *The Foundations of Human Experience.* Lathe, R. F. and Whittaker, N. P. (Trans.). Barrington, MA: Anthroposophic Press. (Original work published 1992)

Steiner, R. (2000). *Friedrich Nietzsche. Ein Kämpfer gegen seine Zeit.* Donach: Rudolf Steiner Verlag.

Steiner, R. (2001). *Die Gesunde Entwicklung des Menschenwesens.* Donach: Rudolf Steiner Verlag.

Steiner, R. (2002). *Die geistig-seelischen Grundkräfte der Erziehungskunst.* Donach: Rudolf Steiner Verlag.

Steiner, R. (2005). *Die Philosophie der Freiheit.Grundzüge einer modernen Weltanschauung.* Donach: Rudolf Steiner Verlag.

「理解」、「陶冶」與「文化傳承」：斯普朗格的文化教育學研究

陳幼慧

國立政治大學師資培育中心副教授／通識教育中心主任

壹、前言

文化教育學奠基於「精神科學」（Geisteswissenschaften）之理論基礎。主要代表學者為斯普朗格[1]（Eduard Spranger）外，尚有利特（Theodor Litt）、斯騰（Erich Stern）、凱善斯泰拉（Georg Michael Kerschensteiner）、弗理善賽開拉（Frischeisenkohler）等人，其中大多為狄爾泰學派教育領域的學生，狄爾泰（Wilhelm Dilthey）精神科學的意義，乃是從精神生活的整體與體驗的豐富出發，欲將吾人之精神生活體驗加以詳細記載。斯普朗格[2]曾任柏林大學哲學與教育學的教授，其思想深受洪堡和施萊爾瑪赫（Friedrich Schleiermach）的人文主義、狄爾泰的精神科學，以及新康德西南學派價值哲學之影響，並以此建構出文化

---

[1] "Spranger"在中文譯名亦大為不同，本文筆者統一翻譯為「斯普朗格」。

[2] 斯普朗格的思想不僅影響德國的教育和哲學界，也掀起亞洲「文化教育學」的研究風氣，中文文獻亦累積相當的研究。透過江日新（2003）〈斯普朗格在中國——一個書目文獻分析的回顧〉一文的研究分析，更能窺見二次世界大戰前後，中文文獻從事斯普朗格文化教育學研究的全貌，其中包含的學者先後有曹京實、關琪桐、王錦第、童德禧、董兆字、蔣徑三、王文俊、鄭重信、孫志文、查岱山、余艾堂、田培林、詹棟樑等人，均有卓越的研究成果。然而上述學者相關的研究著作除了《生活形式》、《青年期心理學》至今仍廣為流傳外，其餘大都已經絕版。除此之外，各大圖書館藏中斯普朗格的德文相關藏書也非常有限。

教育學（Kulturpädagogik）之理論。教育學一方面有著主觀純理想主義的意義，另一方面也具有客觀精神的特質。斯氏認爲，教育的活動是在結合主觀人格和客觀文化的關係，吾人必須把自己織進文化關係之中，共同創造其文化價值。精神學科的人文教育學即是注重教育對人的價值和意義的提升，將文化、陶冶（Bildung）、人三者連接起來，融爲一體。

本文將針對以下議題對其學術進行討論：

一、狄爾泰的「精神科學」（Geisteswissenschaften）意義

二、斯普朗格「文化教育學」（Kulturpädagogik）的基本教育主張

三、斯普朗格「文化形態學」（Kulturmorphologie）的研究

貳、狄爾泰「精神科學」的意義

自啓蒙以來，自然科學的「文化霸權」現象，導致人文敘事學科的「敘事危機」（the crisis of narratives）[3]，是許多投身精神科學發展學者之共同關懷。德國「精神科學」的傳統，提供諸多相關的系統論述。由狄爾泰、斯普朗格、李凱爾特（Heinrich Rickert）、里特（Theodor Litt）等人所建構的「德國精神科學學派」，希望提出一套有別於自然學科的方法論，設法使哲學、社會科學和人文科學在地位、作用和影響方面，達到與自然科學相媲美的地步。相關論述延續至今仍深具影響力，同時也促使西方學術界越來越重視這兩類學科之間的聯繫和區別，推動了西方學術研究上許多相應的發展。

19世紀末自然與人文爭論的論述的傳統首推新康德主義，如李凱爾

---

3 李歐塔（Jean-François Lyotard）（1986）在《後現代狀況：關於知識的報告》一書引言中，針對科學知識一元霸權的批判首先區分出兩種知識類型：一種是敘事知識（narrative knowledge），一種是科學知識（scientific knowledge）。這兩種知識本來應相互並存，兩者的獲得途徑不同，屬於不同的秩序（order），每個秩序各有自己的遊戲規則。然而，啓蒙運動以來，科學知識明顯地以「霸權」的姿態凌駕於敘事知識之上，產生「以科學尺度來衡量敘事學中的描述，多少要流於寓言傳說」的謬論，因此敘事知識所面臨的是近似於神話，象徵著未啓蒙、不科學、不客觀、不文明的合法性危機。相關研究請參閱陳幼慧（2002）〈現代與後現代之爭：李歐塔（Jean-François Lyotard）對後現代知識狀態的反省〉一文。

特（H. Rickert），在其代表作《文化科學和自然科學》（*Kulturwissenschaft und Naturwissenschaft*, 1921）一書中，提出了自然與文化、自然科學與歷史的文化科學這兩種基本對立。李凱爾特認爲，自然與文化最大的分野是：「自然」是那些從自身中生長起來的、誕生出來的、自生自長的東西的總和；「文化」則是人們按照預定目的生產出來的，或者雖然早已存在、但至少由於它所固有的價值而爲人們特意保護著的。他認爲「價值」是區分自然和文化的標準：一切自然的東西都不具有價值，不能看作是財富，可以不從價值的觀點加以考察；反之，一切文化產物都必然具有價值，都可以視之爲財富，因此必須從價值的觀點加以考察。

狄爾泰在其《精神科學引論》（*Einleitung in die Geisteswissenschaften*）一書中指出，德文「科學」（Wissenschaft）一詞涵蓋了自然科學、人文科學和社會科學。一般人誤以爲「科學」乃是指自然科學或實證主義的知識，其實「自然科學」僅是「科學」的一部分，絕非「科學」的完整面貌。眞正的科學不僅是以實證主義爲主的「自然科學」，也必須涵蓋「精神科學」。再者，「除了『對等』的考慮以外，最重要的是還涉及『科學性』（Wissenschaftlichkeit）的問題。所謂『科學性』就是指一門學問所以成爲該學問的原則性理據」（卡西爾，1942/2004：16）。狄氏認爲，眞正的科學不是僅以實證主義爲主的「科學哲學」，同時也必須對人文社會科學及其地位、方法和概念加以特別的關注，使它們變成自己的思考對象，從而構建關於全人知識的科學，即「精神科學」。

就狄爾泰而言，「認識方法」可分爲兩種：第一是「對象的把捉法」，即是將意識內容加以分析、比較和概括的作用，乃是自然科學的認識法；第二則是「理解」（Verstehen），它不僅僅把捉對象的表面，更進而把捉對象的意義和價值，因此是生命的把捉法和直觀的方法」。（蔣徑三，1929a：20）在自然科學的研究中，是一些只有從假說的角度出發、通過破壞外部實在、破壞各種事物，才有可能得出的成份。而在各種精神科學之中，研究主題都是眞實存在的單元，都是做爲處於內在經驗之中的事實而被給定的。狄爾泰認爲（1922/2002:52, 85）精神科學最根本的一種學問即是研究「人」，人是具有生理及心理的個體，人也

是組成社會和歷史的成分，而社會和歷史的實在則是由個體做爲「生命單元」出發，以理解社會生活體系這個概念爲出發點，是具體的個體本人的生活所具有的豐富性——做爲社會的組成部分，這種個體是精神科學的第一組研究對象。

　　爲了打破教育學過度倚賴技術、生物學、社會學、心理學的實證觀點，狄爾泰提出的「結構」（Struktur）、「理解」（Verstehen）與「體驗」（Erleben）等概念，藉以強調個人精神生活在「自然的環境」與「文化的社會」內所有的綜合關係。他認爲心靈是一種結構，心靈現象是一種結構關聯，而不是因果的關聯。這種關聯乃是「統一的全體關聯」（鄭重信，1963：7）。精神科學想從吾人直接體驗精神生活的全體出發，把握所體驗的精神之各種關聯，並把精神生活視爲一切機能有目的地結合，形成一種「全一體」的「結構」，且對其表現予以記述和分析，對這種精神關聯的把握便是「理解」。

　　精神科學的研究對象是做爲「生命單元」的個體，及其表現的歷史與社會的實在，因此，意識到個體內容的脈絡，和把握其整體運作的過程，成爲精神科學重大的方法論要求。

　　相較於自然科學的研究著重於通過某種提煉過程獲得這些局部內容，狄爾泰認爲（2002:85），精神科學「絕不能忘記它們與實在有機體的關係。只有根據這種關係，知識論才能使各種概念和命題得到其精確的形式和適當的認識價值。啓蒙運動的抽象探討的根本性錯誤，在於忽視了這些經過抽象的局部內容與生活整體的關係，所以至於最終把這些抽象當做實在來對待」。

　　「理解」做爲精神學科之認識論基礎，所要把握的是意義與「意義系統」，而意義或意義系統是無法知覺到的（nicht vernehmbar），只能加以「理解」（張旺山，1986：229）。張旺山認爲，狄爾泰之「理解」的意義乃爲：人類以心靈力量的整體，認識自己及自己所創造的社會及歷史（精神世界）的一種能力，此種能力所展現的，是一種由精神對象的外在面回溯到內在面的過程，此種過程中雖含有「非理性」的因素，但卻不是一種非理性的直觀。因此，精神科學所指的客觀性，非如自然

科學線性的、量化的、因果解釋的實證方法，而是指「存在個體間的共通性（Gemeinsamkeit），在感覺世界（Sinnenswelt）中客觀化出來的種種形式……包括了生活方式、交往的形式、社會所形成的目標系統，乃至道德、法律、國家、宗教、藝術、科學和哲學」（Ibid., 239）。

狄爾泰所說的「體驗」乃是生命的活動，即內省、直觀生命的活動。他不同於認識的模式，僅止於對象的局部分析與解釋；體驗則是統一了知、情、意全體精神作用的全我活動，文化的創造是生命的表現，即是體驗的表現。

狄爾泰基於「體驗」的理念創立「理解歷史學」（Verstehende Geschichte），他認爲表現於歷史上的精神生活，唯有訴諸自己的體驗而與原體驗作同樣的「追體驗」（Nacherleben）才能了解它（蔣徑三，1931b：142）。在精神世界中，充滿了主體的人之情感、想像、意志、體驗等，這些全是無法加以精確觀察和測量的，唯一的辦法就是透過了解。一切歷史文化均需透過追體驗從而理解，而「理解」之所以能成立的條件爲：「只有個體所具有的相似性，才使他們能夠分享那些存在於他們生活之中的共同內容」（狄爾泰，1922/2002：86）。

參、斯普朗格「文化教育學」的基本教育主張

一、斯普朗格的「理解」（Verstehen）概念

相較於自然科學以自然界爲研究對象，關注事物因果關係的抽象知識，對於自然物只能說明而不能理解，人文科學則以人的精神世界爲研究對象，要求必須揭露文化的價值與意義。斯普朗格繼承狄爾泰精神科學的主張，視生命的活動爲創造意義與價值的根源，強調人類在理解歷史、文化、作品乃至整個生活時，不能採用自然科學的說明方法，而是要透過「理解」。因此，文化教育學是以生命哲學爲基礎，強調生命的體驗，並主張人的生命是「具體全一」。所謂「具體全一」指的是（蔣徑三，1929a：14）：以複雜的生活內容（生理及心理）爲整個生命的統

一，而且主張生命的整體常朝向一定的價值或目的而被統一，這種狀態又稱爲「構成關聯」（Struktur Zusammenhang）。要了解「構成關聯」須依據精神科學的「體驗」（Erleben）方法，即「把捉」那表現在歷史過程裡的生命全體之規範（型）。

斯普朗格首先批判歷來許多心理學家沉溺於實證主義和唯物主義之中無法自拔，千方百計企圖從身體瞭解心靈的狀況。有的人試圖從大腦神經中樞或從內分泌腺來瞭解，有的人則認爲在性欲上找到心靈發展的根源。在《青少年心理學》（*Psychologie des Jagendatters*, 1924）一書中，斯氏提出「理解心理學」（Verstehende Psychologie）的概念，他認爲：我們所謂的「理解」乃是精神科學之認識模式，但不能和「情感契合」（sympathiseren）或者「心靈共鳴」（seelischer Mitklang）相混淆，也不能局限於個人的把握之上，或簡單地與「追體驗」（Nacherleben）相提並論。

「理解」一辭的意義即是（Spranger, 1924:3）：在客觀有效的認識形式內，把精神的綜合關係當做意義豐富（sinnvoll）來把握它。因此，理解的認識形式不同於「瞭解」（begreifen）或是「解釋」（erklären），僅能從因果法則解釋前後關係。「理解」是深入內在的綜合關係。「理解」並非單是直觀的產物，而是「意義經過範疇後的秩序化，即是範疇地形式的再體驗」。部分與全體之關係，呈現於意義的連結，因此，意義是「構成一個價值全體的各部分的材料，意義的充實是構成價值全體的各部分的秩序或結合」（蔣徑三，1929b：16）。

「理解」乃是一種認識方法，除了認識個人還必須擴及到認識客觀的文化。所謂個人、團體、文化均是構成價值全體的肢體，被結合成一種意義關聯或價值定位，文化體系之中的任何一個文化體系，都是在社會──歷史實在所具有的總體性之中發展的，因爲它們當中的任何一個體系都是人類本性的一個側面的產物，或者說，都是某種內在固有的、通過社會生活的意圖網絡而得到更加精確的確定的人類活動的產物。從某個程度上說，這些體系都與外部社會組織聯繫在一起，而這種聯繫則制約著它們的最終形式是什麼樣子。我們尤其不能把對於這些使社會的

實踐活動得到進一步區分的體系的研究，與對於一個整體的人民的研究分離開來，因爲後者的意志將會影響從屬於它的所有那些個體進行的外部行動（狄爾泰，1922/2002：90-91）。

斯普朗格的心理學研究「雖然著眼於『超生物』（überbiologischen）的階段，但是他並非忽略生物學的觀點，他說心理學不能只以研究內在精神爲終始，毋寧說心理學是觀察內在的精神過程與環境世界構造的關係」（王錦第，1940：28）。人從出生起就生活在一個特定的自然環境裡面，這個環境從山川形勢，到風景氣候，必然有其特性。生長其間感受濡染，逐漸形成種族特性和民族精神。這些自然環境，並不僅是單純的自然，它對一個精神主體而言也常是客觀精神。再者，人類除自然環境之外，還有一個籠罩其上的客觀精神。客觀精神是特定區域的歷史文化、風俗習慣、社會型態、生活方式以及倫理宗教等等交織而成的整體。對斯普朗格而言，「結構」、「生活組織」或「意義的全體組織」對於心理學極重要，那些構成全體的各基本作用，只有在全體中才有它的意義（Ibid., 32）。

不同於自然科學研究人的方法是從外在的表象來研究，甚至要透過破壞實體的手段才能達成目的，狄爾泰（狄爾泰，1922/2002：61）相當重視「傳記」，因爲傳記即是對於人類生理和心理的描述。他認爲：對於眞實的「Realpsychologie」（眞實心理學）的進一步發展來說，傳記是一種非常重要的資源……人們可以把傳記作家所用的這種眞實的研究程序，當做他在解析有關使一個生命單元的本性、發展和命運恢復生機並且變得可以理解的問題的過程，對人類學和心理學的運用來描述。

綜上所述，斯普朗格「文化教育學」強調只有透過「理解」才能體驗客觀文化精神的全貌，也唯有在這種全面行動上，並落實行爲意義的事實，才能把握住「意義」（Sinn）。意義總是存在於價值整體內，意義豐富是指一種價值整體的呈現。因此，眞正的「理解」，需要一種超出直接的生活意識之外的知識，以求得全面的精神關聯。例如，要了解青年時，如果只從他們的體驗方式來加以認識，必定徒勞無功。必須要概括的認識其生活、生活型式、歷史和社會所受的制約才能了解。

二、「陶冶」（Bildung）與「文化傳承」（Kulturfortpflanzung）

斯普朗格的諸多哲學概念均淵源於繼承狄爾泰「精神科學」，如理解、文化價值、意義等概念，把社會文化當做是個人內在的價值可能性的實現，即是狄爾泰所謂的意義表現；「文化價值」的概念也是「從狄爾泰意義世界轉變而來」（蔣徑三，1931a：2）。斯氏希望「從人的生命即精神生活之中見出文化價值之創造的可能性，並把社會的客觀文化當做潛在於個人人格的內部的價值可能性之實現」（蔣徑三，1931b：142）。

斯普朗格認爲，教育有別於「文化創造」（Kulturschaffen），「文化創造」是將主觀的體驗形成客觀的文化財的作用，因此是「主觀」到「客觀」的歷程，即是主觀的客觀化。反之，「教育」乃是使既成的「客觀的價值」復歸到主觀的心靈生活與體驗之內；乃是將客觀的文化財移植於主觀心靈，是「客觀」的「主觀」化（鄭重信，1963：28）。教育事業著重於「把客觀化了的文化攝取到主觀精神生活中，從而使其作用同樣於創造文化的原體之追體驗，藉以養成文化創造的力量」（蔣徑三，1931a：4）。據斯普朗格看來，教育做爲「文化傳承」（Kulturfortpflanzung）的意義，不僅指「客觀文化」的傳遞，更在於深入受教者的內部深處，培養價值接受的能力，進而「養成創造新的文化價值的能力」（Ibid., 4）

斯普朗格認爲教育即是「文化的傳遞」（Überliefern）的工作，教育工作者把舊世代的所有文化財傳遞給正在生長的新世代，但「傳遞」不可理解爲填鴨式的將知識灌輸予被教育者。就「文化的傳遞」的意義而言，教育是使受教者對文化活動的意義有所了解。教育的目的即是想在客觀的價值與受教者的精神結構上，呈現出「陶冶」（Bildung）的意義，即「價值感受」，即：唯有融入客觀文化的整體價值內涵，方能落實教育的「文化陶冶」。「文化陶冶」的氛圍就像空氣一樣地籠罩著那個特定地區的人類，而那些人類也就把它當做空氣一樣地吸入，他們的心靈結構由此形成。於是個人也做爲一個肢體被交織進去（Spranger,

1924:3-5）。在這樣的狀態下所成立的教育，即所謂「體驗的教育」。

　　文化的傳承不僅止於關注所有的客觀文化財，更應藉由已有的歷史文化喚醒和分娩出被教育者的文化感受力。教育即是擔負此一文化傳遞的工作，從客觀的價值指向主觀心靈陶冶的過程。教育工作者處在正要生長的心靈與客觀文化價值之間，做為一種媒介者，藉適當的文化財，以發展前者的價值能力，使其成為未來的文化負荷者，並由於受教者的參與，客觀文化得以更為生動、更為進展。因此，教育者不可能從外在建造這種控制系統，只能靜靜地、循循善誘地介入、喚醒和幫助。教育的動力只有在愛的溫暖中燃燒，才能對人類的核心發生影響；愛的溫暖控制著整個情緒，並且照耀在教育者與被教育者的結合之上，使受教者具有價值的感受力。

　　斯普朗格認為真正的教育中心點乃是「陶冶」，而非材料的傳遞。應注重主觀的內在喚醒與引導，喚醒個體使其對客觀的文化價值具有體驗能力。而所謂「價值感受」，並不是把客觀的價值機械地裝入被教育者之中，使其積貯起來，而是要在生命的狀態中使其感受價值，這才是教育。所謂的「真的價值感受」，並非是客觀的文化內容「無意識」的累積，而是兩者於互相參透的密切狀態中結合、於完全的領會狀態中而接受。此所謂價值，是一切客觀的價值。「感受」，則是使其領受、體認之意。這種文化學教育觀，一方面承認主觀的原理的「生命」，一方面承認客觀的原理的「文化」，並在這兩者的契合當中見出教育的全體（蔣徑三，1929a：17）。

　　文化學教育學融合個體、文化與教育為一體，具體表現教育的全體，三者缺一不可。文化是超時間和超個人的，其內容超越個人的生命而存續，但如果文化不是存在於每個人之中，被個體體會與支持，並不斷地創造發展，則無法生存。換言之，文化固為超越人的生活或生命的存在，卻不能離開個人而存在（鄭重信，1963：22）。因此，既然教育的使命是「文化傳承」（Kulturfortpflanzung），但一個文化的繼續延續與傳承又不像有機肉體的性質可以簡單地遺傳，上一世代的文化成就無法直接遺傳給下一代，文化的傳遞唯有依賴教育的力量。斯氏倡導超個

人的文化價值，並將創造文化價值的動力回溯至個人的精神構造，「由個人的內在的價值可能性即精神的構造，說明客觀文化的構造，並尋求歷史上具體的社會文化之由來」（蔣徑三，1931a：2）。

　　綜上所述，斯普朗格文化教育學除了繼承狄爾泰精神科學的諸多哲學理念，也增加許多教育的元素。根據蔣徑三的研究指出（蔣徑三，1931a：2）：斯氏「以教育為文化的傳遞與創造之點與其說是得諸精神科學上的，毋寧說影響於包爾生（Paulsen）」。對斯普朗格而言，教育的陶冶並非部分或知識的獲得，而是具體全一的、關聯的、體驗形式的，教育的目的要為全人的教育，不可為部分的分割。他排斥將「陶冶」限定於狹窄的知識內容，「陶冶」不僅止於教材的傳授，而應為各種活動能力之養成。「陶冶」之所以做為「陶冶」，乃是在使「受教者」發展各種受容價值的能力，進而促進其形成價值的能力。換言之，陶冶不僅為知識的傳授，而更為能力的陶冶（陳幼慧，2007）。因此，「陶冶理想」不能簡單地從某種哲學中引導出來，只有以歷史文化之具體事實為基礎的理想才有意義，才值得我們實現。

肆、斯普朗格「文化形態學」的研究

　　斯普朗格於1937年2月在日本東京帝國大學的講演時指出，從事哲學的思維須由人類的地位出發，即哲學家本人須受地理位置與歷史時間的限制，從事文化與教育相關之研究不能脫離具體的生命全體而立論。斯普朗格認為（1936:54-55）：人是由兩個主要方面所決定的：它是自然的一分子同時是文化的一份子……如果我們要了解組織於文化內的個體——人，在完全具體的情形內，要深切了解生存的個人自己，則我們應理解此種超個人組織的形體——文化。

　　1937年2月，斯氏曾應邀到日本東京帝國大學講演，當時雖未能到中國演講，但曾寫信給王文俊，希望將兩篇演講稿翻譯成中文。兩篇講演為1936年斯氏在普魯士科學院的報告和1937年在日本東京帝國大學的講演稿。前者由普魯士科學院特刊專冊，後者在教育雜誌第12卷12期發

表。王文俊有感於當時「文化哲學在中國太生疏了，不但有關文化哲學的著作不易看見，就是譯述也不容易找到，這兩篇文字恰恰是研究文化哲學的津梁，所以把它譯出來，以供有志文化哲學研究者的參考」[4]。然而，王文俊的中譯本因年代久遠早已絕版，僅存於私人藏書。筆者有幸從友人獲致影印本一份，然而由於多次拷貝文字也早已模糊不清，因此決定重新打字排版，感謝研究助理之協助，方能見該譯本之全貌，無法辨識部分筆者也對照德文版一一補上。筆者希望透過本研究重新整理出版，重新打字排版的版本，方不辜負教育前輩之苦心，以下筆者將就「文化形態學」（Kulturmorphologie）的意義探究之。

一、「文化形態學」的研究

　　針對文化意義的研究，斯普朗格特別提出「文化形態學」的概念，並對「文化形態學」一詞的思想來源，做以下的說明：它是根據斯賓塞（Spencer）和雪茀萊（Schäffle）時代，把生物學（Biologie）的概念和方法轉移到人類精神史和社會科學上來的。再者，斯本格勒（Spengler）和弗諾本紐絲（Frobenius）也都曾爲「文化形態學」的定義努力過。兩位學者具有同樣見解，都認爲文化乃是一種特殊之超個體（überindividuelle）的生命現象，與個體同樣由出生成長以至死亡。文化之發展階段，可與正常之年齡階段由嬰兒時代至暮年時代相比擬（施勃朗格，1936：1）。

　　從斯普朗格（Ibid., 2-3）的闡釋中可以得知「文化形態學」的研究，根源於生物學（Biologie）的概念和方法轉移到人類人文和社會科學的研究上，並將文化定義爲「超個體」（überindividuelle）與「超然的生物」（übergreifendes Lebewesen）的現象。弗諾本紐絲早在1897年及1899年於其「文化循環論」（Kulturekreislehre）和「自然科學的文化論」（die naturwissenschaftliche Kulturlehre）兩論文中提到過「文化形

---

4 《文化型態學研究》王文俊之中譯本於1942年，於獨立出版。收錄了兩篇文章分別爲：〈文化型態學的問題〉（"Probleme der Kulturmorphologie, Sitzungsber." Der preuss. Akad. Der Wiss. Phil.-Hist. Kl. Jg. l936）以及〈文化型態學的檢討〉（"Kulturmorphologische Betrachtungen." Die Erziehung, 12 Jg, Heft l2, 1937），本文所標示之頁碼仍以原始頁碼爲主。

態學」的意義。在這兩篇論文中,他指出一種文化乃是一種超然的生物
(übergreifendes Lebewesen),同時存活於人類之上,有其自身發育之
法則。接著,弗諾本紐絲於其在1921年所發表的名著*Paideuma*[5]中,也嘗
試來說明「文化形態學」的意義。弗氏指出,個人通過精神形態,這種
形態並非由自己製造的,而是由於他的整個生命形態代他決定的。

　　依據弗諾本紐絲的論述,每個人所參與的文化可以支配個人,但文
化不是客觀存在的,而是雙方相互關聯(Wechselbezogenheit),是一
種主觀精神與客觀精神的「交織體」(Gebilung)。一切文化由於「交
織體」而成立,即一方面是由於經驗的主觀及賦予意義的主觀,一方面
亦由於含有意義的環境部分。我們可以稱前者為主觀精神(這種精神
實際上在無數典籍中表現),稱後者為客觀精神。二者相互關聯,構
成一種兩極性的生活總體。主觀精神的魂結合體在世代相傳的生理、
心理遺傳之內,接受生理遺傳同時附有已鑄成的精神機構(seelischer
Anlagen);客觀精神也與自然相聯結,因為它總是附麗於含有意義的物
質(sinntragende Materie)之上(Ibid., 24)。

　　斯普朗格認為(Ibid., 28),每一個文化均是一個「生命機構」
(Lebensgebilde),並且以各個人類的世代相承為其前提;文化也是最
高而複雜的「感覺機構」(Sinngebilde),如果我們把文化這個生命和
感覺機構與一個肉體有機體相比較,那我們立刻能夠區別:文化缺乏單
一軀幹,這個軀幹(Gestalt)在空間方面為一有界線的主體並且代表個
體的構造與機能,因此,「文化形態學」(Kulturmorphologie)的研究
不能單純移植自生物學的研究,應當把文化的形態(morphe)和生物的
自然科學上之軀體完全分開來思考。

---

5 Paideuma是希臘語詞,意為「文化哲學」。在Frobenius的文化形態學中這個概念是指,在一
　種封閉的行為學的作用範圍中、在某一擴展法則下存在的本質力量,這種本質力量支配所屬
　的文化形式之總和,並且創造出一種文化統一性。在這個意義上,Paideuma也是「通過人成
　為一種構成環境的先驗論」或「空間靈魂」。海因裡希‧羅姆巴赫(2003/2009,王俊譯),
　2009.02.07取自:http://www.cnphenomenology.com/0604102.htm。

二、文化的生物負擔者（biologische Träger）

文化特性可視爲一種「有機體」，但此種有機體又與自然有機體有所區別。它沒有單純的生理軀幹與單一的意識，沒有單一的我，而是由無數軀幹和靈魂所負擔著。因此，文化是一個「超個人」總體表現。每個文化均固著於自然基礎和一片土地之上，一個文化的份子（負擔文化的主人），乃是這個民族的世代連鎖。他並非單一個體的意識，而是諸多文化分子（生物的負擔者）的總體表現結果。

斯普朗格指出文化的傳遞唯有依賴教育的力量，因爲上一世代的文化成就無法直接遺傳給下一代，上一世代的文化成就並非單一個體的表現，而是諸多個體的總體表現結果，因此「文化」具備超越時間、空間的特性，但也同時擁有某種特定的空間與世代的連鎖。文化既有其時空特性，則做爲文化活動的教育，亦應有其時空特性。由於這種時空特性，所以陶冶理想，必然來自某一民族（國民）、時代的全面生活的反映而產生。教育是一種文化活動、文化歷程。文化之爲物，有超空間的空間性，超時間的時間性（王文俊，1974：3）。

（一）超空間的空間性：文化可以傳播、轉移，被傳播的文化財必然仍保持某些產生空間的地區色彩。

（二）超時間的時間性：文化可以長久地透過所屬份子的變化而持續，被流傳的文化財總是保有創造時的時代色彩。

斯普朗格認爲文化傳承的第一個條件爲：負擔文化者的心理與生理乃是由人類所產生，他們接收和傳承已成的文化。第二個條件即是：透過代代相承的生理遺傳過程，維持後代的健康，並且應給予後代相似的稟賦。但是文化成績的本身並不能直接遺傳，成熟文化的成就是不能直接傳承，而是在每一代中從頭做起的。對於文化內容價值的陶冶傳承乃是教育功能的核心，因此，我們可以定義教育爲：有意識地推動文化之發展，並促進「文化的傳承」（Kulturfortpflanzung）（Spranger,

1936:59-60）。

　　文化的傳承有賴於承載文化的個體與客觀文化的結合，每位負荷者之主觀精神乃是歷史文化相結合的個人，每個精神個人乃其民族及其歷史的精神世界之產物。精神個體融入了民族的共同精神，而這種共同精神透過各個個體意識而存在著。文化被每個活著的主觀精神的個人所負荷著，客觀文化的陶冶乃是透過「體驗」、「理解」以形成自己的精神財產。這就是主觀精神的客觀化，也是文化傳承的基礎。

三、文化範疇的四種形式

　　斯普朗格將文化的範疇分成四方面：（一）客觀化的精神（objectivierter Geist）；（二）共同精神（Gemeingeist）（三）規範精神（Normativer Geist）（四）主觀或個人精神（subjektiver oder personaler Geist）（Ibid., 61-65）。

（一）客觀精神（objectivierter Geist）

　　斯普朗格認為，文化的研究與分析，須從客觀精神出發，因為客觀精神能特別明晰地指出文化的超個人的意義總體和活動總體。「客觀化的精神」表現為各種「文化財」的項目，擁有「具體的構造」，如：一種工具是客觀化的精神，一部書是客觀化的精神，一幅畫是客觀化的精神，均存在於物質的主體上。因為工具，書和畫也有一個生理方面，即一個軀體，內涵精神的結構。客觀的「文化財」的客觀精神均是藉物質形式所表現出來，並在這種方式上束縛一種恆久的形式。但是，如果它不由任何一種主觀精神的體驗過程使之再生，即在一種被理解的互動形式內再體驗，則那附著的精神內容仍然是死的。

（二）共同精神（Gemeingeist）

　　斯普朗格指出一個國家、一個家庭、一種職分都存在有一種共同精神，它是普遍、長期的存在的一種歷史過程。共同精神僅能在個人之內和主觀精神之內達到意識。它在他們之內反應成聯結意識和同屬意識，如果一個人說「我們」，他就是承認他感覺到並明白他被拘束於一個超個人的生活單位內。屬於這個超個人的生活單位之共同環境，一個共同

的工作世界，一個共同的美術所表現的世界，一個共同的思想方式和知識世界。因此，含有共同精神的主要團體，在共同生活的通行秩序形式內成立，我們稱之為「規範精神」。

（三）規範精神（Normativer Geist）

　　規範精神乃指被要求的秩序，它規範精神共同體如國家內所屬個人或團體之行為。我們把風俗、道德、法律和政治的權力秩序（或是國家）均計算在內。它是價值系統的具體表現和實際表現，是在一文化內被信仰的價值系統。一個民族習俗的生活秩序本來是一種自然而然的性質，但只要民族堅固地在共同精神中生活，而且能極自然地了解其共同精神之規範，在民族道德尚未公開發表以前，它就已經在那裡發生作用。此外，法律秩序的精神，首先存在於一個民族的每一個文化時期內，即已經有相符合的法律在那裡，但是必須經由法學家透過發表法律和成文法律而提高到意識內，然而它的精神仍是與民族生活的本質同在。

（四）主觀精神 （subjektiver oder personaler Geist）

　　上述的文化的三種基本範疇，斯普朗格認為最終必須歸結到第四種因素的落實，即主體或主觀精神。客觀化的精神、共同精神及規範精神，如果不在各個體內燃起意識的火炬，把它們的內容引入光明，它們便是啞的和死的。這是文化組織內之基本矛盾，即所有它的偉大的文化內容，必須經過長期的累積。但這些「文化財」總是同時在那裡等候個人的「追體驗」，意義賦予和意義接受（Sinnempfang）的基本動向，必須從主觀精神內探求。但承載主觀精神的個體又僅只是一個旅客，他匆忙的走過他的民族之精神世界，他在短短幾十年中享受、甦醒或陶冶於這些內容，然後他消失於歷史的洪流中。斯普朗格指出：沒有了意識和經驗的個人，則文化就要滅亡，而這並不是只關乎這個人或那個人，而是關乎所有現在在那裡生活的個人，因為在他們狹窄的肩上，承擔著他們的文化傳承的前途責任。

　　綜合以上所述，斯普朗格極為重視客觀文化的價值與文化型態意義的研究，透過文化型態的研究，標示文化的構成要素有四個方面：即共

同精神、規範精神、客觀化的精神以及在無數典籍內存在著的主觀精神，共同構成一個交織體。針對這四種文化表現形式，斯普朗格（Ibid., 27-28）提出下列的闡述：主觀的文化負擔者、客觀的文化產物、綜合的文化團體、規範的文化秩序。文化單位不僅在偶然的主觀內、不僅在文化的產物內、不僅在實際文化團體內完成，而是在聯結的世界觀內成功，這種世界觀構成一種具體的文化觀念。

伍、結論

斯普朗格「文化教育學」繼承狄爾泰「精神科學」的意義，強調客觀文化的重要性。教育的目的即是「文化陶冶」，唯有融入客觀文化的整體價值內涵，方能落實教育的「文化陶冶」。同時，教育也是「藉由客觀精神以完成主觀精神」；「藉客觀的文化財來充實個人生活，喚起價值意識，進而有所創造，增加新的成分。」的連動過程。前一部分是「文化傳承」（Kulturfortpflanzung）的影響階段，後一部分則是「文化創造」（Kulturschaffung）的作用階段（詹棟樑，1981：283）。從文化教育學的觀點著手，教育的核心價值應有三種：一為保存文化，二為創造文化，最後則是傳遞文化。

不同法國社會學者Pierre Bourdieu對產生「文化複製」（cultural reproduction）以及「文化霸權」的可能性憂心忡忡，或者如多元文化教育者（Grant, C. A and Sleeter C. E.），極力呼籲教育工作者必須對「人類差異」（human diversity）給予尊重，以及指出文化可能隱藏不宜傳承下一世代的「負債」（liabilities）面向的馬丁（Martin, J. R.）（郭實渝，2008：21）。斯普朗格特別看重文化財的陶冶（Bildung）價值，因為它是人類智慧經驗的累積，應該予以保存或延續，使文化能綿延不斷。再者，斯普朗格與狄爾泰均認為，只有透過「理解」才能體驗客觀文化精神的全貌，也唯有在這種全面行動上，並落實行為意義的事實，才能把握住「意義」（Sinn）。文化教育學的根本想法，即欲在客觀的價值與受教育者的精神表現上，呈現出陶冶的真正意義：即「真的價值

感受」。在這樣的狀態下所成立的教育，即所謂「體驗的教育」。所謂
價值感受，並不是把客觀的價值機械地裝入被教育者的心靈當中，而是
喚醒個人對價值的體驗能力，這也是「另類教育」極力推崇的教學與學
習模式。

參考文獻

中文部分

王文俊（1974）。陶冶理想與教育動力——介紹斯普朗格晚年思想。**國立台灣師範大學教育研究所集刊，16**，51-66。

王文俊（譯）（1942）。文化型態學的問題。**文化型態學研究**（原作者：施勃朗格（Spranger））。重慶：獨立出版社（原著出版年：1936）。

王文俊（譯）（1942）。文化型態學的檢討。**文化型態學研究**（原作者：施勃朗格（Spranger））。重慶：獨立出版社（原著出版年：1937）。

王俊（譯）（2009）。**作為生活結構的世界**（原作者：羅姆巴赫（Heinrich Rombach））。上海：上海書店出版社（原著出版年：2003）。

王錦第（1940）。士榜格的教育與文化思想。**中德學誌，2**（1），25-40。

江日新（2003）。斯普朗格在中國——一個書目文獻分析的回顧。**鵝湖學誌，30**，125-170。

張旺山（1986）。**狄爾泰**。台北：東大出版社。

郭實渝（2008）。環境保護與經濟發展之間——生態文化教育的角色。**第八屆當代教育哲學學術研討會**。中央研究院歐美研究所。

陳幼慧（2002）。現代與後現代之爭李歐塔（Jean-François Lyotard）對後現代知識狀態的反省。**教育哲學與文化4**，頁1-38。台北：五南。

陳幼慧（2007）。斯普朗格（Eduard Spranger）「文化教育學」（Kulturpädagogik）：精神發展與實施「通才教育」、「專門教育」的先後順序。**通識在線，10**。

童奇志、王海鷗（譯）（2002）。**精神科學引論**（原作者：狄爾泰）。北京：中國城市出版社（原著出版年：1922）。

詹棟樑（1981）。**斯普朗格文化教育思想及其影響**。台北：文景。

蔣徑三（1929a）。文化教育學的理論與方法。**教育雜誌，21**（4），13-23

蔣徑三（1929b）。文化哲學與文化教育學。**教育雜誌，21**（12），13-18。

蔣徑三（1931a）。斯普蘭格的文化教育學。**教育雜誌，23**（5），1-15。

蔣徑三（1931b）。文化教育學的本質。**教育雜誌，25**（10），137-144。

鄭重信（1963）。**斯勃朗格教育思想研究**。台北：國立政治大學。

關子尹（譯）（2004），卡西爾著。**人文科學的邏輯**。上海：譯文出版。

外文部分

Dilthey, W. (1990). *Einleitung in die Geisteswissenschaften: Versuch einer grundlegung für das stadium der gesellschsft und der geschichte* (Gesammelte Schrifter Bd.1). Darmstadt (Germany): Weihert-Druck.

Lyotard, Jean-François (1986). *The Postmodern Condition: A Report on Knowledge* (2nd ed.). Manchester: Manchester Univ.

Rickert, H. (1921). *Kulturwissenschaft und Naturwissenschaft.* Tübingen: J.C. B. Mohr.

Spranger, E. (1924). *Psychologie des Jugendalters.* Leipzig.

Spranger, E. (1936). *Probleme der Kulturmorphologie.* Berlin: Preussische Akademie der Wissenschaften (Phil.-Hist. Klasse, No. 1).

失‧思‧詩：
詩性智慧對校園「詩性領導」的啓示

吳靖國

國立台灣海洋大學教育研究所教授

> 詩的最崇高的功夫就是對本無感覺的事物賦予感受與熱情！
>
> ——Vico, *New Science*, 第186條

壹、前言——若有所失的校園

兩篇來自於報紙社論的文章，分別是針對大學教師與中小學教師的觀察，應該最能反映出社會脈絡下校園環境中的眞實聲音！

在「追求卓越」及「國際化」的方針下，這套學術評審制度越來越被視爲理所當然；但是筆者可以感覺到年輕的學者被這套評比及升等制度壓得喘不過氣來。他們學術創作的熱情被逐步扭曲，取代的只是「出版論文、以量取勝」的功利考慮……（江宜樺，2002：A15）。

每當一個新教育政策出現時，國中小就首當其衝面對改革，……待下一個新政策出現，所有活動就銷聲匿跡。不可否認的，不論政策的理想多崇高，卻也築成基層教師窮於應付的「心牆」……（趙蕙芬，2007：13）。

　　從大學到中小學，教師們目前到底都在做些什麼事情呢？教師眞的有樂在教學嗎？學生的氣質與學習品質眞的有提升了嗎？教育改革實際進行的事，眞的是爲了要培育下一代成爲優秀的公民嗎？

　　曾幾何時，我們的校園環境所顯現出來的情景，竟然是：大學老師「哀哀叫」（SCI、SSCI、TSSCI……）？中小學老師「代誌做未了」（台語）？這似乎已經顯現出，我們的校園「若有所失」，然而到底是遺失了什麼呢？

　　如果透過18世紀義大利學者G. Vico（1668-1744）的眼界來看我們的處境，他所給出的評語應該會是：台灣的校園環境遺失了「宏偉」！

　　Vico是義大利那不勒斯大學修辭學的教授，他的思想在近年來已經引發國內外教育學者的好奇，進而紛紛投入於相關教育領域的研究。

　　在國際間，有關Vico教育領域思想的研究，大致可以分爲兩個面向：一是針對Vico直接提及教育理念的文獻所進行之研究，即針對《論人文教育》（*On Humanistic Education*）、《自傳》（*Autobiography*）等書，以及〈論英雄心靈〉（On the Heroic Mind）、〈論當代研究方法〉（On Method in Contemporary Fields of Study）等論文所進行的討論，如N. Bois（2005）、S. R. Fiore（2005）、D. P. Verene（1993）等人；二是間接地從Vico的相關思想中獲得對於教育領域上的啓示，亦即針對《新科學》（*New Science*）、《從拉丁語言的起源談義大利的遠古智慧》（*On the Ancient Wisdom of the Italians Taken from the Origins of the Latin Language*）等文獻來進行教育領域上的討論和應用，如M.S. Littleford（1972）、G. Tagliacozzo（1980）、D. W. Black（1984）、R. Titone（1991）等人。在國際間也成立了研究Vico的專屬網站——「維柯研究機構」（The Institute for Vico Studies；網址爲http://www.vicoinstitute.org/），而且透過《維柯新究》（*New Vico Studies*）期刊定期出版各國學者對Vico思想的最新研究結果。

　　在華人社會中，教育領域上對Vico思想的相關研究主要關注於三個部分：「詩性智慧」（poetic wisdom）的運用、社會起源過程中的教育模式、「共通感」（sensus communis/common sense）的啓示等；而國內

教育學者對Vico研究的學術論文出現在近五、六年，主要是對「詩性智慧」概念的相關探討（吳靖國，2004a、2004b、2005a、2005b、2005c；張佳琳，2001、2004；歐用生，2007），進而被應用於教育哲學、課程管理、課程實踐、課程研究、課室經營、故事教學等領域之中；另一個議題是針對「英雄心靈」的探討（吳靖國，2008a、2008b），將之用於掌握教師的圖像及探討大學教育。

　　Vico的思想多元而具統整、深奧而具創意，尤其在《新科學》中，思想領域涵蓋了歷史學、神話學、語言學、社會學、政治學、法律學、人類學、文學、哲學、美學、宗教學、教育學等不同範疇，具有強大的輻射能量，其中提出了許多原創性的理念，對後世相關領域學者都有相當的啓發作用（朱光潛譯，1997：159；吳靖國，2005b：157-158；彭懷恩、張力可譯，2000：7-22）；尤其Vico對人類社會起源的探究，指出當時的領導者──神學詩人（theological poet）──運用「詩性智慧」來創建社會制度的過程，而展現出一種「英雄心靈」。他在九次對大學生的演講中，特別勉勵學生要培養這種創建社會、造福人群的氣質，他所提及的相關教育理念，也許對現今校園環境出現的難題，將會產生某程度的啓發作用！

　　當然，我們的社會已經不是遠古的初民社會，不再是神學詩人的時代，而且距離Vico的年代也有三個世紀，因此對於「詩性智慧」的意涵也將會有嶄新的詮釋和應用，尤其面對「校園」所具有的獨特性質，嶄新的「詩性智慧」意涵所啓發出來的「詩性領導」（poetic leadership）理念，將在轉型領導、僕人領導、感恩領導、女性領導等理念之後，爲校園領導帶來進一步的思考和啓示。

　　據此，本文主要從Vico的「詩性智慧」理念來進一步詮釋及獲得當代的教育意義，建立出「詩性領導」的意涵，並用於思考校園領導的啓示。以下乃先闡釋Vico詩性智慧的現代意義，接續說明校園領導的獨特性，並透過所獲得之詩性智慧的基本精神，來啓發「詩性領導」的意涵，進而指出「詩性領導」在校園中的相關作爲。

貳、詩性智慧──在繆思中閃耀的靈光

一、緣起：神學詩人與詩性智慧

「詩」（poiein），在希臘文中是「創造」（to make）的意思（Aristotle, 1961; Kesson, 1999）；所以，「詩人」的意涵也就等同於「創造者」（Vico, 1948:105；吳靖國，2005c：88）。

在《新科學》中，Vico將自然界與人類社會做了概略性的區分，並指出自然界的事物乃由上帝所創造，社會中的事物則由人類自己所創造，也就是說，他認為人類與上帝都擁有這種非凡的能力──「創造」能力，只是創造的範圍不同，而能夠理解的範圍也就不相同了[1]。

人類這種近乎神性的創造能力，乃是一種與生俱來的本能，也就是說，人類天生就具有「詩性特質」（poetic character），而且這個特質可以很明顯地從孩童的身上找到[2]，也因此Vico將初民社會比喻為人類的孩童時期，認為「在世界的孩童時期，人們依其本性就是崇高的詩人」（Vico, 1948:64），並且宣稱「詩」（poetry）乃是各民族形成社會制度的根基（Ibid., 67），而將創建初民社會的領導者稱為「神學詩人」（teleological poets）（Ibid., 5,302）。

據此，可以進一步整理出：孩童所表現出來的想像力、記憶力、模仿力、感受力、理解力等，Vico認為是一種人類天生的詩性能力，它是創造各種事物的原始動力，而由於初民社會的神學詩人具有豐富的詩性能力，所以得以創建社會，故當時所形成的一切思想與制度，都是詩性

---

[1] Vico透過拉丁語的字義，建立一個基本前提：真理（verum）與被製造物（factum）的可互換性（Vico, 1982b:51），也就是強調在理解（真理）中創造（事物），在創造中理解。他進一步指出：「因為上帝含納並安排外部與內部事物的所有要素，故祂覺察這一切，而由於人類心靈是有限的，且外在於自身之外的任何事物，僅僅聚集事物最外部的要素而非所有要素，故終究人類心靈只能思考事物而不能理解它們」（Ibid., 51）；也就是說，人類無法理解上帝所創造的自然物，但是可以理解自己所創建的社會（Vico, 1948:85）。

[2] Vico認為「詩乃是原始人類生而就有的一種能力」（Vico, 1948:104），而這些原始人類猶如孩童一般，進而在《新科學》中提及的孩童能力包括豐富的想像能力（Ibid., 63, 105）、高度的摹仿能力（Ibid., 67,116）和強烈的記憶能力（Ibid., 67）；在《自傳》中也指出想像力、記憶力、感受力、理解力等對人類發展的重要性（Vico, 1975:124）。

的。

　　這樣的思考路徑，讓我們可以更清楚地理解到，Vico爲何要在《新科學》中使用將近三分之二的篇幅來說明人類運用「詩性智慧」所創造出來的知識體系、語言文字、社會體制、文化道德等，並且將地理、歷史、物理、天文等，都要冠以詩性地理、詩性歷史、詩性物理、詩性天文⋯⋯，因爲他所要強調的正是：這一切學問都是人類自己創造出來的！

　　再者，爲什麼要在「詩人」前面加上「神學」呢？這涉及了當時的領導者在創建社會時，深受「天神意旨」（providence）影響的情形。

　　「天神」來自於人類的想像[3]，這是Vico的基本命題。但我們必須理解的是，當時的人們並不會有這樣的思維，他們必然認定天神是眞實存在的，Vico認爲這是人類無知、畏懼、迷信所造成的，但也就是因爲如此，所以創造行爲才得以發生，「好奇心是人天生的特質，它是無知的女兒和知識的母親」（Ibid., 64）。Vico掌握到一個普遍的現象：

　　我們觀察所有民族，野蠻的和文明的都相同，因爲他們在時空上彼此相距遙遠，所以是分別創立的，但共同保留了三種人性的習俗：他們都有某些宗教；他們都訂定莊嚴的婚禮；他們都埋葬死者。（Ibid., 86）

　　而且不可否認地，這三個基本的原始文化，主要是源自於宗教信仰，也就是一種敬畏天神的態度與表現。對人類而言，天神崇高、萬能、不可侵犯，人類只能順從，所以當面對天意時，人類只能透過揣測而無法確認自己是否眞正理解，在敬畏的心態下，揣測的結果總是希望讓自己的行爲能夠符合天意、獲得天神的肯定，所以開始節制自己的行

---

3 在《新科學》中提及許多類似的論述，例如：「天帝揮動閃電擊倒巨人，於是每個異教民族有了他自己的天帝」（Vico, 1948:65）。其意涵是：各民族的原始發展中，人們乃透過自然的閃電雷擊而想像出天神的無限力量，於是創造出自己的神話故事，影響自己的社會制度與發展。

徑，想像及建立出各種符合天意的善行，用以規範自己和他人，於是逐漸形成社會制度[4]。

天意導引人類行善，事實上是人類自己透過自己的想像來導引自己做出對的事，從人類猶如野獸般的放浪獸行，到能夠自我約束而做出正確的事，這個過程來自於宗教[5]，也就是對天神的敬畏態度，所以Vico認為「宗教是唯一足以抑制人類兇殘暴力的強而有力手段」（Ibid., 302），而且「對上帝的畏懼乃是智慧的起源」（Vico, 1980:231）。

對於「智慧」，Vico區分出兩種，一種屬於上帝所有，稱為「神聖智慧」（Divine Wisdom），另一種是人類得以理解神聖智慧後而進一步轉化為社會律則的能力，稱之為「人類智慧」（Human Wisdom）[6]，而神學詩人即是擁有這種人類智慧的人，所以神學詩人可以理解上帝那兒的最高理性——神聖理性（Divine Reason），進而轉化為人類行為的律則，所以Vico稱說「智慧是上帝為人類所訂定的律則」（Vico, 1993:58），也就是說，神學詩人透過「詩性能力」（人類天生的本性），而讓創建的人類社會中蘊含了神聖智慧，這正是一種「詩性智慧」的展現。

事實上，這樣的論述猶如《中庸》所言「上律天時，下襲水土」，能通顯天人，而為社會大眾「制禮作樂」的人。

二、轉化：詩性智慧蘊含的基本要素

「詩性智慧」這個詞所蘊含的道理，是Vico花了20年的光陰才獲得的，然而因為Vico將它使用於探究人類社會的起源中，也因此讓它充滿著濃厚的宗教色彩。也許，在國內的教育思維中，宗教議題與教育的關

---

4 人類制度與天意之間的關連性，可以從Vico的論述中歸納出一個簡單的歷程（吳靖國，2004a：85）：（1）因為無知而產生對自然的好奇；→（2）透過玄秘感而對自然產生神的意像；→（3）因為害怕而將自然現象轉為天神意旨；→（4）因為敬畏天意而返身自思；→（5）透過需求而共同營造出各種制度；→（6）制度的反省與精緻化。
5 對於原始人類從獸性到自我節制的歷程，描寫在《新科學》第340條及第1098條（Vico, 1948:90, 377）中。
6 在Vico的第二次演講《論德性與智慧》（Vico, 1993:67）及《新科學》第364條、第365條（Vico, 1948:98-99），都對這兩種智慧的關係進行說明。Vico將上帝視為最高真理之源，故人類智慧乃是得以讓人類掌握真理的能力。

係仍然晦澀不明，甚至極少碰觸。故如果這個詞仍然停留在宗教的思維中，恐怕不太容易被普遍接受與應用，也無法對台灣教育思想產生什麼貢獻。因此，爲了讓「詩性智慧」更切近於現代文化思維，對其內涵的轉化是有必要的！

轉化的過程中，必須保留Vico的原有精神，並適度融入現代感，而讓「詩性智慧」得以充滿更大的可能性。據此，本文從它所蘊含的基本要素來著手進行轉化。

首先，藉由上述的討論，可以清楚地看出「詩性智慧」是人類所展現出來的「創造」能力，而這種能力的形成包含著兩個關鍵要素：一是「人類本性」，即「詩性」；另一是「天神意旨」，也就是「神聖智慧」。也就是說，「詩性智慧」乃是「人類本性」（詩性）與「天神意旨」（神聖智慧）相結合的結果，以下便從這樣的脈絡來進行進一步的思考。

在「人類本性」方面，Vico認爲「欲望」是人性的核心，個人的「利益與需求」是思考自身行爲的起點，所以人類行爲的最原始動力乃是來自於要滿足自身的欲望，而社會的形成必然是對個別欲望進行節制與導引的結果。這裡顯示出，如果從「欲望」出發來討論人性問題，其涉及的論述範圍乃傾向於對社會起源的探討。

另外，當Vico在論述人類如何面對自然環境時，列出了許多人類的原始心理特質，包括：好奇、想像、揣測、畏懼、誇大、迷信等（吳靖國，2004a）。當然，這些心理活動來自於人類的「無知」，因爲無知，所以會好奇，因爲好奇，所以會想像和揣測，而因爲面對想像中的天神，所以進一步地再透過想像而產生了畏懼、誇大與迷信。由此看來，人類從「無知」出發而表現出來的核心能力是「想像」，這種能力成爲《新科學》中論述各種知識起源的關鍵能力，它的基本涵義是：人類在想像中創造出自以爲是的事物，於是逐漸形成了自己社會。

根據這個脈絡，我們更清晰地將人類的「詩性能力」解讀爲「想像力」，而將成爲本文論述的重點之一。

在「天神意旨」方面，很清楚地，它是最高眞理，也是人類智慧的

來源，而人類擁有了智慧，會有兩種主要的功用：一是人類因為智慧而獲得自由[7]；另一是智慧讓人類走向最高的善[8]；而事實上，前一項所獲得的「自由」中，仍然關係著「善」的意涵。也就是說，不管是客觀存在的天神意旨，或者是人類自己想像出來的天神意旨，它們都蘊含著「善」的意義。

另外，必須從另一個路徑來討論天神意旨——人類的感受。對人類而言，天意不可知、也不可違，這才是關鍵之處。人類透過各種跡象來領略天意，但總是不斷要面對其中的隱晦、模糊、可能性，這種情形可以透過P. Kingsley所陳述人面對神諭的情形來獲得理解（梁永安譯，2003：28）：

> 神諭從來不是它們表面看起來的樣子。因為神諭要夠得上是神諭，就必須隱藏著些什麼。你愈以為自己明白它的內容，你不明白的可能性就愈大。這就是危險的所在。就像古希臘人所說的，神諭裡的話就像是種子：只有透過時間的孕育，它們所包含的意義才會變得顯明。……神的語言卻是充滿驚奇的，它們會從四面八方圍繞著你，在你冷不防的時候從你背後跳出來。

這裡要指出的是，天神意旨對人類而言，它是「奧秘的」，這個奧秘會隨著時間而滋長，所以它充滿著可能性，人類往往會在時間的序流中不斷地為這個天神意旨來進行解說，而每一次的解說都似乎會朝著「善的方向」來前進。

---

7 Vico在第二次演說中強調「自由依據智慧而生」（Vico, 1993:69），其實在《新科學》第340條中也指出這個理念：「……對於身體衝動的控制的確是人類意志自由的結果，並且這種自由意志乃是所有德性之居所……」（Vico, 1948:90）。所以他強調的「自由」是一種能夠擺脫人類原始獸性的情形，也就是說，人類能展現自己的意志來克服本能的驅使，才是獲得自由的時候，但必須透過智慧，才能獲得這種德性，而表現出超越自然物的能力。

8 對Vcio而言，人性中有向善的因子，也有墮落的因子，要遠離墮落走向善意，就必須靠「智慧」，而智慧中包含了真理和德性，所以必須「使用真理治療心靈，德性治療精神」（Vico, 1993:112），而這個治療過程的關鍵處在於：透過被最高事物之知識所照耀的心靈，而讓精神可以被導引去做最佳的選擇。而Vico認為：「在宇宙中最高的事物乃是那些轉向上帝和接近上帝的事物，而最佳的選擇則是那些朝向全體人類之善的選擇」（Vico, 1948:98）。

在此，乃從人類面對天神意旨的感受出發，掌握出天神意旨呈現的關鍵特質——奧秘，以作爲本文論述的重點之一。

最後乃進一步將「人類本性」（詩性，顯現的關鍵能力是「想像」）與「天神意旨」（智慧，顯現的關鍵特質是「奧秘」）進行整合，其所構成的「詩性智慧」乃呈現出如此的意涵——「人類面對奧秘時，展現出高度的想像，並且在想像中掌握了向善的意念」。

從這個意涵出發，必須進一步掌握的是，人類對於奧秘的想像必須基於另一個心理狀態——畏懼，唯有如此才能眞正回到Vico的思維精神。也就是說，這個奧秘如果非關於己，或者不會對人產生威脅，那麼奧秘將無法與想像相互聯結在一起。而當透過畏懼而讓奧秘與想像相互連結之時，人類心靈是不平靜的；而面對這個強勢、無所不在、不可違的奧秘時，要讓心靈獲得平靜的方法就是——誠心地順從。因此，人類心靈必須進行另一個轉化，將畏懼、順從、誠心、善意相互結合[9]，修養成爲「虔敬之心」（piety）。

據此，本文賦予「詩性智慧」所蘊含的三個基本要素是—想像、奧秘、虔敬。想像，來自於人類本性；奧秘，來自於天神意旨；虔敬，則來自於前述兩者相結合後的心靈修養。

三、開展：對詩性智慧的進一步繆思

從上面進行的概念轉化與論述過程中可以看出，這乃是從「人」的角度來進行論述的；也可以說，本文指出的想像、奧秘、虔敬三者，乃是回歸於主體的思考來進行掌握而獲得的三個基本要素。

順著如此的路徑，我們回歸於「主體」，進一步來開展這三個基本要素的意涵：

---

9 在《新科學》中指出：「詩性性格構成了寓言故事的本質，……寓言故事的一個不變的特質是，它總是誇大特殊事物的想法。……這理由必然是人類感受的活力不斷地壓縮著不明確的心靈，除非在想像中誇大這些特殊事物，否則無法完全表達出心靈的神聖本性。以這種說明來看，在希臘和拉丁詩人的眼中，天神和英雄的形象總是大於人的形象……」（Vico, 1948:279）。由此可以很明顯地看出，人類創造寓言故事是詩性智慧的表現，但創造的過程卻是融合了想像、畏懼、誇大、順應神聖與善念等。

（一）想像：奔馳於無限視界的「繆思」

想像（詩性），更進一步地說，它也就是一種「繆思」（muse），是一種無預定目的而卻沉醉其中的思維活動。而從希臘的神話中可以發現，「繆思女神」（The Muses）乃被連結於文藝創作，也可以說，「繆思」乃是讓文藝得以展現的動能！

在希臘神話中，宙斯和記憶女神（Mnemosyne）生了九位女兒[10]，分別掌管各種文藝：Clio掌管史學、Urania掌管天文、Melpomene掌管悲劇、Thalia掌管喜劇、Terpsichore掌管舞蹈、Calliope掌管史詩、Erato掌管愛情詩、Polyhymnia掌管聖歌、Euterpe掌管抒情詩，他們一起被稱為「繆思女神」，也被稱為「文藝女神」。這個希臘神話的意涵，不但與文藝復興的「七藝」（即邏輯、文法、修辭、音樂、幾何、算術和天文）有關（劉鈍、曹效業，2004），而且現今的「博物館」（museum）一詞也源自於希臘字"Mouseion"，是「繆思的居所」之意思，也就是說，「博物館」是聚集各種透過想像、沉思而獲得之事物的場所，也就是收藏人類創造精華的地方。

據此，「繆思」一詞便賦予了豐富的意涵：從女神掌管的範疇來看，它是文藝性質的事物，所以是「詩性」的；從人們的精神活動來看，它是一種自由自在的遐想，所以是「想像」的。若進一步讓詩性、想像、繆思彼此結合在一起，則所呈現的意涵可以包括：自由的沉思、多元的技藝、均衡的美感、創造的靈感等。

（二）奧秘：面對「存有」的追問

「奧秘」，對人類而言，那是一個「謎」（mystery，或譯為「不可思議者」）；面對它，所以有所「思」，所以開始「追問」，所以探求它的「可能性」。很明顯地，這個思考脈絡要帶進「存有」（Being）的

---

10 Vico在《新科學》與《論來自拉丁語源的義大利遠古智慧》中都曾指出，「神學詩人將Memory稱為繆思之母（the mother of the Muses）」（Vico, 1948:280; 1982b:69），其實Vico另一方面也在指稱「記憶」與「文藝創作」之間的關係。

理念[11]，而有必要運用M. Heidegger的見解來進一步探索這個「謎」。

對Heidegger而言，「謎」是指「存在者之整體的隱蔽狀態」，也就是指那些顯現在眼前之外的部分。我們的日常生活中，通常只會看見呈現在眼前的部分，而忽略了眼前之外的部分，事實上必須探索那些隱藏於眼前的部分，也就是探求眼前之外的可能性，否則將很容易誤解「謎」意[12]！

據此，吳靖國（2007）進一步指出，Heidegger所要表達的是，我們的思考往往被顯現在眼前的事物所侷限，而忘卻事物潛在的其他可能性；這些事物的可能性，也就是「謎」、「不可思議者」，也就是一種「奧秘」，而當我們警覺到這個「奧秘」在眼前時，於是讓我們的思維重新獲得了能量而活絡了起來，所以能夠不斷地對它（也就是「謎」的可能答案）進行質問與探尋，這也正是Heidegger（1993a）所謂「形上學」（metaphysics）的真正意涵！

所以，「奧秘」的出現雖然帶來「謎」、帶來「不安」，但是它解除了人的理所當然，進而帶來了「思」和「追問」（questioning），追問那些隱藏在現象背後的可能性。也可以說，「奧秘」讓「存有」得以降臨，人們因而有所思——一種面對「存有」的追問。

---

11 要理解「存有」（Being）概念，必須回到Heidegger對於Dasein的解釋，Dasein是指「存有在某個時空之下所呈現出來的樣態」，所以當Dasein展現在某個時空下也就成為一個「在」（being，或稱「存在」），這個「存在」被「限定」於此時此刻，而不可能同時成為其他樣態，Dasein不斷地讓自身成為一連串的「在」，也就成為「在場」（presence）的具體事物，因而被表徵為某一「存在者」（beings）。Heidegger指出，我們不能把存在者視為就是存有本身，存在只是存有於時空之中的具體化結果，存有本身蘊含著無限的可能性，每一時空之下呈顯的存在都僅僅是存有的一部分（吳靖國，2007：64）。有關存有與存在的討論，可參見〈從海德格Einspringen與Vorausspringen的區別論師生關係〉（吳靖國，2005d）一文。

12 Heidegger指出（1993b:132-133）：「人執著於趨向便捷可達的存在者，也就是僅僅執著在已經綻出的存在者〔按：也就是指顯現在眼前的部分〕，將存在者當成存在者的標準〔按：即沒有超出存在者來思考存有〕，而採用這個標準時，人們轉而離棄了不可思議者。……人們脫逸出不可思議者而走向便捷可達之物，忽略了不可思議者而便是『落入歧途』（erring）。」（〔〕部分係筆者加入的說明）Heidegger認為，這樣的情形乃是「對存有的遺忘」！

（三）虔敬：在善意中乍現靈光

從Vico賦予的意涵來看，虔敬是創建「詩性倫理」（poetic morality）的因子 [13]，也就是人際倫常的來源。但我們更加關注的是，人的虔敬之心如何形成，Vico的答案是 —— 來自於宗教；其實，我們想要關注的是 —— 在何種心理狀態下才形成虔敬？而前面討論詩性智慧的基本要素時已經提及，是畏懼、順從、誠心、善意相互結合的結果，所以我們必須進一步討論的問題是 —— 在「虔敬」之中呈現出什麼樣的心靈狀態？

在回答這個問題之前，必須先進行下列兩項解說：

第一、擁有強盛想像力的人，也就是具有詩性能力的人，他具有敏銳、生動、強大的感受力（Vico, 1948:238），而且必然將整個心思沉浸在感受中（Ibid., 281）。

第二、在Vico的思想中，「詩性智慧」本身便蘊含著「善意」，這個善意乃出現在「天神意旨」之中，也就是說，當人們面對「奧秘」時，在追問存有的可能性時，其中已經存著「向善」的思維。

據此可以進一步掌握到，當人們面對「奧秘」而處在「虔敬」之中，其透過自身的想像力，將會讓自己沉浸於追問「存有」的情境之中，而由於內心所持的善意，遂讓追問存有的過程有了方向，這乃是一種「創造」的歷程，而且也同時讓創造蘊含著善意。也就是說，真正的「創造」不是指「詩性」（想像），而是指「詩性智慧」，「詩性」只是起因之一，它是一種動能，而另一個起因是「智慧」，它是一道「靈光」，為「繆思」給出了方向，所以得以成就。

而此處更重要的是，我們要進一步指出「創造」歷程的重要特質 —— 投入與相遇：在繆思（已經蘊含著「投入」）中追問存有，在奧秘中與靈光相遇。這個歷程是繆思與奧秘的結合，而必然在虔敬中才得以達成。

前面已經提及，「虔敬」乃是一種心靈修養。但是，到底要修養什麼呢？本文提供的修養路徑是 —— 融入於善意之中而讓繆思閃耀出靈光！

---

13 「……詩性倫理從虔敬開始，而虔敬乃是被天神意旨安排去創建各民族的，因為各民族中，眾所周知地虔敬被拿來當作一切道德、經濟、和民政德性的根源。……虔敬起於宗教，而適切的定義乃是神性的畏懼（the fear of divinity）」（Vico, 1948:152）。

參、詩性領導 ── 鼓舞熱情，邁向願景

「詩性智慧」一詞，在Vico那兒並不是一個浪漫的用語，反而是具有極高的學術嚴肅性，對Vico而言，它是在艱深困頓中才被領會出來的用語，而且充滿著宗教的濃厚氣息。然而，當我們從Vico在使用它時所賦予的精神之中掌握出基本要素，並進一步加以衍釋之後，它卻重新擁有了另一層生命力─蘊含了「美」的動能！

如果能夠將這股具有美感的生命力注入校園，將詩性智慧的嶄新精神融入校園領導，應該會爲校園帶來另一番氣息。

一、從「女性領導」談起 ── 繆思女神的「精神」

爲何要從「女性領導」談起呢？這個問題將會與「爲何掌管文藝領域的九位繆思之神都是女神？」有著密切相關！

爲什麼是「女」神？也許這代表著「創造」與「孕育」、「生產」之間存在著密切關聯，而這正是女人天生的本能！然而，這不就顯示出只有女人才具有創造力嗎？也許，神話故事所蘊含的應該是「女性特質」才是創造的根源，而不是指「女人」。如果眞是這樣，也顯示出創造神話故事時所出現將「性別」與「人別」相互等同的概念偏差。

事實上，在中國文化思維中也很容易落入「女性＝女人」、「男性＝男人」這種思考模式（吳靖國，2005e），所以，在此我們使用《易經》中的陰、陽概念來做區分，而以「陰性」取代「女性」、「陽性」取代「男性」，來避免落入將「性別」等同「人別」的思考慣性。

在中國文化傳統理念中，陽性呈現出來的特徵是主動的、理智的、強力的、陽剛的、外顯的，而陰性呈現出來的特徵則是順從的、情感的、孱弱的、陰柔的、內斂的；但必須是陰與陽兩者的互動和交融，才是創生萬物的根源。就如同《易經》強調陰中有陽、陽中有陰一般，C.G. Jung使用拉丁文 "Anima" 一字來表示男人所擁有的陰性氣質之原型，而使用 "Animus" 來表示女人所擁有的陽性氣質（張春興，1989：41；艾曉明，1998：53；楊儒賓，2000：233），事實上，心理學領域

的學者也指出每個人的內在皆同時兼具陽性與陰性氣質（Bem, 1974, 1981; Ginn and Stiehl, 1999；晏涵文，2004），也就是說，「一個個體可能兼含柔情的與決斷的、表意的與工具的、陰性的與陽性的」（Bem, 1981:4），而達文西也認為，「除非男性和女性的元素兼具，否則無法啓迪人類的靈魂」（尤傳莉譯，2004：140），這也正顯示出，陰、陽單獨存在都是有缺憾的，豐富的創造力乃源自於同時兼具陽性特質與陰性特質，如此才得以眞正展現出人類崇高的生命和靈魂（吳靖國，2005e）。

　　如果回到上述Heidegger的關注，「陽性」可以被視為那個顯露在眼前的部分，而「陰性」可以說是那個未被顯露的部分，陽性與陰性的結合，才是「存有」的整體，而且這個整體仍繼續在生成，也就是說，由於「陰性」正是「奧秘」、「謎」之所在，它讓「思」得以產生，而不斷去揭露那未被顯露的部分，進而持續豐富了顯現在眼前的部分，所以有了「陰性」的存在，也就讓「陽性」充滿著更大的變化和可能性：

> 陽性是外顯的，陰性是內隱的，陰與陽的融合即是內與外的完整合一。外顯者，易於被分析和掌握，因而可以被條理化、秩序化與規則化，而內隱者不易被窺知，故具有極高的奧秘性，它在遞變中刺激與改變外顯行為，因而也促使著行為實踐具有不可預測性……。（吳靖國，2005e：59-60）

　　綜合上述，本文將女性、陰性與詩性三者視為意涵相近的用語，所以進一步將「繆思」這個能力依附於女性或陰性特質（而不是指「女人的特質」），藉以顯示擁有陰性特質的人，才是富有繆思能力的人，而這種人所表現出來的高度想像力，也正是Vico所言具有「詩性能力」的人，而也正是繆思女神所展現出來的特質，也就是具有高度創造力的人。

　　據此，回到「女性領導」概念上，很清楚地，它並不是指稱女的領導者，而是指一種領導特質，一種能夠表現高度創造能力的領導特質，這種領導特質附有鮮明的「繆思」精神，所以也可以使用「詩性領導」

一詞來取代[14]。

二、獨「利」的校園——遺失了宏偉的胸襟

（一）校園的獨特性

校園，爲了學習者的成長，而聚集了學有專精的教師，透過師生關係來共同達成理想的學習目標；校園，由於獨特的存在目的與成員性質，所以它不同於公司、工廠、商場；校園，如果教師像商人、學生像顧客，如果教師像工人、學生像老闆，如果教師像機器、學生像產品……，那麼，校園已經不再是校園；校園，如果失去了眞誠、失去了熱情、失去了感動、失去了理想性……，那麼，校園也將會失去它的獨特性。

在教育行政組織運作方面，雖然黃昆輝（1992）指出必須兼顧「科層體制與專業控管」、「程序協調與實質協調」；然而本文認爲，如果從校園獨特的存在目的與成員性質來看，校園組織的特質與教育行政公務體系的特質之間也有相當的差異，而校園組織運作所呈現的特質必然是比較傾向於專業運作與實質協調。也就是說，在校園組織之中，教師專業是特別被關注的議題，校園在科層體制及由上而下的管控體制之下，必然有違於教師專業的表現與成長，更與大學校園所強調的教授治校理念相互悖離。

「教育屬於社會的一部分，但也屬於它自己。這種特質，正如教育最高的功能：讓每個學習者成爲社會的一員，也成爲他自己」（吳靖國，2000：223）。這是從「社會系統理論」來看教育系統，這個系統是「自主的」（所以具有自我持存的特質），而且也是「不自足的」（所以必須開放自己，對外吸收能量）。也就是說，教育組織在整體社會環境中必然要表現出自身存在的目的性，它是做學問的場所，所以不同於職業訓練機構；但是他也必須考量社會的變遷與發展，來適度調整自身

---

14 吳靖國（2005e：59）曾指出：「如果陰性氣質所表現出來的特質以『詩性』來統括，則『女性領導』一語改用『詩性領導』來取代，在現階段似乎較不致落入傳統將『女性領導』想成『女人領導』的困境中。」

對社會產生的作用，但是不管如何調整自己，教育必然不會成為職業訓練，否則「學校」就沒有繼續存在的必要性了。這個核心思維可以使用下列引文來做結論：

教育系統自主的運作過程顯示出其自存性，而其自身的不自足特質卻展現出開放性，如果沒有自存性則教育本質無法維持，如果不具開放性，則教育內涵無法適切地發展，但是在教育系統發展的過程中，其自存性是開放性的基礎，亦即教育必須在保有自身本質與目的的情況下，不斷地因應環境變遷以自我創生。（吳靖國，1999：32）

據此，從社會系統來看校園組織，它是一個具有自主性與獨特性的組織，它所顯現出來的特質，並不是一個如公務行政體系般嚴密的科層化組織，所以它也不適宜採用嚴密的控管機制；事實上，它是一個展現教師專業的場所，而且愈是展現專業，每一位教師的自主性就愈強，而且每一位教師的自覺與承擔也就愈形重要了。

另外，校園屬於公共資源，所以它不是一個教師唯利是圖的地方，不是一個讓教師滿足自私的場域，因為教師這個職位所從事的工作屬於公共事務，所以必須為公眾謀福利，必須思考社會的福祉。再者，校園也不是一個純粹「講理」的地方，它包含了很大成分的情感和信念，堅定的教育信念與豐沛的教學熱情，這是克服教師行為動力枯竭的能量，也是師生互動獲得良善發展的基礎。

綜合上述，校園領導過程中，領導者必須能夠掌握校園組織的獨特目的與成員特質，並且校園中蘊含的專業性、公共性與情感性必須更積極地受到關注！

（二）校園的工具理性化

然而，如果校園只是嚴密地控管，那麼教師的專業表現將逐漸萎縮，每一個人的潛能也將逐漸被隱藏，師生互動只有在既定的規準與程序下完成工作，逐漸地校園中不再有「學問」（學習發問），因為大家

需要的是在既定的時間完成既定的事……。

如果校園只是自利的場所，教師只是為了餬口、為了升等、為了自己的名望，學生只是為了名次、為了一張文憑、為了好賺錢，那麼「以快為真」將成為所有行動的最高原則，於是「學問」就可以被轉換為「知識」，「知識」可以被轉換為「學分」，「學分」就可以被轉換為「時數」，所以可以縮短修業年限……，而且皆大歡喜！

如果校園只是不斷地在「講理」，而如果不斷在講理的人沒有傾聽的勇氣和胸襟，那麼凡是合理的東西都將會在講理的人那兒；而誰會是不斷在講理的人呢？應該是校園中具有主導地位的人！什麼是合理的東西呢？應該是具有主導地位者建立起來的東西！

如果校園逐漸呈顯出上述的官僚化、自利化與合理化，也將是工具理性逐漸萌芽的時刻，而當校園逐漸地走向工具理性化之後，於是就開始強調計算：計算學校的積分、計算教師的積分、計算學生的積分，而這一切積分的計算，其實為的也就是計利：學校可以獲得更多補助、教師可以獲得晉級、學生可以獲得獎金……。而我們便隨之建構出一套計分與計利的機制，不斷地為自己的工具理性化行為進行合理化！

以大學校園為例，工具理性化嚴重的問題並不在於「E化」，而是「I化」（SCI、SSCI、TSSCI……）所產生的問題，它已經逐漸地造成了大學校園的學術資本主義跡象！

從大學評鑑的機制開始，因為評鑑機制挾帶著高度的控管機制（五年五百億、增減招生人數、獎補助款、學校聲望影響招生……），當學術評鑑「I化」之後，各校評鑑每位教師的機制也就必須跟著「I化」，迫使教師的寫作和論文發表必須隨之「I化」，因而也就逐漸地形成兩種現象：第一、當教師「I化」成功之後，升等順利了，取得國科會的研究案順利了，也就很自然地獲得學校的重用，於是錢與權也就慢慢地集中到身上了；第二、由於自然科學領域容易「I化」，各校對外競爭的學術績效幾乎都來自於自然科學領域教師的努力「I化」結果，理所當然也就逐漸地成為校園中具有主導地位者。於是，我們的大學校園中逐漸地產生了強勢族群與弱勢族群，而在校園機制的循環運作下，資源也就「自

然而然地」逐漸集中到強勢族群身上，資本主義所稱的「貧者愈貧，富者愈富」之現象，也將會在大學的學術發展中愈來愈趨於明顯化。

事實上，校園工具理性化的結果是：一切的價值由外在標準所形塑。它所造成的最嚴重問題就是扼殺創造力，因為一切行為受制於「重視績效──評量標準化──思維單一化」這樣的演化歷程，哪裡還會允許「繆思」？

（三）校園的失落感

當教師沉浸在升等與評鑑的牢籠之中，學生沉浸在網路與情色的誘惑之下，我們似乎逐漸看不到校園中的國家意識與民族情懷，如果有也幾乎只剩下是政治操弄的工具化口號而已；我們也似乎逐漸地看不到校園中胸懷人類福祉的理想性，因為那只會是人們口中譏諷的笑話而已！

曾幾何時，校園中已經開始選拔「優良教師」，認真教學、用心輔導學生不就是教師應有的本分嗎？難道絕大多數的教師都無法如此嗎？真正的楷模應該是可以為學生帶出熱情、帶出理想、帶出關懷社會的教師，而今又何在？

學生的感動在哪裡？是不是因為老師無法給出感動的因子呢？而為何教師無法給出感動呢？或許因為教師也找不到感動的因子！或許因為校園中已經很久沒有這樣的情境了！如果「教學是一種藝術」，那「藝術」是什麼呢？如果藝術是一種美，那麼教學的美感是什麼呢？而這種美感跑到哪裡去了呢？師生互動的美感又在何處呢？或許，一個獨「利」的校園，容不下「美」的滋生，因為感動始終無法被標準化！這樣的結果是──師生互動少了美感，卻只留下彼此的失落感！

事實上，校園中存在著許多「非理性」的東西[15]，這是校園中蘊含的「陰性特質」，那才是「奧秘」的根源，沒有思及這個部分，也就逐漸喪失了創生的能力，而落入顯現在眼前的規格化之中，讓師生的行為在既定的模式中猶如機械般地運轉，逐漸喪失熱情與理想，於是校園中

---

15 吳靖國（2004a：152-154）在《詩性智慧與非理性哲學》一書中指出，「非」的意涵包括：不具有、不是、批判、超越等四種，故進而指出「非理性」的意涵包括：不是理性可以處理的事物、與理性對立的事物、批判理性的事物、超越理性的存有領域等四種。

逐漸缺少了生命力！

也許，當校園中的宏偉視域逐漸被掩蓋之際，也將是「詩性領導」出現的最佳時機！

三、校園的詩性領導——用「詩」找回所失

如果春雷能夠撼動天地、喚醒萬物，讓大地重獲生機，那麼，這片已經沉睡的校園，要用什麼聲音讓它甦醒呢？

本文最開頭揭示的一句話——「詩的最崇高的功夫就是對本無感覺的事物賦予感受與熱情」，感受與熱情來自於「詩」，所以，用「詩」讓缺乏感動的校園重新賦予感受與熱情，這是一個重要的契機！

「詩性領導」，是讓校園滋生美感的領導風格！這樣的領導行徑，只是風吹草偃，不必強勢作爲；因爲當我們開始吟唱時，吟唱的節奏如果可以脈動心靈，那麼便逐漸地開始會有人隨之起舞，不必強迫、誘惑、甚至樹立楷模，只因爲「詩乃是生而就有的一種能力」（Vico, 1948:104），而且，這種能力所萌生出來的是一種藝術（art）而不是技術（technique）（Ibid., 67）！

詩，是一種繆思、一種創造、一種新視域。詩性，在Vico的詮釋中具有豐富的意涵，包括宏偉的（sublime）（Ibid., 64）、非凡的（divine）（Ibid., 301）、本性的（natural）（Ibid., 67）、熱情的（passionate）（Ibid., 68）、想像的（imaginative）（Ibid., 281）、可信的（credible）（Ibid., 108）、融入的（submerged）（Ibid., 281）等 [16]。詩性智慧，是面對奧秘的繆思，而這個奧秘始終存在著某種良善，它是導引繆思的靈光，進而讓蘊含在繆思之中的可能性得以被創生出來。

透過詩性智慧，揭示出奧秘中所蘊含的可能性，而帶領人們指向一個從本性出發而用熱情讓自己融入宏偉理想之中的神聖思維與行動。而這正是目前我們校園中找不到的東西！

---

16 在《詩性智慧與非理性哲學》一書中對「詩性」所整理出來的特質包括想像的、素樸的、天生的（本能的）、感受的、崇高的、通俗的、激情的、強烈的、融入的等九項（吳靖國，2004a：129-133）。

　　當詩性領導經由詩性智慧的啟發之後，領導者所要開創的是一種宏觀的視域，這個視域含納了大家共同的願景，並且能夠回歸於個人的本性需求，猶如前述「上律天時，下襲水土」的基本精神。

　　以教師專業發展為核心的校園，詩性領導的過程只是要營造讓教師充滿行動力的校園氛圍，這個氛圍乃是充滿熱情感染力的環境，所以允許師生的繆思，允許大家的追問，而可以讚賞彼此的創意。據此，領導者必須融入「陰性」特質，讓自己一起融入校園的無限可能性之中，與師生共同面對奧秘，一起追問存有。所以，領導者的領導行為便僅僅只在做兩件事：一是「鼓舞熱情」，二是「邁向願景」。

　　第一、鼓舞熱情：如果「詩」是一種本性，那麼它本來就存在於每一個人身上，只是沒有顯露出來而已，因此應該要將它揭露出來，人的展現才得以完整，而且它是容易被激發的！

　　第二、邁向願景：詩的特質是宏偉的、非凡的，如果詩是本性，那麼人的本性中必然存在著宏偉與非凡[17]，也就是說，每個人心中必然存在著某種理想和信念，那將是一種導引自身不斷前進的動能。

　　所以，我們可以看出，詩性領導不是一種技術，而是一種藝術，它提供讓「存有」得以展現的機會，它讓教師看見自己的熱情正在與學生的熱情進行交融，而共同邁向一個「暫時」超越自身利益的宏偉！也許，這也正是Vico一直希望學生得以實踐的「英雄心靈」（heroic mind）吧！

肆、結語——讓真情繼續凋零嗎？

　　校園失去了理想性，學術也將失去生命力；校園失去了真情，師生互動也將失去感動力！學術的發展需要根植在宏偉視域的土壤之中，師生互動則需要滋生在相互信賴的土壤之中！自利，往往讓我們的視域愈

---

17 在Vico第九次演講《論英雄心靈》中，他曾指出：「我要告訴你的那些超越於人們的東西：你那近乎神性的心靈本性（the near-divine nature of your mind）——這正是我要促發你去揭露的東西」（Vico, 1980:230）。而他所指的心靈本性，乃是「喜歡追求神聖的、無限的、永恆的事物」（Vico, 1980:231）。

來愈狹窄；自私，往往讓我們的心靈愈來愈分離！

是否，我們應該回歸自身的本眞，用一種純然的眞誠來面對我們的學術和學生？不是爲了自利，也不是爲了自私，而只是爲了享受在「視域交融」過程中的相遇與共鳴！

我們的校園已經過度地強調「共識」，而且是一種在迫切的時間壓力下使用合理化的威權而建立出來的共識，其中卻始終忽略了「共鳴」，缺乏一種心靈共振下的脈動感。其實，這種心靈的脈動與共振，它不是來自於知識與技術，而是來自於情意的交流；它不是出自於「應當要如何」，而是出自於「感應到什麼」；它不是理性的，而是詩性的！

當眞情流露在校園中，良善的行爲會在感動中繼續滋長，乖劣的行徑會在感動中發生改變。一切的教育改革，不管是組織再造、課程革新、或是教學實踐，不管是再怎麼崇高或是再怎麼務實，如果只是由上而下，如果沒有觸動師生的眞情和感動，再多的言談都只是合理化的藉口，再多的成果報告也都只是紙堆上的作業而已，教師與學生到底眞正改變了些什麼？國家、社會又到底眞正進步了些什麼？

事實上，問題並不是校園中已經找不到眞情，而是我們的校園環境逐漸在讓每個人的眞情隨意地凋零！詩性領導，必須喚醒師生內在的詩性心靈，積極地鼓動那股沉睡中的熱情，而踏實地導引大家邁向共築的願景！

本文以Vico的「詩性智慧」爲起點，推衍的過程加入了筆者的「繆思」，但是這已經超出了嚴謹的論文寫作格式，而筆者爲何要特別做此註明呢？因爲筆者心中仍然存在著寫作上的不安！而藉此想要顯露出，一位教師在目前論文發表的環境中，面對「繆思」時，如果不是要承受某種「不安」，否則就必須學會「認命」！而這些問題的背後，都隱藏著某些讓本眞情感無法眞誠流露的因子！

本文係國科會委託2007年研究計畫「從詩性詮釋學的建構到故事教學的應用──G. Vico思想之教育美學蘊義及其教學實踐」（編號：NSC 96-2413-H-019-001-MY3）之部分研究成果，特予致謝。

參考文獻

中文部分

尤傳莉（譯）（2004）。**達文西密碼**（原作者：Dan Brown）。台北：時報文化。

朱光潛（譯）（1997）。**新科學**（原作者：G. Vico）。北京：商務印書館。

江宜樺（2002）。**莫讓學術評審制度扼殺了學術！**中國時報，A15版。

艾曉明（1998）。雌雄同體：性與類之想像。**中山大學學報（社會科學版）**，**3**，50-57。

吳靖國（1999）。**技職通識教育理論與實務**。台北：師大書苑。

吳靖國（2000）。**教育理論**。台北：師大書苑。

吳靖國（2004a）。**詩性智慧與非理性哲學——對維柯《新科學》的教育學探究**。台北：五南。

吳靖國（2004b）。G. Vico「詩性智慧」的哲學構造與教育蘊義。**教育研究集刊**，**50**（3），31-59。

吳靖國（2005a）。G. Vico與H.-G. Gadamer的「共通感」在課室中的蘊義。**教育研究集刊**，**51**（4），117-149。

吳靖國（2005b）。論《新科學》中的社會起源過程及其教育蘊義。**臺灣教育社會學研究**，**5**（2），155-192。

吳靖國（2005c）。詩性智慧對後現代課程實踐的啓示。載於游家政、莊梅枝主編，**後現代的課程——實踐與評鑑**，頁83-100。新店：中華民國教材研究發展學會。

吳靖國（2005d）。從海德格Einspringen與Vorausspringen的區別論師生關係。**師大學報：教育類**，**50**（2），33-54。

吳靖國（2005e）。從「全性人」論「女性領導」。**中等教育雙月刊**，**56**（6），46-63。

吳靖國（2007）。大學生命教育的教學省思—從「人之確定性」轉化爲「人之開展性」的敘事探究。**教育資料與研究雙月刊**，**77**，55-74。

張佳琳（2001）。論課程管理中的詩性智慧。**第三屆課程與教學論壇：「課程改革的反省與前瞻」學術研討會**，國立台北師範學院主辦。台北：國立

台北師範學院。

張佳琳（2004）。創造性課程管理策略——維柯詩性智慧的運用。「**東部教育論壇**」宣讀論文，東華大學、花蓮師範學院、慈濟大學主辦。

張春興（1989）。**張氏心理學辭典**。台北：臺灣東華。

梁永安（譯）（2003）。**在智慧的暗處：一個被遺忘的西方文明之源**（原作者：P. Kingsley）。新店：立緒。

彭懷恩、張力可（譯）（2000）。**社會學思想史**（原作者：A. Swingewood）。台北：風雲論壇。

黃昆輝（1992）。**教育行政與教育問題**。台北：五南。

楊儒賓（譯）（2000）。**東洋冥想的心理學——從易經到禪**（原作者：C.G. Jung）。北京：社會科學文獻。

趙蕙芬（2007）。藍色革命，創造藍海奇蹟。**國語日報**，13版。

劉鈍、曹效業（2004）。追尋繆斯之夢。**科學文化評論，1**（1）。2008年3月7日，取自：http://www.ihns.ac.cn/members/liu/doc/publishwordsforSCR.htm。

歐用生（2007）。詩性智慧及其對課程研究的啓示。**課程與教學季刊，10**（3），1-16。

外文部分

Aristotle (1961). *Aristotle's Poetics.* (H. Butcher, Trans.). New York: Hill and Wang.

Bem, S.L. (1974). The Measurement of Psychological Androgyny. *Journal of Consulting and Clinical Psychology*, 42(2), 155-162.

Heidegger, M. (1993a).What Is Metaphysics? In Harper Collins Publishers (Ed.), *Martin Heidegger: Basic Writings from Being and Time (1927) to The Task of Thinking (1964)* (pp. 89-110). London: Routledge.

Heidegger, M. (1993b). On the Essence of Truth. In Harper Collins Publishers (Ed.), *Martin Heidegger: Basic Writings from Being and Time (1927) to The Task of Thinking (1964)* (pp. 111-138). London: Routledge.

Kesson, K.R. (1999). Toward a Curriculum of Mythopoeic Meaning. In J.G. Henderson and K.R. Kesson (Eds.), *Understanding Democratic Curriculum Leadership* (pp. 84-105). N.Y.: Teachers College.

Vico, G. (1982a). On Method in Contemporary Fields of Study. (L. Pompa, Trans.). In L. Pompa (Ed.), *Vico Selected Writings* (pp. 33-45). New York: Cambridge University Press.

Vico, G. (1948). *The New Science of Giambattista Vico.* (T.G. Bergin and M.H. Fisch, Trans.). New York: Cornell University Press.

Vico, G. (1975). *The Autobiography of Giambattista Vico.* (T.G. Bergin and M.H. Fisch, Trans.). New York: Cornell University Press.

Vico, G. (1993). *On Humanistic Education (six inaugural orations, 1669-1707).* (G.A. Pinton and A.W. Shippee, Trans.). Ithaca: Cornell University Press.

Vico,G. (1980). On the Heroic Mind. (E. Sewell and A.C. Sirignano, Trans.). In G. Tagliacozzo, M. Mooney, and D.P. Verene, (Eds.), *Vico and Contemporary Thought* (pp. 228-245). London: The MacMillan Press Ltd.

體制內另類教育實踐之可能：
媒體教育的美學轉向

詹家惠

國立政治大學教育學系博士班研究生

壹、當前媒體教育的問題與隱憂

　　媒體素養是種能力狀態，媒體教育是在行動中認識的教與學的過程（吳翠珍，2004：813）。媒體教育「釋放」（liberating）的精神，不僅在於不被媒體左右，更在於能進行社會參與，使用媒體表達對公共事務的關心，促進公民民主素養；媒體教育「賦權」的精神，不僅在於個人自主地選擇、評估媒體及其內容，更在於透過理性的思考與對話，去影響、督促媒體改善內容，乃至培養公民產製創意的、良性的、教育的訊息，共同建構社區品味，從而提高社會的文化品質（教育部，2002）。教育部計畫將媒體教育融入正式學校課程：各級學校高中職以下階段，媒體素養教育將藉由主題統整的教學與九年一貫的七大學習領域和六大議題進行融合（教育部，2002）。觀察台灣這幾年媒體教育論述，仍集中於「品味區辨」：藉由相互比較具有恆久價值的「高級文化」與通俗大眾文化，發展學生分辨能力與判斷標準。因此，媒體教育的深層目標、教育實踐缺乏討論與辯證，而產生目前以保護主義為核心的現狀（吳翠珍，2004：813）。檢視當前媒體教育的實踐，並思索由民間自發性的教育活動如何引渡到具有強制性色彩的學校系統，其可能產生什

麼問題，又如何化解，攸關未來媒體教育的發展與成敗。以下簡述當前媒體教育的隱憂。

一、套裝知識造成假性批判

媒體教育長年由媒體業界與傳播學界組成的民間組織以社會教育的方式推動。參與種子教師培訓的在職教師，多半對電視等媒體帶有負面印象：媒體對學生認同、自我概念、行為、道德有不良影響。這些教師在家中多半是控管孩子收視習慣的家長，會刻意篩選節目避免孩子接觸不良節目（林愛翎，2001：166）。這些教師對媒體產生的道德恐慌，反映出成人社會的憂心，透過對孩子教育以消除成人對媒體產生的危機感，是未言明的普遍期待。檢視國內媒體教育師資培訓內容，發現其著重於傳播活動三個要素當中的「媒體製造者」與「媒體文本」的靜態知識建立，而「媒體接收者」的多元、異質性及其與前兩要素的交互作用，以及構成傳播活動的脈絡性，是被忽略的。

這類師資培訓受限於時間，以極具結構性與符合效率原則的方式進行，媒體知識傳授之後就是教案設計與演練[1]。教師在此類培訓課程中學習到的是偏重不同形式的「媒體文本」分析與批判技巧，可發現其著重於「外在批判」層面：希望改善的對象是「媒體內容及其意識形態操弄」、整體「媒體環境結構」；然而，諷刺的是，這種輸入「套裝知識」[2]、單向權威灌輸的教學，卻是媒體教育援引的理論基礎之一──「批判教育學」所抨擊的儲存式（banking）教育，其忽視學習者主體經驗。

媒體教育實踐顯現出一種化約的邏輯：透過媒體知識與批判技巧的

---

1 以媒體識讀推廣中心為例：初級課程30至32小時，課程前半部12至14小時，由專家演講以媒體素養知識；後半部是教學計畫撰寫與教學演示、討論。初級結業才能入進階課程，進階課程12至18小時，前6小時仍為專題演講，之後是教學設計與評析。此部分參考其網站http://www.tvcr.org.tw/teach1.htm

2 本文認同黃武雄（2003）的觀點：「套裝知識」是經過分門化、客觀化、抽象化、系統化編製而成的知識體系，是在世界的整體認識中抽離個人的特殊經驗，使學習者花大部分心力放在學習套裝知識的抽象內容，無暇摸索、累積豐富而具體的特殊經驗來印證套裝知識中抽象內容所代表的意義。這樣的知識傳授無法讓知識與學習者經驗引發共鳴或衝突，學習沒有發生。

教學之後，學生能對媒體做出似批判性論述，包括：察覺負面內容（暴力、色情等）、不真實內容（廣告誇大、新聞的片面立場）、刻板印象等，即等同宣告媒體教育的成效。英國長久的媒體教育經驗指出，任何成人詢問兒童關於電視的問題，都能輕易得到批判性回應，特別是在學校脈絡中（林子斌譯，2006：59）。當「惡質媒體」、「媒體是社會亂源」已是台灣社會普遍共識，兒童或青少年即便沒有機會接受課堂媒體教育，在資訊發達與社會對媒體產生恐慌的氛圍之下，做出略有見地的媒體批判不僅輕易，更可能成為有意無意的習慣了。

這些媒體素養的教學方案若是一系列的課程，其課程結構安排鮮少朝向逐步深化學生自我表達能力、內省乃至於發展出公共論述的能力，而是轉變不同的媒體文本（廣告、電視節目、電玩遊戲、網路、流行音樂等）以相似方式運作。此教學模式，教師仍是知識權威來源，學生是被動依賴或接受者，只是教學內容從國文、數學等轉為媒體文本。因此，教學內容偏向認知及觀念灌輸，在這樣的課堂中，自主性的批判思考缺乏醞釀的空間與時間，而在教師未經省思的，或潛隱或鮮明的預設立場之下，實難使學生逐漸邁向與自身經驗相連結的、不斷轉化與提升的批判思考歷程。

公視製播之「別小看我」節目及其教學手冊是使用最普遍的媒體教育教材，其系統化地涵蓋教學所需的資訊，包括不同媒體文本素材、相似的教學步驟、具體師生對話的參考，以及評量的工具。其技術性內容、一應俱全的套裝教材，使需要逐漸累積歷程的教師專業素養在符合效率原則之下難以深化（林盈均，2006：129-132），將使教師疏於反思，並無法體認其做為引導學生思索生活脈絡與媒體關係之對話夥伴的角色，容易流於照表操課的形式化教學。並且，該節目各單元呈現的價值觀單一，缺乏多元視角，仍偏向對錯判定的封閉式問題，在此模式下，教學的過程與結果都成為可控制與可預期的，不僅降低教師與學生的挑戰，更使批判媒體成為與個人真實經驗無涉的抽象語言、虛假批判。

二、去脈絡化的實踐形成道德僞善

當前台灣的媒體教育實踐呈現出「去脈絡化」的跡象，從種子教師們的媒體教育實踐論述或研究報告，不難發現其教育實踐過程具有高度的相似性。不同的教師，任教於不同學校、不同班級學生、不同課堂，卻有著非常雷同的歷程與結果。媒體教育以議題方式，分別融入國語文、自然與生活科技、社會、健康與體育、視覺藝術等學習領域進行，但難以看出其融入不同學習領域的差異。提升學生「解讀媒體」的能力成爲課程最鮮明的標的，而不同學習領域各自的脈絡性及其與媒體教育之間的統整性卻模糊或消失了。

媒體教育實踐中，另一種缺乏脈絡化思考的現象，關聯於教師對於學生身分、師生關係、學校教育氛圍的低敏感度。「反正妳就是教什麼……性別教育嘛，當然要配合主題啊。……這樣成績會比較高」（黃雅莉，2005：65），這是出自一位十歲女孩的話，在結合媒體教育與性別平等教育的課程結束前，教師請學生分組表演話劇，做爲評量方式之一。女孩這組得到高分，教師請女孩分享該組的成功經驗，便得到上述這段話。追求高分的校園文化是媒體教育不可忽視的脈絡，其影響教師如何確認學生是否眞正提昇媒體素養，或只是「揣摩上意」的用心計較。單獨標榜批判取向的媒體教育，在美國實行遇到的困難也在於多數教室中未營造民主的教學情境，以及教師有形無形的權威等，使無法達到批判教學的目標（林盈均，2006：164）。

教師能否反思並敏覺長此以往的師生互動模式、班級經營方式、潛在課程（如：追求好成績、循規蹈矩）等脈絡因素，宜爲檢視媒體教育成效的重要考量。台灣媒體教育實踐，較難看出教師能對於其教學內容與既有的教室及學校氛圍之間的關係進行反思。當學生普遍能以填寫學習單、口頭回答、製作校園報紙或其他團體表演的方式，展現批判媒體的思維，教師即歡慶教學成效，而未能省思是否是學生的順從性使然，是否是自身習於追求教學成效的功利主義傾向，造成的「比馬龍效應」（Pygmalion Effect）效應使然；那麼，失去的不僅是教師與學生之間媒

體經驗深層對話的機會，批判思考的層次難以獲得逐步躍升，因為在追求成效、缺乏實踐反思的教育活動中，批判化約為有、無的二分標準。

對媒體的恐慌缺乏脈絡性的思考與理解，會誇大媒體的真實影響，進而影響媒體教育的實踐模式。即以為媒體對兒童或青少年的影響是直接的，故改變兒童或青少年對媒體的理解與觀看方式，就能解消媒體的影響。此種線性思維的教育實踐，化約人類理性與感性運作於社會情境的複雜性，對於媒體教育更廣大想像與可能性形成侷限。

媒體教育在強烈道德使命、非民主或具有強制性的學校文化之下，兒童可能輕易作出符合成人思維的否定媒體的論述，以顯現自己是所謂的「好」學生，而不是沉迷網路、電玩的「壞」學生。台灣的媒體教育是否在無形中讓學生成為道德的偽善者，實應仔細考察。而形成這種結果的原因，往往在於侷限的論辯空間，即教師教學時，以父長式的輕蔑態度看待學生的媒體品味與快感，其所帶來的結果是，不論其本質是文化上、道德上或政治上的保護主義，都會遭到拒絕（Buckingham, 2003:33）。因此，當多數學生都能義正辭嚴地、以客觀的角度陳述媒體之惡，卻無其他主觀的、愉悅的媒體經驗表達時，教師應該警省自己的教學引導是否侷限了自由論述的空間。否則限縮的論述與不善等待的急切，將使教育做為一種過程的本質失卻，不僅無法看見一個個意識轉變的歷程，無法分享一個個心靈成長的喜悅，更可能造成師生關係的疏離，學生內心的反叛，以及教育的徒勞。

三、學科本位與升學主義斲喪媒體教育的精神

在某些媒體教育融入九年一貫課程的實踐中發現，媒體素養概念在課程中弱化或邊緣化，課程偏重該學習領域本身的知識，媒體素養成為課程的點綴裝飾、或增加學習動機的素材，媒體教育核心概念難以獲得充分學習，恰與上節「不同學習領域各自的脈絡性消失」形成相反的現象。例如，流行歌曲與國語文領域結合之下，教學與評量著重學生是否會運用「押韻」修辭；廣告內容與數學領域結合之下，課程著重「計算飲料或食品容量與卡路里及價錢的關係」。而礙於課程時間有限與既定

的學科進度壓力，老師即使以開放式問題進行討論，常須轉爲封閉式提問，以免課堂時間延宕（黃馨慧，2004：191-195），足見，學科本位仍是學校正式課程的主要考量。

從過去六大議題融入課程的情形亦發現，學習領域與六大議題有明顯的「主」、「從」之別，「從屬」地位的議題被「稀釋」、「邊緣化」，或僅是形式存在（范信賢，2001：485）。重大議題淪爲形式化的存在，與教師受限於專業知能不足、教學壓力、學校行政系統不支持而無法投入有關（李孟娟，2006）。目前，除了極少數學校，將媒體教育視爲學校本位課程欲發展的特色（如台北縣永定國小），學校行政系統並不主動支援教師進行媒體教育，尤其在國中、高中階段。因爲，國高中都爲了升學而打拚，這使多數學校行政主管對於落實媒體教育有所疑慮（林愛翎，2001：173）。在學科本位主義與升學主義之下，學業的競爭、個人追求更好的學歷亦是社會主流價值之一，媒體教育做爲一種優質公民教育的精神，其價值位階輕易淪落。

若未曾深刻體認媒體教育的精神和目標，並反思教育的本質意義，僅基於欲更有效率地解決成人社會對媒體的恐慌，給予一套否定、批判媒體的套裝知識（而非批判思考的能力）、邊緣化或形式化的教育實踐，將是媒體教育與升學主義競逐的結果，而這樣的結果帶來的是學生的「假性批判」或「道德僞善」，這是當前及未來媒體教育不可不愼思的問題。

貳、媒體教育的美學轉向

1.我的人生已經快過不下去了，現在最後的依靠又失去了，除了死我別無選擇，爸媽很抱歉，你們的養育之恩來世再報。很感謝曙光的朋友們，陪我渡過一個很快樂的暑假，永別了……各位。（《中央日報網路報》，2007/8/30）

2.「其實我也玩過拿槍打壞人的電動，打到就會噴血什麼的。

可是，『楓之谷』不一樣，裡面的怪獸好可愛，被打到的時候會飆淚，像這樣……」他比劃著眼淚如何從眼角飛出，跟方才泣不成聲時一模一樣，只是自己看不見。「而且啊，配色好漂亮、好細膩，遠方的樹林跟近處長得不一樣，走過去還有鳥兒飛起來……」男孩越說越高興，「更不用說音樂有多好聽了」。（陳文玲，2007：2-3）

（引述1）甫以榜首之姿考上羅東高工的十五歲孩子，考完基測的暑假以網路遊戲消磨時間，被父母禁止而走上不歸路。孩子的遺書裡沒有一絲對父母的怨懟，平靜地陳述結束生命的選擇。其遺書以網路遊戲者身分「永恆星嵐」署名寫下「GAME OVER」。又是一個令人痛心的悲劇，然而是什麼造成孩子選擇死亡？此新聞一出現，伴隨的是父母難過地斥責：「都是網路害的！」新聞隨即訪問專家學者做出：「網路成癮」的專業判斷。人類任何行為有其複雜的脈絡性，家庭、學校、社會對預防這個悲劇發生是否付出過什麼，抑或助長了什麼，是我們的教育和社會所應深切反省的，而不是輕易地做出結論，生命從沒有這麼簡單。

（引述2）男孩和母親的友人敘說著他為何會喜歡上某個線上遊戲，而難過於他與母親的無法溝通，因為母親從不試著理解卻只是禁止。這位友人陳文玲教授深有所感的認為：遊戲裡的角色代替他流了眼淚，音樂與場景紓解他對長大的不適應（陳文玲，2007：2-3），這個例子告訴我們，孩子對於媒體不是毫無選擇能力，對於媒體的需求也不盡然是尋求短暫的感官刺激而已。從媒體中感受創意靈動的喜悅、情感交流的慰藉、美感湧現的領會，一如成人對自己情有獨衷的音樂、電影、小說等的熱愛。如果在禁止孩子接觸某些媒體之前，我們從不稍微從孩子的角度、視野看看媒體世界的風景，我們其實失去了評判媒體以及孩子的資格，而真正的教育也無從發生。

從上節媒體教育潛在問題分析可見，批判媒體淪為技術性移植、知識灌輸，而造成接受媒體教育的學生或教師形成假性批判的因素在於，

媒體教育的論述與實踐充斥「主客對立」的思維：教師爲主、學生爲客；接觸媒體文本的師生是主、媒體文本爲客。學生是不成熟的、易受傷害的，等待教師引領進入批判的殿堂；媒體文本是惡質的、意識形態宰制的載體、等待閱聽人的批判與解構。一味高舉批判旗幟，帶領學生成爲戰戰兢兢、如臨大敵的兵卒，而媒體文本所帶給我們其他正面意義，將在這種否定媒體或化約生活世界的批判中斷喪。若能不預設立場地去面對媒體文本，營造自由的媒體教育的課程氛圍，或能平衡當前過度標榜批判取向的媒體教育之弊，並使媒體教育進入學校體系，眞正邁向釋放與賦權的媒體教育目的。本文以爲從詮釋學美學的角度出發，作成媒體教育的轉向，值得嘗試。

一、詮釋媒體的開放性

無庸置疑的是任何人都有權利，也自然而然會去詮釋任何他生活世界中的所見所聞。因爲詮釋的活動，人形塑了他的知識、信念、社會接觸與互動，甚至是夢想。而正是人的詮釋能力，教育才有可能。因此，留出空間、保持開放性是了解各種媒體文本如何影響個人與其生活的第一步。

（一）不可預期性的過程

當今電子媒體時代最明顯的特徵就是多重媒體文本的匯聚與互爲文本性，使各種媒體文本之間的界線模糊甚至消失，越來越多的文本是其他文本的副產品。許多具有後現代風格的文本都高度運用隱喻、自我指稱和反諷手法，自覺地以模仿拼湊、尊崇或嘲諷的形式引用其他文本，把源自不同歷史年代、文學類型與文化脈絡中彼此矛盾的元素並陳，玩弄既定形式的同時又表現慣例（楊雅婷譯，2003：132）。當今的藝術作品也呈現同樣特徵，許多藝術品運用複合媒材、呈現於不同型態的媒介上，藝術文本與非藝術文本愈來愈難斷然劃分。對媒體教育而言，各種形式的媒體文本都是媒體教育的素材，因此，將藝術作品與一般媒體文本預先區分是一件不容易並且沒有太大意義的事。同時，網際網路興起後，使用者展現自我創意和彼此分享的網路空間隨之普及，如

YouTube、MySpace、Flickr及WRETCH等。這種媒體已經改變傳統媒體中製造者與接收者的單向、不對等關係。在此，接收者不再是被動的媒體文本接受者，反而是媒體文本製造者。網際網路科技與各種電子媒體的高度近用性，不僅允許個人產製其媒體文本，更能輕易在網路上分享交流。這樣的媒體產製與交流可能成爲一種兼具智性與感性的創意遊戲，也可能成就未來的藝術品。因此，批判媒體的教學之前，保留空間給學生眞實媒體經驗的敘說，保持開放性給各種媒體文本成爲藝術品的潛力，才是解讀媒體文本、理解媒體經驗、省思媒體生活更多元、全面而深刻的方式。那麼，師生彼此能以主體相對的方式投入與文本的互動遊戲中，無論教師或學生首先都能不受壓抑地、眞誠的面對自己的媒體經驗，同理的想像、審美的情懷、批判的理性才有眞實開展的可能。更重要的是，這樣的開放性正是了解、辯證社會對媒體產生恐慌原因之不可或缺的要素。

詮釋學哲學的論述，能夠對媒體文本、媒體經驗理解的開放性給予啓示。詮釋學的基本主張乃對語言理解行動的極度重視，以面臨文本、投入互動遊戲的活動取代傳統上主客對立的認知模式（張鼎國，2001：34）。此主張正是Hans-Georg Gadamer藝術哲學的重心。Gadamer認爲人類的各種理解活動不是主客對立的關係，所欲理解的對象物不是被動的客體，我與對象物皆是主體。Gadamer爲了解決古典藝術傳統與現代藝術統一性與同時性的問題，爲了解人們究竟以怎樣的美學方法面對現代這種充滿試驗性的藝術風格，便從藝術經驗與現象賴以確立的人類基礎進行探究。

媒體教育所欲批判、理解的文本種類包含所有的視聽文本，不局限於特定型態的文本。當今資訊傳播科技與經濟和文化匯流之下，媒體教育的素材可能是歷史文化流傳物或商業廣告。Gadamer認爲理解活動或與藝術遭逢的可能，需要每一個詮釋者自身的投入：每件作品都預留餘地給回應之人，預留空間待那人去填補。而不管是繪畫、音樂、戲劇或閱讀，是作品本身（identity）邀請我們來到這個活動，進行經常性合作活動（Gadamer, 1986:26-27）。因此，即使是對作品的批判詮釋，要

能獲得真正的理解或美感經驗，他人無法代勞。批判媒體要不流於技術性知識的灌輸，這種不可預期性的理解活動值得嘗試，正如Gadamer所言：沒有人能夠以全然令人信服的方式大聲地讀一首詩。為何如此？因為那智性的努力、那精神的勞動，根植於所有所謂作品的愉悅（Ibid., 44）。愉悅感受所從出的是和個人生命經驗相連的理性與感性運作，其具有不可預期性的本質。

Gadamer詮釋學美學談的不是藝術理論本身，而是一套增加個人邂逅藝術之實踐性慎思的說明。詮釋學美學理論不是為了給藝術本質一套範疇，而在於加深藝術慎思的經驗[3]。當媒體教育著重「解毒」、「解讀」媒體文本（教育部，2002），在意的是學生「正確」詮釋文本的能力，而詮釋學卻告訴我們理解活動的不可預期性、藝術經驗的偶然性，以及唯一確定的是個人在詮釋活動中的主動參與。個體真正的意識覺醒所產生的批判，是由偶然卻專注的主動參與詮釋過程而逐漸生成，而缺乏讓個體自主、自在悠遊其中的詮釋空間，批判的複製和虛假會迅速萌現。何況新媒體時代中，許多媒體平台是個體創作空間，媒體文本成為個人敘說的故事，而當媒體教師還未能了解當代媒體的特性，或未曾接觸學生熱衷的媒體（MSN、Blog、線上遊戲等），卻已經握有詮釋這些媒體的權力，媒體教育恐流於以道德為名的另一種宰制。

（二）批判與審美兼具

藝術是真理在真實世界中「發生」、「存在」的方法，真理在這種方法中被顯現與保存。創作者在其創作中揭露存有的真理（truth-of-all-being）並照亮一個新的、不熟悉的世界（Smeyers, 2002:81）。慎思真理是一種理性活動，在媒體教育實踐中，若透過藝術的方法，能營造知覺的與情緒的美學氛圍，使理性思考與批判出自慎思自身做為一個存有而非技術性的複製物，真理將在其中開顯。

Gadamer以為不論關注的是流傳至今的傳統藝術，或受到現代藝術形式的挑戰，總是有反思與智性的實現，涉入理解活動。作品對理解所

---

3 參考 Stanford Encyclopedia of Philosophy: http://plato.stanford.edu/entries/gadamer-aesthetics/

提出挑戰，能讓個人將具有建設性的智性帶入遊戲中（Gadamer, 1986: 28）。就某種程度而言，各種媒體文本都有成為藝術作品的潛力，媒體教育應同時做為一種理解與欣賞的活動，故媒體教育必涉入關於反思與智性實現的美學方法。Gadamer告訴我們，在這樣的審美活動中智性本質不會喪失，反而在審美活動中，智性可能受到挑戰，而使理性的思考有了更堅實的立基。媒體教育如欲使媒體的批判素養不致成為技術性的複製、空洞的徒勞，M. Heidegger的詮釋學洞見亦值得關注：我們無法進行缺乏實質性的教育（materiality of education），但請幫助我們同時避免掉入表現性（performativity）的恐怖陷阱（引自Smeyers, 2002: 100）。

實質性與技術性的追求主導當前台灣的媒體教育，著重「表現性」的教育展現於效率化的思維模式，落實於媒體套裝知識、形式化的批判技巧教學，以及教育官僚化的功績主義。Heidegger與Gadamer的詮釋學轉向本體論，是為了論述自我與世界以及他者的關係，因此詮釋學美學預設了現象學的涉入（phenomenological involvement）[4]。媒體教育是為達到讓學生更深刻的了解其所處的媒體世界，而能健康自主的生活其中，故應涉入學生真實的生活情境，那是一個包括他們以智性與情性生活其中的情境。媒體教育透過釋放與賦權最終所欲達到的理想是存有學的關懷：成為積極自主的公民而能自由自主的融入當今的生活世界。若能以開放態度肯定媒體文本成為藝術的可能，而與之展開互動遊戲的詮釋歷程，媒體文本所帶來的感性經驗與對個人的生活的正面意義將不至於因為理性批判的涉入而全然喪失，而正視個人感性經驗的文本詮釋過程，批判則不至淪為工具理性。

Gadamer認為「每一種詮釋學形式不都是一種對一個覺察到的懷疑之克服的形式嗎？」詮釋學活動之所以必要，基本上就是已經意欲克服某種因素所引發的懷疑或疏離，要排除時空情境變更所造成的陌生隔閡而重新理解掌握。而眾多詮釋之間只是「一個諸詮釋間的競爭」而非詮

---

4 參考 Stanford Encyclopedia of Philosophy: http://plato.stanford.edu/entries/gadamer-aesthetics/

釋間的衝突（張鼎國，1999：71）。單一個人進行詮釋學反思的克服懷疑歷程，或許無法迅速地步入解構虛假認同、喚起意識覺醒；然而，若這種美學取向落實於媒體教育的課程，來自師生眾多不同的前理解與詮釋反思的互動競爭，不為求共識的理性批判將更加篤實。Gadamer所認為的詮釋歷程，正是感性與理性經驗、感官與心智所共同運作的過程，他曾舉杜斯妥也夫斯基《卡拉馬佐夫兄弟們》為例作說明：創造性語言給予我們開放空間，透過作者的誘發，我們加以填滿，在視覺藝術上亦是如此，綜合行動是需要的，必須將許多不同面向加以統合整理（Gadamer, 1986:27）。

因此，主張美學取向的媒體教育，並非排除理性批判與意識覺醒，只是排除以教師為主所主導的文本理解歷程，因為，正如Gadamer所言：以劇評人般巨細靡遺地從導演方式、個人表演品質等議題來一一談論，在實際展演中，作品本身與其對我們的意義，並不如此展現（Ibid., 28）。J. White亦認為，不應將藝術經驗過分限制於「知覺層面」，忽略了其他的要素，如：藝術經驗對於揭顯世界或人性本質真理的能耐（引自馮朝霖，2007：198）。美學取向的媒體教育強調不帶預設、全然投入反思詮釋的過程，讓文本和我們每一個人對話，而文本過去與現在的同時性、我們帶著過去與投向未來的理解，共同在理性批判與感性審美中詮釋文本對自我存有的意義。

媒體教育的批判取向關切於如何從文本製造者創作意圖的解析，去左右文本接收者的感受或理解。而美學取向則首先從文本與文本接收者的互動經驗中，感受根植人類本質的藝術經驗為何，因此，美學取向首先能全然地肯認或同理個人對各種文本的經驗，從而指出感性經驗是否經由操弄過程，遂行文本製造者的商業意圖或其他意識形態的目的。

二、課程的美學轉向

P. Freire（1998:105）曾言：「做為一個學習藝術的冒險家，學生在創造歷程中的專注投入——受到教師的激勵催化，與知識內容的傳輸毫無關聯，這個歷程牽涉的乃是教與學的美與挑戰」。Freire看到教育過程

有如一種美學歷程，而學生的人格成長、心靈轉化進而展現社會行動的教育成果，是珍貴的藝術。然而，本文考察台灣媒體教育，發現批判取向媒體教育所產生的「假性批判」與「道德偽善」問題，正是未深究批判取向媒體教育立論基礎之一──Freire創建的「批判教育學」的教育美學觀，使批判淪為躁進的技術手段，忽視學生做為閱聽人的主體經驗，使教學過程呈顯成人中心與功利主義傾向。本文主張放棄高舉理性的知識論立場，使媒體教育轉為存有學關懷的美學取向，使真理在課程中、平等的師生對話中自行顯立。

　　當前媒體教育的模式，正落入了現代課程發展典範的陳痾：重現理性的論述、課題的時間、教學計畫的實施和客觀的評量，偏重數學的計算，科學的方法，和閱讀的理解，以致課程的核心忽視了美學的經驗和社會的、批判的經驗（歐用生，2005：28）。Huebner早在40年前就批評，當時的課程語言完全被技術的或科學的語言宰制，無法理解教室生活的複雜性和神秘性，因此，呼籲教師要從既定的框架中解放，放棄控制課程思想的方法論，傾聽新的世界，而加強美學的、倫理的課程語言是一種新的途徑（周淑卿，2005：73）。就媒體教育而言，該如何尋求課程的美學轉向，以下分「師生關係」與「課程結構」兩方面析論之。

（一）師生關係的轉變：相互肯認的我汝關係

　　日常生活中對媒體的理解絕非去脈絡化、去文化的，而是在脈絡與文化中產生意義。Siep認為黑格爾唯我論（solipsistic）的概念，其實是一種社會性的要求，透過下述方式建構：我想去看到我獨立的自我理解，受到另一個獨立個體的肯定，而這無法在非對等或宰制的夥伴關係中形成，它只出現在自由的論辯中。自由的論辯是社會性的特徵，個體的自我理解，正必須在這種對等的對話關係中，黑格爾所稱的「相互肯認」方有可能（Siep, 1995:134），而受其他獨立個體所肯定的自我理解，才能萌生。缺乏相互肯認的師生關係，無法達成美學取向主張的開放性。Freire不斷追求的「批判的自我意識」，教師須擔負闡示與辨明的任務，而為了增進批判能力與智性發展，教師必須同時提供理論性觀點，以及一個讓學生自我表達的愛的環境，而非一個承載著既定立場、

文本以供選擇的環境（Aronowitz, 1998:18）。批判教育學被視爲媒體教育的理論基礎，然而教育實踐過程中，師生互動的美學狀態、非控制性對話，以及對個體身處脈絡的開放性，沒有被顧及。

Gadamer 以「我汝關係」（I-Thou relationship）說明他者的他性（The otherness of the other）在相互肯認的關係中是無法被否定的，並且我汝關係中對「汝」的理解，是一種理解人類本質的知識。汝不是對象物，而是在與我們的關係中。當經驗的對象是一個人，這種經驗是一個道德現象，做爲一種知識需要透過理解他人的這種經驗（Gadamer, 1989:358）。在台灣，因爲教師的傳統權威，線性化課程的可控性與預期性，視學生爲等待被教師填充知識的空殼子，學生做爲與教師對等的「汝」與他性消失。而人類關係中重要的是去經驗，讓汝眞正成爲汝，讓汝說他眞正想說的話，這種開放性不只對說者，聽者自身也要全然開放，若沒有開放性就不會出現眞正的人類間的連結。對他者的開放，涉及無人強迫卻能確認自身會接受某些反對我的事（Gadamer, 1989: 361）。

傳播部門與教育部門之間若缺乏充分的「我汝對話」，每位媒體教師，依然被視爲一個統一的「你」，是傳播部門培訓媒體素養的載體。若「我汝關係」做爲傳播部門與教育部門對話的品質，建構媒體素養的反思歷程將會涉入媒體、生活社群、人的歷史性等，去探究媒體工業、媒體文本和個別接收者的各種生活面向（如教師的其他角色：做爲自身的、做爲父母的、做爲子女的、做爲夫／妻的、做爲公民的……）之間的互動關係，如何造就當前的媒體環境與個人生活型態。正如Freire認爲師資培育不應化約爲訓練的形式，而應超越技術性培訓，並同時根植於自身與歷史的倫理形構（ethical formation）（Freire, 1998:23）。在「我汝對話」模式下培育的教師，較有可能同樣以這種模式，落實於其課程中。其次，若學校行政部門再次將媒體教育視爲由上而下的，整個教育官僚體系層層交辦的任務，甚至是學校努力贏得獎賞與聲望的工具，形式化的教育將取代眞正的教育。因此，補當前媒體教育之弊，也在於教育官僚體系以及學校行政，能基於「我汝關係」的相互肯認，不對待彼此爲達到目的的工具，來協助教師進行媒體教育，並共同營造一個「我

汝對話」的學校氛圍。否則，學生出了教室，面對的依然是權威式、管理化的學校潛在課程，將抵銷媒體教育的成效。

　　教育經驗的本質在詮釋學的提示下，必須脫離把學生給對象化的困境，進而發展爲一種具有「對話伙伴」（partner in dialogue）關係的詮釋學教育。這樣的教育經驗僅管具有同意、反對、爭辯、詰問等各種交往形式，但是絕不會邁向結論式的答案，而是在問題的否定性與開放性中反覆來回，並讓對話雙方共同進入往覆於詮釋學循環之中（引自蔣興儀，2004：49）。當前媒體教育，僅著眼於學生避免受到媒體的毒害，從而關注學生是否有批判意識，其中卻隱含著教師做爲知識傳授者、媒體品味判斷者的權威，而Freire（1998:31）所提示：「教師在教育美學上的高度體認，必須先認識教學本身也是一種學習，沒有學習，就沒有教導。學習乃邏輯上的先於教導，教導乃是學習的一部分」並沒有在媒體教育師資培育中獲得理解，遑論在課程中獲得實踐。

　　另類教育教師李崇建的教學經驗，或可爲「我汝關係」之美學取向媒體教育，提供最佳註腳。談到「文學教育」在全人中學的實踐經驗，他相當贊同Howard Gardner所言：「我們永遠無法解釋，自己爲什麼認爲有些東西是美的。教育工作者的職責在於，讓大家注意值得學習的作品，並且用詳盡而實際的方式，爲學生解釋藝術家的成就是如何造就的。經過嘗試了解的努力之後，就可以再回到喜歡、無所謂甚至厭惡的本能判斷……。爲進入藝術殿堂所花下的時間與心力，終將獲得回饋。即使發現不喜歡某些作品，還是可以欣賞其中的藝術技巧，並了解爲什麼別人認爲該作品具備高超的藝術價值與美感」（引自李崇建，2006：141-142）。李崇建以其教學經驗告訴讀者：只是批判學生的閱讀品味（不讀經典，只讀通俗的愛情小說、網路小說），沒有參與，除了沒有說服力之外，增加的只是知識分子的傲慢以及代溝。因此，他不先強求學生閱讀他心目中的經典，反而是他去閱讀學生傾心的文學，他說：「參與他們的閱讀品味，使得我和學生之間有對話的可能」。他發現：「當我們站在同等的位置看待這些小說，而不是高高在上，去鄙視他們的品味，學生看待經典的態度，和我們看待通俗文學的態度有了某種一

致性」。這樣的教育經驗使他相信：運用學生身上的「資源」，讓學習變成「共同」分享、「共同」討論，而不是對立。而「一旦老師放下成見，教學的空間會更寬闊」是李崇建認為他投入時間心力，進入孩子所謂的藝術殿堂，所得到的回饋（李崇建，2006：144-146）！

（二）課程結構的轉變：課程是遊戲

理解有如遊戲，理解發生的狀態有如對話遊戲的往返互動。這就是一種視域融合的過程：所有原先囿於己見的視域，都因為接觸到視域外原本未知的事物而開啟向外，進入更高一層的通透明瞭。此過程的結果，對於加入對話者而言，並非自我有擁有的喪失，反倒是雙方都因此而得到了什麼。高達美言：「事理總是爭論之事理」，強調交談對話中的爭論，是成功而有結果的交談對話不可缺少的要素（張鼎國，2001：41）。媒體教育本質上就是一種理解與詮釋的活動，而這種活動的必要條件就是對話的遊戲。

M. Greene認為，和諧確實是人際關係的一個價值，但並不是最高價值；如果教師遵從「和諧」與「秩序」為最高的價值，將會造成教室中其他因素完全壓縮、屈從於此一價值（引自馮朝霖，2007：201）。一直以來，媒體教育的課程實踐，遵循著現代性的課程典範，「引起動機」之後是「發展活動」，而後是「綜合活動」與「評鑑」，課程結構按照既定秩序，師生間缺乏對彼此的挑戰、問難、答辯，「爭論之事理」往往在教師主導的課程中，被和諧地安置。如果教師能夠覺察Greene所言「僵化、操縱、非人性」乃教育的三大弊端，並在教學實踐中時時自我覺察其所行所為的意義；有足夠自由開放的心胸以邂逅學生的多樣化；足夠的勇氣以容忍乃至促進張力與異議；同時卻也需要有足夠的智慧以避免多愁善感（引自馮朝霖，2007：202），如此一來，長此以往的技術性課程結構，將受到反省並引發變革。如果我們相信，媒體教育能使孩子形成更積極自主的人格，那麼當前偏向技術性的媒體教育，正待更為「慎思」的課程轉化，一如Schwab指出：課程實踐過程所用的方法，既非歸納亦非演繹法，而是「慎思」——在具體情境中決定行動的方式，最重要的是廣泛考量不同方案，並以多元的觀點檢視，仔

細瞭解該方案對課程造成各種後果，將各種優點加以相互調適，以產生
「折衷的藝術」（引自甄曉蘭，2000：70）。而「折衷的藝術」的課程
觀，如何在媒體教育實踐中開展？

　　Gadamer（1986:29）認為藝術經驗來自於我們不從作品本身區分出
作品所運用的特定手法。邂逅藝術的經驗在於整全的、專注的遊戲之
中。基於前述，各種媒體文本應被視為具有藝術潛質，因此，媒體教
育課程沒有道理不能視為一個邂逅藝術的遊戲。然而，台灣的教師習於
在教室中扮演學習內容與經驗的傳授者、評論者，乃至於批判者的角
色，學生的媒體經驗輕易被忽視，學生自主建構、統整的學習經驗無
法發展，模仿、複製老師認同的批判論述卻是媒體教育的學習成果。
Gadamer詮釋學美學，將理解藝術作品視為與作品「遊戲」的概念，可
為消解當前媒體教育弊端的方法。Gadamer的遊戲概念中，每個人都是
平等的參與者，而非由誰主導著遊戲。遊戲概念最重要的原則是不與作
品分離，每個人居處在與作品的遊戲中。在作品中的逗留，能夠讓作品
越多重面向的豐富性向我們展現（Ibid., 45）。

　　身為教育工作者，我們都相信當教師與學生都能全然自主地專注於
他們所共處的課程中，教育的正面意義愈能獲得實現。當前媒體教育，
教師受制於道德恐慌下社會的普遍期待、行政要求、升學主義；學生受
制於仍帶威權色彩的學校氛圍、學業成績等，自由自主地參與媒體教育
課程，而將之視為一場遊戲似乎不可能。然而，如果我們願意以另類
學校實踐經驗鼓舞自己，重新審視當前媒體教育的問題，從而相信能以
「遊戲」做為課程實踐的一種可能，或許不僅改善媒體教育的問題，更
是體制內學校邁向另類教育實踐的第一步。

1. 遊戲優先於遊戲者的意識

　　對Gadamer而言「我們經驗藝術的方式乃是一種遊戲方式」（洪漢
鼎譯，1996：150）。遊戲者知道遊戲不僅是遊戲，遊戲受目的的嚴肅
性而存在於世界。遊戲有其本質，獨立於玩這遊戲的人。遊戲者不是遊
戲的主體，而是遊戲透過遊戲者達到它的展現。遊戲不受拘束的自在，
被主體地經驗為放鬆狀態，但這並不意味努力在遊戲中的缺席，而僅是

現象學地指涉沉重壓力的缺席。遊戲的結構吸收遊戲者進入遊戲中，遊戲將遊戲者從採取主動的負擔中釋放，這種負擔正是形成存在沉重壓力的原因。遊戲者的模糊身影，正好彰顯出遊戲的關係結構，使得遊戲的主體是遊戲自身（Gadamer, 1989:102-105）。可見，遊戲的課程結構，不是教師單方向的批判意識教導，也不是教師無須任何課程準備，允許肆無忌憚地放任、嬉鬧，更不是高揚學生主體性，一切以學生興趣為依歸的課程，而是以遊戲做為雙方專注共赴的所在。

　　從上一節論述可知，開放媒體文本成為我們藝術經驗的可能性之必要，以及後現代課程觀，將課程視為文本性的、由相關聯的論述組成，需加以理解、探討其意義，以呈現一種萌發、衍生、動態的結構，如此或能解消批判取向媒體教育之現代性典範的困境，而這種美學取向的媒體教育則需要由對話的遊戲課程來保證。師生專注地共赴做為主體的遊戲之中，學生為升學而競爭的心態、教師為解消道德恐慌或追求教學成效的心態，都能在遊戲的課程結構中，相對弱化。如此一來，助長虛假批判或道德偽善的課程氛圍，將獲得改變。遊戲追求的是無目的性活動，但遊戲活動自身是被企求的。遊戲最突出的意義是自我表現。遊戲者在遊戲中表現自身，通過遊戲某物而達到他特有的表現（Gadamer, 1986:23）。美學取向媒體教育要求不帶預設的面對文本，正是要在這種無目的的遊戲課堂，才能真誠面對自己與他人對文本的前理解，而通過不斷對話的反思詮釋，形成與過去不同的理解。批判取向的媒體教育實踐，則帶有強烈倫理性的批判預設（惡質媒體需要批判），在學校這種規範性機構中，批判論述反而容易成為彰顯自己身分、能力，與獲得實質利益的工具（升學競爭、獲師長青睞）。因此，營造這種遊戲的課程氛圍，真正的批判才能產生。

2. 離開自身又回到自身

　　Gadamer的詮釋學美學，在於它致力於使我們「再認識」那些構成我們藝術經驗的、已經接收的意義與前見。再認識、重新解讀我們習以為常的媒體文本與媒體經驗，是媒體教育「釋放與賦權」訴求的必要經歷。媒體教育中批判意識的立足點應在於對自己採取距離，並透過與文

本以及他人自由的我汝對話，反思自我的媒體經驗。這種對話教學的可能，必須開啓不預設答案或立場的問題，差異、另類、一致或傳統的論述都受到自由表達的歡迎。結論懸置的特性，對吸引遊戲者高度專注與不停地投入其中是有所幫助的。而在這樣的遊戲中，正是透過與他人的迎拒，遊戲者才能夠在心靈中感受到那種與他人相契合的健全感覺。遊戲活動中的他者，除了是做為友伴的他人之外，也是在自身中的他者。亦即，我們在遊戲中被遊戲吸引而走出自身。我們不再是現實生活中的單純自身，在遊戲中我們玩出另一個自己，從自身出走然後再回到自身，達成對自己的再認識。再認識是異化與同化的反覆歷程，促使自我得以更新。它不是單純的重複與再現，而是一種模仿自己又超越自己的「提昇或展現」（引自蔣興儀，2004：51-52）。Gadamer認爲，陶養的結果不是由技術性的建構達成，而是由形構與涵養的過程中成長出來，因此，它只留在繼續不斷的陶養狀態中（Gadamer, 1989:11）。這種離開自身又返回自身，不斷往復的陶養過程，個人能夠一次次提升對自我與世界的「再認識」，值得媒體教育卓參並反省當學生普遍能以填寫學習單、口頭回答等方式，展現批判思維時，是否基於教師教學過程的技術性建構，並非離開自身又返回自身的「再認識」使然。

當前媒體教育的缺失之一，正在於「去脈絡化」，即不重視教師與學生個人媒體經驗所涉入的多重生活場域與面向，僅將批判意識化約爲有、無的二分標準，因此，學生或教師，皆無從在課程中審視自我的前見（多面向的媒體經驗）。尚未出離自身，觀照自我，就被一套批判媒體的知識架構所框限，而無法眞正看見自我，反而形成與自我的隔閡與疏離。

Gadamer（Ibid., 11）認爲，一種才能的培育是已賦予的某能力的發展，所以練習和加強僅是達到目的的方法。例如，文法書的教育內容僅是一個方法而不是目的本身，吸收它只是增進個人的語言學能力。陶養卻是相反：經歷陶養過程，個人被形塑成完全是他自己。如果，媒體教育能在開放的遊戲互動中，使兒童與青少年形塑自身，同時涉入智性與情性的發展，眞正的批判素養將是深植於其心、腦的自我形塑，而非符合教師要求的一套標準答案、虛假批判。

3. 傳統與創新的互動與連結

　　各種媒體文本不是在眞空狀態下突然出現，而是有其各自連續的歷史性、脈絡性。每個人形成現在的樣貌，也絕非一天造成的，而是有其各自多重的生活處境。在媒體教育課程遊戲中，我們該如何與做爲遊戲主軸的媒體進行對話？我們該怎樣理解共同參與遊戲的每一個人，彼此之間、與媒體之間如何進行互動？Gadamer告訴我們，絕不是以先驗圖式的化約方式去理解，而是置身於傳統的處境脈絡中：某些人以將傳統視爲對象物的方式理解傳統，例如，面對傳統以不涉入的方式，透過方法論上排除任何的主觀性，從而發現傳統中所包含的東西。如此一來，他使他自己分離於他自身的歷史現實性所在的傳統的連續作用。Gadamer批判這種概念僅是科學方法的陳腐版本，只涵蓋了部分人類科學的進程，因爲它只承認人類行爲中典型的和規律的（Ibid., 358-359）。當今媒體教育實踐所著重的套裝知識，正是忽略了文本以及個人生活的歷史性脈絡，以固定的方式教導一套批判各種媒體的萬用方式。因此，我們可以從不理解學生熱衷的各種漫畫、線上遊戲，如何從諸葛四郎、彈珠台、水果盤演進爲時下流行的火影忍者、楓之谷、跑跑卡丁車；我們可以從不知道學生熱愛的網路小說，如何從瓊瑤、金庸、倪匡演進爲藤井樹、九把刀、史帝芬金、哈利波特；然後，很有效率地教導一套觀看這些媒體文本的「健康」的方式！結果是，學生回家繼續以娛樂的方式，近用他們所熱衷的媒體；學生來到學校也能侃侃而談地做出對這些媒體的理性批判。

　　Gadamer指出：理解當今藝術是什麼，必須同時理解過去、傳統的或偉大的藝術。藝術家、創作者無法全然擺脫傳統的語言而開創獨特的突破，而藝術接受者、讀者，也同樣不斷受過去與現在同時性的束縛（Gadamer, 1986:46）。Gadamer從人類生活世界的經驗出發，主張傳統不一定成就藝術，而批判亦不是全然創新，他說：我們的日常生活就是由過去和將來的同時性，造成的一個持續不斷的進步。能夠如此攜帶著向將來開放的視野，和不可重複的過去而前進，恰是我們稱爲「精神」這東西的本質（墨哲蘭、鄧曉芒譯，2006：282）。Gadamer的美學觀，

給了我們一個很好的理由相信：媒體教育的遊戲課程中，批判的理解必須是基於對媒體傳統與自身和社群歷史性的了解，因此，教師能夠首先敏覺於自己對各種媒體長期養成的觀感，如何與自身生活的歷史性脈絡互動，從而反思自己是否能以自身的歷史性脈絡，先去同理（而非批判）學生媒體經驗的歷史性處境，並以更廣大的視野看待個別媒體演進的脈絡性，然後，將這種思維帶入與學生對話互動的遊戲中。如此，教師與學生各自的主體性不會壓抑彼此，反而能夠體認「理解不能被認為是一種主體性的行為，而要被認為是一種置自身於傳統過程中的參與行動，在這過程中，過去和現在經常得以中介」（引自蔣興儀，2004：64）。

　　當今，在數位資訊科技與傳播技術蓬勃發展之下，媒體近用愈來愈容易，創新和創造對於教育來說就愈來愈重要。媒體教育新典範朝向遊戲過程的「媒體產製」。Buckingham建議，媒體產製應有長期計畫，從經常性的、小規模的活動開始。活動能以「練習」的形式，需有一個位置保留給無結構的科技性使用，或者那些近乎於無目標的「亂搞」，而這種亂搞的遊戲首先需要被構築而非避免（Buckingham, 2003:138）。這種以鼓勵創造力、創新性為特徵的「媒體產製」，並非一味追求「標新立異」或「文化產業的競爭力」，而是在理解個人與社群的媒體生活傳統、歷史後的反省、建立新思維，從而使用媒體表達自我或社群對公共事務的理解與關心，表達個人做為自我與社會存有的理解。為了更深刻的理解、解釋媒體與生活的關係，在互助合作的課程中，探索、遊戲與嘗試錯誤是被歡迎的（Ibid., 63）。在這對話遊戲的過程中，能使師生共同注意到傳統的優缺點，及其流傳於當前創新生活中所扮演的角色。當我們能更全面地理解自身與媒體的傳統與歷史性，媒體的多重意義將展現於我們面前，而我們才能說，做為一個社會與個人存有，每個人都有自由和權利選擇如何面對個人的媒體生活。

　　詮釋學的任務是與現時生命的思維性溝通，此種溝通正是真理的所在（朱立元，2000：456）。這種溝通正是本文主張的媒體教育之課程美學實踐。依此，媒體教育實踐不該追求抵達一個確切的終點（完成學習單、做出批判論述等），而應該被視為過程中的一個階段──一個反思的起點

或改寫修正的基礎（Buckingham, 2003:138；林子斌譯，2006：168）。而在這樣的課程遊戲中，互動是明確的，媒體教育許多的價值就是在這種互動中被發現（Buckingham, 2003:154；林子斌譯，2006：187）。

參、媒體教育與另類教育的邂逅

> 另類不是重新發現一個無拘無束的主體性或接受徹底的決定論，而是學習如何能讓各式各樣的年輕人加入到永續浮現的文化中進行對話，解放個人，使其增權賦能，揭露他們的生活世界，進行反思與轉化（引自馮朝霖，2007：205）。

上節論述主要從Freire批判教育學所為人忽視的教育美學觀，以及Gadamer詮釋學，闡述媒體教育美學轉向的可能路徑，而提出「媒體近用的開放性」，強調理解經驗的不可預期性的過程。而「課程的美學轉向」的概念，則以師生關係轉變為相互肯認的「我汝關係」，以及課程結構轉變為「遊戲」來論述。尋思媒體教育從批判取向到美學轉向的過程，本文發現，此一過程正是教育邁向「可能性藝術」的詮釋，而與當今另類教育分享著同樣的視野。

一、教育預設的挑戰

美國學者Mintz認為：教育的另類性主要是針對社會中習焉不察的教育信念產生的不同思維，而英美社會的教育預設有那些（Mintz, 1994:24-27；馮朝霖，2002：34）？

1. 教育被完全視為政治的事務，易言之，國家有監督教育政策與課程的正當性。
2. 教育的首要義務在於維護國家的繼續存在。
3. 教育應該優先於一切關注國家的經濟成長。
4. 教育工作者做為專業者應該控制學生並管理其學習歷程。
5. 唯一有用的知識乃是經驗性、分析性、認知性與功效性的。

　　上述預設2與3，在《媒體素養教育政策白皮書》中可見一斑：「媒體教育與國家的未來發展」部分，論及「『挑戰2008：國家發展重點計畫』裡強調國家的人文素質、生活環境、公共建設的品質，攸關人才的培育，是成為國家競爭力的核心要素，也是面對全球性競賽與挑戰的重要課題。……其中的『e世代人才培育』、『文化創意產業發展』、『數位化台灣』、『新故鄉社區營造』等計畫……與媒體素養教育的核心價值完全一致，而二者最終目的都在改進生活文化品質，創建一個具競爭力和素養的民主社會」（教育部，2002）。足見，媒體教育以國家發展為目的，個人媒體近用的能力與素養僅是手段；加以社會普遍對媒體產生恐慌，「釋放」與「賦權」的媒體教育目標，恐也淪為化解成人社會道德恐慌的工具。而上述預設1，也落實於白皮書中：「定期調查短、中、長期的媒體素養教育實施情況、學生的態度、價值與行為的改變等學習效益評量」可見，國家不僅賦予自身監督教育政策與課程的正當性，更將學生的態度、價值與行為視為可以操控、評量的對象，教育的不可預期性、非計畫性沒有獲得適當的關注。

　　正因為預設1、2與3，使媒體教育重視從輸入到輸出線性過程，而形成了預設4、5，侷限了教育更廣大的想像與可能性。學生習得批判媒體的素養是預期的輸出，而一套技術性的媒體知識是輸入，輸入與輸出之間的歷程，教師加以控管，期望看到學生既定的表現。此舉忽略了輸入與輸出各自的脈絡性、個別學生與教師的差異性，此種教育其實預設了人類圖像的統一面貌——普遍的理性。本文考察十多年來媒體教育實施的情形，發現諸多不適當的教育施為，正基於如同上述預設，而提出媒體教育「美學轉向」之可能與必要性。

二、另類教育的精神VS.美學取向的媒體教育

　　探究另類教育學的理念緣起與共同精神，會發現「兒童的自由與創造性」是其核心觀念，而歸納各種另類教育的典範，其共同精神如下（馮朝霖，2006：6）：

1. 教育主體性的洞識──學習者中心。
2. 明確特殊的人類圖像──整體性觀點。
3. 特殊的學習理論──主動性建構性取向。
4. 學校組織關係──開放性參與的結構。
5. 特殊的師生關係倫理──對話性溝通的關係。
6. 明確的政治／社會哲學──自由民主哲學。
7. 其教育實踐的EQ則有以下特質：以感動替代說教、以鼓勵替代責備、以期許替代要求、以溝通替代懲罰、以合作替代競爭、以欣賞替代挑剔。

　　美學取向的媒體教育，正是看到現代性課程典範的「教師中心」、「線性模式」、「去脈絡化」、「套裝知識」、「宰制性」等缺失，而提出「媒體近用的開放性」與「課程的美學轉向」的理念，期能平衡過度高揚普遍理性，忽視人類多元、差異的面貌。美學取向的媒體教育，最核心的理念，是營造一個能讓學生自由表達其媒體經驗的空間，而不先預設「媒體是罪惡的」、「兒童青少年身心未成熟，會受到不良影響」。當前批判取向的媒體教育，教師做為知識權威，師生之間在課程中，並不享有同等的發言權。課程規劃由教師主導、批判知識由教師傳授，媒體教育「釋放」或「賦權」的精神，不僅無法在這樣課程中實現，更已產生「假性批判」與「道德偽善」的不自由的現象。因此，提出「遊戲先於遊戲者」的課程實踐概念，乃洞察教育主體性應屬學習者，而在遊戲的課程中，教師和學生是同樣平等的遊戲者、學習者，而雙方以開放的心態、渾然忘我地共赴由的參戲（free interplay）不是意志性的，無法被計畫和控制，雖能被預備，在孩子一場學習歷程，學習者的主體性方能展現。正如L. Lovlie所言：「自被允許專注地工作。當孩子有時間對事物感到納悶，有時間思考生命時，有時間與他人，與物尋覓感性與知性的探險時，自由的參戲就發生了」（引自馮朝霖，2007：210）。在此，媒體教育中，兒童的自由與創造性是被珍視的，而非歡慶大同小異的批判論述。

　　美學取向的媒體教育看到的人類圖像是智性與情性兼具、理性與感性相互融通的，因而提出「媒體近用的開放性」的理念。本文主張以Gadamer詮釋學美學，提示媒體教育宜對人類「理解活動」，採取更整體性的觀點。Gadamer認為理解活動中，智性的努力、精神的勞動，是根植於作品的愉悅，也就是理性與感性、智性與情性在理解活動中，共同扮演重要角色並相互對話。並且，任何作品為我們所理解，其作品本身與對我們的意義，從不是以抽絲剝繭、一一爬梳的方式展演，而是一種整全的存有感。然而，批判取向的媒體教育，僅關注於批判論述的展現，其肯認的人類圖像向理性一方傾斜。這種傾斜正是造成真正的理性無法發展的原因，因為在技術性套裝知識傳授之下，人的理解活動不會經歷「離開自身，又返回自身的『再認識』過程」。對美學取向的媒體教育而言，其學習之可能，在於學習者「離開自身再返回自身」的主動性建構歷程。而這種歷程的實現需要課程營造「我汝對話」的相互肯認氛圍，以及，無外在目的的遊戲課程結構為條件。那麼，學習就非符應教師要求、考試分數等外在目的，而是陶養在遊戲的存有學結構裡，所歷經的無外在目的之自我塑造（蔣興儀，2004：52）。

　　另類教育重要的精神之一，即師生關係倫理——對話性溝通的關係。本文主張的美學取向媒體教育能否成功，正在於平等的、不斷往返的「我汝對話關係」的實踐。批判取向的媒體教育，教師握有對於學生媒體經驗的詮釋權，課程結構在時間有限、進度壓力下，學生之間、師生之間缺乏對話。學生被教師對象化，視為一個統一的「你」而非個別化的、平等地位的「汝」。故本文主張以「對話伙伴」的師生關係，進入自由表達、充滿開放性的遊戲課程中。而這種「我汝對話關係」的實踐，不僅在學校課堂之內，更應有學校組織的開放性參與結構為基礎。學生的學習不是只有在課堂中，學校內的潛在課程，扮演催化或抵銷課堂內正面學習經驗的兩面刃。而學校行政與教師之間、傳播部門主導的師資培育與媒體教師之間，都應實踐「我汝對話關係」，如此一來，學校組織不僅不會抵銷媒體教育課堂所產生的正面效應，還能催化助長其學習經驗；而傳播部門主導的師資培育，若能以「對話伙伴」方式進行師資培育課程，能讓

教師體驗這種「我汝對話關係」在媒體教育的重要性與必要性，教師亦能在這樣的過程中反思自己的媒體經驗，以及對待孩子、學生的教學方式。那麼，媒體教育將在這種自由對話、創造的美學氛圍中，逐漸邁向從心出發的、眞正的批判能力，而非口惠不實的偽善言語。

　　Lovlie認爲自由是人與事物之間，一種美學的、創意的關係之持續性無我的互動（引自馮朝霖，2007：214），這正是美學取向媒體教育所欲追求的課程哲學——自由民主哲學。媒體教育揭示，「釋放」指的是個人在心智上能夠穿透媒體所建構的迷障，不被媒體左右；更能進行社會參與，使用媒體表達對公共事務的關心，促進公民民主素養。「賦權」指的是個人有自主能力去分辨、選擇、評估媒體及其內容，進而透過理性的思考與對話，去影響、督促媒體改善內容，共同建構社區品味，從而提高社會的文化品質，創建具競爭力和素養的民主社會（教育部，2002），此必在一定程度涉入政治、社會哲學觀。而正如德國另類學校聯盟BFAS（Bundesverband der Freien Alternativschulen）所揭示的第一項另類學校理念共識：「當前與未來社會的問題，能夠經由個人根據責任與民主的原則而生活，而被民主地解決。因此，另類學校尋求提供給孩子、家長、教師，在生活中不斷練習自我管理與民主的機會，而這是另類學校最重要的民主面向」（BFAS, 2007）。民主社會的素養同時是另類教育與媒體教育的關懷。德國另類學校聯盟BFAS，爲落實其上述理念共識，有以下六項實踐理念：

1. 另類學校以同等尊重的方式——自我決定、幸福與滿足的權利，看待童年和生命中其他階段，童年不是爲邁向成人的訓練過程。
2. 另類學校創造一個滿足孩子需求的環境，如自由移動、自主自我表達、獨立時間的規劃、擁有親密友伴的需求。
3. 另類學校放棄使用高壓方式規訓孩子。規則與限制是經由衝突（包括師生之間）解決的團體過程而形成，規則可被團體在任何時候改變。
4. 教育的主題內容在於透過學生與教師的互助互動中的自我經驗與

決定所形成。主題內容的選擇涉入孩子與教師的經驗背景，是個持續不斷的過程。學習的錯綜系統，是透過學習所涉入的遊戲、日常生活、學校的社會環境等，多樣、彈性地受到考量。

5. 另類學校所做的遠超出將知識傳授給孩子。其支持解放的學習過程，讓每個人涉入其中，開啟新的、不尋常的洞見。以此方式，學校可以幫助社會當前與未來問題的解決，建立基礎。

6. 另類學校是一個每個個體的態度與觀點都能以開放的、允許改變的方式受到肯認的地方。依此，能夠提供機會給孩子去經歷冒險，與學習關於生活的一切。

綜觀上述發現，美學取向媒體教育所欲實踐的公民民主素養，是透過開放、自由、平等的遊戲課程，去開啟各種對話的可能性，特別符應德國另類學校聯盟BFAS實踐理念之4、5、6。其中另類教育強調「學習涉入孩子與教師的經驗背景，而是個持續不斷的過程」、「學習的錯綜系統，是透過學習所涉入的遊戲、日常生活、學校的社會環境等，多樣、彈性地受到考量」，與美學取向媒體教育所倡議的「理解活動的歷史性、脈絡性」、「陶養存有學的遊戲結構是個不斷往復的過程」，分享著同樣的教育洞見；另類教育強調「支持解放的學習過程，讓每個人涉入其中，開啟新的、不尋常的洞見」，支持美學取向媒體教育所珍視的教育與理解活動的「不可預期性」；另類教育主張「每個個體的態度與觀點都能以開放的、允許改變的方式受到肯認」，回應著美學取向媒體教育認為「我汝對話關係」在教育當中的必要性。

肆、結語：媒體教育做為實踐另類教育理念的起點

教育自由歐洲論壇Effe（European Forum for Freedom in Education）組織理念有二：一個容忍與民主的社會，需要自由而多元的教育系統；兒童的教育是個創造性的任務，更像是一種藝術而非科學（Effe, 2007）。十多年來媒體教育的實踐，步上主流教育的窠臼，媒體教育像是

一個成人自我安慰而實際上卻是一場徒勞的非教育，或反教育。套裝知識、抽離生活經驗的對話、技術主義、去脈絡化、升學與文憑的功績主義等，使媒體教育難以彰顯其釋放與賦權的使命，而以民主社會的公民素養為目標的媒體教育，更在非民主的教育氛圍中難產。因此，本文從個體多元的媒體經驗、生活世界出發，尋思美學取向媒體教育的可能性。在此過程中發現，媒體教育必定要走向另類的路，方能矯正或預防假性批判、道德偽善的問題。而教育的美學面向正是另類教育所以成為另類的教育哲學基礎。媒體教育雖然只是諸多學習領域之一，其性質與一般學科知識不同，這種不同正足以催化、影響甚至改變主流教育思維。

　　媒體教育沒有既定教材、沒有明確課程進度，教師自由心證的揮灑空間比一般學科大。加以媒體是與生活中密切關聯的事務，接收個種訊息、與他人溝通的途徑，關乎個人的生活型態、個人的異質性、多元性，以及複雜的社會網絡的現實性。這些攸關日常生活的面向，先備知識的低門檻性，是能讓每個人輕易投入其中的。故本文主張美學取向的媒體教育，不僅在於體認教育已受忽略的藝術性的本質，並用以避免批判取向媒體教育所帶來的、一如主流教育的弊病，期能在體制內教育扮演反思、催化改變的角色，做為主流教育系統中的另類旁支，如此方能實踐媒體教育及另類教育促進個人發展與民主社會存續的目標。

參考文獻

中文部分

中央日報網路報（2007）。**禁玩線上遊戲，資優生燒炭亡，遺書寫「我真傻」**。檢索日期：2007年10月1日，網址：http://www.cdnews.com.tw/cdnews_site/docDetail.jsp?coluid=144&docid=100148260

朱立元（2000）。**西方美學名著提要**。南昌：江西人民出版社。

吳翠珍（2004）。媒體素養與媒體教育的流變與思辨。載於翁秀琪主編，**台灣傳播學的想像**（下），頁811-841。台北：巨流。

李孟娟（2006）。**國小教師重大議題融入教學之課程實踐研究——以環境教**

育議題為例。國立臺南大學課程與教學研究所碩士論文。

李崇建（2006）。**移動的學校——體制外的學習空間**。台北：寶瓶。

周淑卿（2005）。課程解構或理論建構？後現代課程之再思。載於游家政、莊梅枝主編，**後現代課程——實踐與評鑑**，頁71-82。台北：中華民國教材研究發展學會。

林子斌（譯）（2006）。**媒體教育：素養、學習與現代文化**（原作者：David Buckingham）。台北：巨流。

林盈均（2006）。**以麥當勞化觀點評析國小媒體素養教學計畫**。國立台北教育大學課程與教學研究所碩士論文。

林愛翎（2001）。**媒體公民教育理論與實踐初探**。國立政治大學廣播電視學系碩士論文。

洪漢鼎（譯）（1996）。**真理與方法：第一卷**（原作者：Hans-Georg Gadamer）。台北：時報。

范信賢（2001）。擁擠的樂園：再思九年一貫融入議題課程。**變遷中的台灣教育社會學與教育革新學術研討會論文集**。高雄：復文。

張鼎國（1999）。文化傳承與社會批判——回顧Apel、Habermas、高達美、Ricoeur間的詮釋學論爭。**國立政治大學哲學學報**，**5**，57-75。

張鼎國（2001）。詮釋學論爭在爭什麼：理解對話或爭議析辯？高達美與阿佩爾兩種取徑的評比。**哲學雜誌**，**34**，32-61。

教育部（2002）。**媒體素養教育政策白皮書**。檢索日期：2006年1月6日，網址：http://www.edu.tw/society/report/index1.htm

陳文玲（2007）。序：出於真心，還是恐懼。載於林安平著，**行銷2.0**，頁2-3。台北：天下雜誌。

馮朝霖（2002）。另類教育與全球思考。**教育研究月刊**，**92**，33-42。

馮朝霖（2006）。另類教育與21世紀教育改革趨勢。**研習資訊**，**23**（3），5-12。

馮朝霖（2007）。技術乎・騙術乎・藝術乎？後現代教育美學論述的可能性。載於黃乃熒主編，**後現代思潮與教育發展**，頁195-216。台北：心理。

黃武雄（2003）。**學校在窗外**。台北：左岸文化。

黃雅莉（2005）。**流行奇「機」——以手機廣告進行媒體識讀的性別教育**。國立高雄師範大學性別教育研究所碩士論文。

黃馨慧（2004）。**媒體素養教育融入國小五年級課程之研究——探討教學方案設計與資源教材分析及網站建構**。臺南師範學院國民教育研究所碩士論文。

楊雅婷（譯）（2003）。**童年之死：在電子媒體時代下長大的孩童**（原作

者：David Buckingham）。台北：巨流。

甄曉蘭（2000）。新世紀課程改革的挑戰與課程實踐理論的重建。**教育研究集刊**，44，61-89。

歐用生（2005）。課程再概念化——系譜和風貌。載於游家政、莊梅枝主編，**後現代課程——實踐與評鑑**，頁17-40。台北：中華民國教材研究發展學會。

蔣興儀（2004）。在對話與遊戲之間：高達美的陶養概念與教育經驗之本質。**教育與社會研究**，7，41-68。

外文部分

Aronowitz, S. (1998). Introduction. In *Padagogy of Freedom: Ethics, Democracy, and Civic Courage* (pp. 1-19). (Patrick Clarke Trans.). Maryland: Rowman & Littlefield Publishers.

BFAS (2007). *Bundesverband der Freien Alternativschulen[BFAS].* Available online at: http://www.freie-alternativschulen.de/cms/jml/index.php?option=com_content &task=view&id=56&Itemid=80(accessed 30 May 2007).

Buckingham, David (2003). *Media Education: Literacy, Learning and Contemporary Culture.* London: Polity Press.

Effe (2007). *European Forum for Freedom in Education[Effe].* Available online at: http://www.effe-eu.org/EnglishSite/Eindex.html(accessed 30 May 2007).

Freire, P. (1998). *Pedagogy of Freedom—Ethics, Democracy, and Civic Courage.* Lanham, Boulder, New York, Oxford: Rowman&Littelfield publishers, Inc.

Gadamer, Hans-Georg (1986). *The Relevance of the Beautiful and Other Essays.* Bernasconi, Robert (Ed.). Cambridge: Cambridge University Press.

Gadamer, Hans-Georg (1989). *Truth and Method.* (Weinsheimer, Joel and Marshall, Donald G. Trans.). New York: Continuum.

Mintz, J. et al. (Eds.) (1994). *The Hand Book of Alternative Education.* New York: Simon& Schuster Macmillan.

Siep, L. (1995). Individuality in Hegel's Phenomenology of Spirit. In Ameriks, Karl and Sturma, Dieter (Eds.), *The Modern Subject: Conceptions of the Self in Classical German Philosophy* (pp. 131-148). Albany: State University of New York Press.

Smeyers, P. (2002). The Origin: Education, Philosophy, and a Work of Art. In Peters, Michael A. (Ed.), *Heidegger, Education, and Modernity* (pp. 81-102). Maryland: Rowman & Littlefield Publishers.

PART 3

另類教育・全球思維

另類教育即人性涵養：
Dewey實驗學校簡史回顧(1896-1903)

王俊斌

國立中興大學教師專業發展研究所副教授

舊教育的各種缺點，諸如被動的學習態度、將兒童呆板且機械化地聚集、課程與教法的齊一化等。簡言之，舊教育的重點並不是在兒童，而是在教師身上、是在教科書以及其他除兒童本能與活動除外的任何地方。若是這樣，談論所謂兒童的生活也就沒有任何價值。顯然，人們或許可以談論兒童的學習，但是學校並非是兒童生活之所在。……20世紀初期教育改革者的首要之務，他們應致力於轉移教育的重心。質言之，昔日哥白尼天文學說指出天體的中心應該由地球轉移至太陽，同樣的，教育重心的轉移也應該是如此，兒童就像太陽，一切教育的設施應以兒童爲中心來組織。

（Dewey, 1956[II]:Ch. 2）

The Laboratory School's main purpose is to make discoveries about education—to set up experiments, and thus to modify theory by what is learned. This is our right for existence.

—Francis S. Chase, "Purpose of a Laboratory School" (Tanner, 1997:12)

It was with the deepest regret that every teacher who had had the

*good fortune to be associated with Mr. Dewey's splendid work, in
what we learned to call "The Dewey School," saw its doors closed,
its influence has been felt around the world.*

—(Grace Fulmer(1900-1902); citing from Mayhew and Edwards, 1936:395)

壹、前言

面對新自由主義思潮與全球化資本主義勢力強勢作用，大家已傾
向接受「教育」應是每個人的平等「權利」（rights）；同時，一個積
極有效的小而能政府，自然就該負起提供普及化就學機會之「義務」
（obligations）。面對這一套思維，它看似合理且符合社會多數人的需
求，但是，這種說法其實是把入學「權利」或者把畢業取得的文憑符碼
交換效果（effect of code exchange），假定爲等同於未來謀職的「基本條
件」或「必要投資」。顯而易見，此種聯結的邏輯大抵只是一種可能而
非必然的關係而已。無怪乎有學者便將政府或官方的體制化學校教育學
校比喻爲一種無產者的世界宗教（world religion）：

> 它允諾要拯救科技時代（technological age）的窮人，但這一個
> 許諾不可能實現。國家通過學校來實施教育，驅使所有公民都
> 去學習與拾級而上的文憑相對應的分等劃級的課程，這和昔日
> 的成人儀式與僧侶晉職過程並無二致。（吳康寧譯，Ivan Illich
> 著，1994：16-17）

當教育關係被置於消費主義之市場脈絡時，教育過程除了在於是在滿
足人透過教育商品消費進而取得一種文憑符碼，還是有其他嗎？我
們若仔細區分教育目的之不同立場，其教育目的不外乎「教育即生
長」（education as growth）、「教育即自我實現」（education as self-
realization）、「教育即社會化」（education as socialization）、「教育
即文化陶冶」（education as acculturation or enculturation），以及「教育

是人力開發」（education as man-power development）（歐陽教，1992：
40-43）。在種種不同的目的論之間，主流的觀點卻總是「教育即人力開
發」：

> 從經濟學或教育經濟學的觀點來說，似乎教育已不再是虧本的
> 生意，而是一本萬利的。開「人礦」遠比開煤礦、鐵礦、及
> 金礦，來得有利。這種教育觀點，最注重教育之功利的、工具
> 性的、或外在的價值。在低度開發中的國家，側重這種實利的
> 教育思想，作暫時的適應，肚子先吃飽了再說，原無可厚非；
> 但是一些高度開發的先進國家，如果其教育價值仍是偏枯的發
> 展，而無視於教育之內在的、非工具的、及普遍性的價值。那
> 麼人將漸漸失去人之所以為人的味道，一種價值偏枯發展的社
> 會或文化，將是無根的，不經久的。（歐陽教，1992：43）

　　姑且不論一個人到底該接受何種形式的教育，僅先就「一個人應
受多少正規學校的體制教育（不包括學前托兒所與幼稚園）才算足夠
呢？」的問題來看，台灣早期經濟起飛階段前後，當時人們多數認為必
受教育是以初中為最低要求，亦即受完初中教育便意味一個人應足以適
應現代社會所需。然而，由於目前生活狀況複雜且謀生的行業繁多，不
同職業各自需要相當技能，我們自然會認為學生非得進入學校不可：

> 〔具有〕有一種資格，才能進入一種行業，才有謀生的技能。
> 於是所讀的學校層級，成為才能的標幟，學校層級愈高者，代
> 表才能愈高，所能擔任的職務，地位也相對愈高，報酬自然與
> 之相當。（賈馥茗，2003：125）

如果說我們接受正規體制化教育的原因，這是由於它對個人發展具有決
定性影響！如果這點說法講得通，那麼，現代人為何必須投諸比從前人
更多的時間待在學校？其中原委好像也完全不被社會大眾質疑或追究。

平心而論，事實是這麼簡單嗎？Randall Collins其實早在《文憑社會──教育與階層化的歷史社會學》之中便批判此種觀點：

> 做為技術主義（technocracy）重要支柱的「教育主義」（educationcracy）它多半是科層制（bureaucracy）的空話，而非真正技術技能的製造者。無論我們從什麼角度來認識教育主義──把受過較多和較少教育者的工作表現加以比較，找出職業技能實際上是哪學到的，學生在教室中學到了什麼並能記憶多少，檢測教育程度與成功間的關係──教育技術主義的詮釋，幾乎都得不到支持。（劉慧珍等譯，Randall Collins著，1998：9）

換言之，因為拾級而上的教育階層規劃，它意謂教育足以藉由人才培育而對經濟成長做出具體貢獻。這也就是許多政府往往以所謂「報酬率」（rates of return）做為投入大量經費的重要理據。但是，實際影響個人成就與表現的原因，不只是個人能從學校習得多少技能，它仍存在其他因素：

> 教育顯然肯定意指某物（signalizing something），它直接等同技能或所需要的能力嗎？僅以表面的教育程度或許不是那麼的恰當，本質而論，教育是否只是整體社會用來對人進行分級、甄審、乃至於選擇的一般方式而已？（Wolf, 2002:28-29）

面對教育目的論的偏枯化發展困頓，重新反省「我們到底需要何種教育？」、「一個學校到底該依據什麼標準來判定其辦學的績效？」這自然是教育力求革新無可迴避的問題。坦言之，今日的教育問題或許根本不是什麼新鮮的議題，如同John Dewey早在百年前便曾在《我的教育信條》（*My Pedagogic Creed*）論及當時教育的處境，與之相較，此刻我們仍身陷於相同的樊籠之中：

> 現行教育失敗的原因即在於它忽略學校應被視為一種社區生活

的基本原則。學校應被視爲是資訊傳遞、學習特定課程、或者培養特定習慣的場域。諸如此類的看法，它皆將教育目的放在遙遠的未來；學生必須做這些事，其原因只是它們被認爲這是該做的；他們只是在爲未來做準備。這樣的做法的結果，它們皆不是兒童生活的一部分，它們自然不是進行的眞正教育（truly educative）。（Dewey, 1897a）

另外，他也在《學校與社會》（*The School and Society*）中指出我們看待教育問題時極易採取一種自囿的立場：即我們極爲容易以「個體性」（individual）的立場來觀察學校，例如不論是教師與學生或者是教師與家長，大家總是很自然地把焦點放在關注兒童的正常生理發展、讀寫算等能力的進步、地理與歷史知識的增加、舉止更有禮貌、處事機敏有序並具有勤勉習慣等等。他認爲一般人所依據並用以評判學校辦學成效的標準，這樣做其實也是正確的。但是，Dewey 認爲我們應該可以將觀察學校成效的標準更加擴大一些：

所有優質家長所願意爲其子女付出的，其實不也正是社群所願意爲所有孩子做的。與之相較，我們對於學校所主張其餘的各種理想來看，它們反而都被覺得是狹隘可厭，不但如此，它們反而更會摧毀我們的民主機制。所有的社會皆是透過學校做爲媒介來達成控制其未來成員的任務。所有各種較好的觀點也皆希望藉由各種新的契機來使其付諸實現。就此而言，個人主義與社會主義的看法是相同的，只有能夠讓所有個別個人都有充分發展的機會，社會也才有機會來實現其理想。在此種既予的自我導向（self direction）的意涵之上，沒有比學校來得更爲重要的。（Dewey, 1956[II]:Ch.1）

根據Dewey對於教育的主張，他認爲「教育是一種生活的過程，而非是爲未來生活做準備」，而且「學校必須實際且生動地展現出一種生機

盎然的生活，也就是讓兒童如同在家中、鄰里間以及在遊樂場一般」
（Dewey, 1897a）。若主流的教育價值（即主張教育應該為個人將來就業
做準備）是有問題的，那麼，我們對於Dewey的教育見解，就全然毫無
疑懼嗎？Dewey自己其實也清楚此種革新論點的難處：

> 無論任何問題其實皆不免存在矛盾或對立，我們往往只有嘗試
> 從一種新的角度來觀察與分析，我們才有可能擺脫原有概念意
> 涵的侷限並得出新的見解。探取這種方法其實對於問題的思考
> 而言卻是極為辛苦的。要我們放棄已知的事實，轉而去尋找一
> 些新的論點和理據，也就試圖拋棄已形成的概念和擺脫已熟悉
> 的事實，這自然是吃力的工作。相反的，依循既有的概念也就
> 相對容易許多。（Dewey, 1956[I]:3-4）

如果說，我們將多數服膺政府法規與社會穩固價值體系之教育形式稱之
為主流教育，那麼，所謂的另類（alternative），它便意指「非主流」的
意思；而「另類教育」便是企圖提供學生在主流教育之外的其他可能選
擇。依據此一「主流／另類」的區分，顯然，當我們重溫Dewey當時在
Chicago University提出的教育主張與進行的教學實驗，我們將發現他做
為「另類教育」先驅這段歷史是較少被提及的！

回顧台灣這幾十年來的教育發展，長期以來，除了接受「教育主義」
的偏枯化思維與教育階層化的宰制外，教育的正當性似乎僅殘存於教育
所能產生社會階層流動效果而已。教育並不存在也被禁止提供其他可
能，換言之，任何正規教育以外的做法，早期被定義為體制化的「非法
學校」，在後來它才稍稍被地同情性地施予「教育實驗」的卑微權利：

> 為什麼台灣另類教育的處境是如此的艱困？另類教育與另類學
> 校的「另類」到底是什麼意思？為什麼台灣有人一聽到「另
> 類」一詞，就馬上把它視為「離經叛道」、標新立異、搞革
> 命？而對於另類學校則往往把它與貴族學校聯想在一起？教育

界以及許多受過高等教育的人士，也常振振有詞地主張所有人應該上同樣的學校，接受同樣內容的教育，並因此不願去了解另類學校的意義。（唐宗浩，2006：21）

思忖Dewey所思：「……試圖拋棄已形成概念和擺脫已熟悉的事實，這自然是吃力的工作。相反的，依循既有的概念也就相對容易許多。」這正說明追求「另類」理想的艱辛。縱使Dewey本身的哲學對於教育有著深遠的影響，而且他享年之久，與著作之豐，門弟子之眾多，這些都是少有人能與之比擬的（吳俊升，1961：1-3；高廣孚，1988：51-54）；另外、他主張透過實驗的方法，讓學校的知識學習與社會實際生活相聯結，並將教育視為生活的過程之新見解等，凡此種種皆反映其做為一個哲學思想家與教育改革者所得到足以享譽世界各國的卓越聲名（楊國賜，1982：188）。可是與其崇高的學術地位相比，從1896年他在Chicago University創立迥異於當時主流教育的「實驗學校」（The Laboratory School）算起，這個學校卻也在1903年時意外關門告終：

實驗學校在1896年1月開學，當時學生總共有16人，同年10月，學生人數則是增加至32人，1897年12月增加至60人，到了1903年時學生數則已為140人。開辦時正式教師只有3人，隨著學校規模的擴大，教師也不斷增加，到了1904年，教職員已經達到23人，擔任教學助理的研究生也有10人。實驗學校於第三年終，學校把所有教師分別組織到幼兒園、歷史科、自然科學和數學、藝術、音樂、語言、家事科學、手工藝和體育等研究室。研究室由受過專門訓練且有經驗的教師領導，並要求教師在各自領域裡機智地研究課堂中進行各種活動時發現的問題。由於實驗室的任務，學生分為各個小組，不分班級。芝加哥大學許多研究人員和教育系大部分老師也共同參與這個實驗。一般而言，整個實驗的進行大概經歷了兩個時期：第一個時期（1897-1898）是摸索時期；第二個時期（1899-1903）是針對

前一階段證實有效的課程、教材和方法的繼續，並且在原有的
基礎上進行修正和提高。（王承緒等譯，2007：1-2）

Dewey在Chicago University實驗學校的8年，這段時間正是他教育理想形
成與發展的重要時期。本文〈另類教育即人性涵養——Dewey實驗學校
簡史回顧（1896-1903）〉之目的正是期待能夠藉由重新閱讀Dewey在這
段時間提出有關實驗學校的組織計畫以及各種具體措施、Katherine Camp
Mayhew 與Anna Camp Edwards對於實驗學校的記錄[1]、Laurel N. Tanner就
實驗學校的省思、Jay Martin在 *The Education of John Dewey: A Biography*
中有關實驗學校的記錄，以及他在這段時間所發表一系列重要著作——
這包括1897年《我的教育信條》（*My Pedagogic Creed*）、首次出版於
1899年的《學校與社會》（*The School and Society*）與於1902年出版的
《兒童與課程》（*The Child and the Curriculum*）等[2]資料，透過這一段較
少被提及的歷史，體會Dewey個人「另類教育」理念的世界：

> 教學本身是一種創化的社會藝術（a creative social art），Dewey
> 先生透過個人人格的影響，這釋放出大家的力量，其實這正是
> Dewey先生個人的哲學，在他的領導下，大家能夠自由的投入
> 工作，也能與他人合作。（Mayhew and Edwards, 1936:vii-viii）

---

1 在實驗學校進行時，Katherine Camp Mayhew擔任學校副校長，負責課程發展任務；同時，
她也是科學教育的學科主任。而Anna Camp Edwards則是在實驗學校發展初期擔任歷史科教
師，後來她擔任各學科在面對高年級學生教育問題的特殊導師，這些經驗也都足以讓她對
Dewey教育哲學有著更深的體會與詮解。

2 在辦理實驗學校這段時間，影響極為廣泛的《學校與社會》則是他對實驗學校學生、家長與
贊助者演講彙集而成。而有關《兒童與課程》與《學校與社會》兩本書最早的合訂本則是
1956年的版本在本文之中對於此一合訂本的引，由於原書頁碼編排的原因，在本文引用其
中觀點時，分別以1956[I]與1956[II]表示。而就中文譯本而言，目前已有的類似版本包括：
（1）由林寶山、康春枝採取1971再刷版本進行翻譯並1990年出版之正體中文版本（台北：
五南），只不過他們將原先英文合訂本的編排對倒（將《學校與社會》置於前，而將《兒童
與課程》置於後）。（2）1994年由北京人民教育出版社的《學校與社會、明日之學校》，
這個簡體中文版係將《明日學校》（*Schools of Tomorrow*）一書納入。（3）第三個找得到簡
體中譯版本則是被收錄於1981年趙祥麟，王承緒主編的《杜威教育論著選》之中，不過其就
只有《兒童與課程》的翻譯全文（華東師大出版社，頁75-96）。另外，在網路資源方面，
在人民出版社的課程教材研究所的網站之中，我們則是可以找到Dewey《兒童與課程》一文
的中譯全文（相關網址為：http://www.pep.com.cn/jdwx/index.htm）。

透過閱讀Dewey，無疑會讓我們看見教育原本就應該有的豐富可能性，而且也能體會一種強調創化與邂逅的教育視野，或者是一種美學化的詩意實踐。因此，若我們期待能藉由自我與自身傳統進行徹底批判性的過程中進而成就人性涵養（Cultivating Humanity）（Nussbaum, 1997: 9-10；王俊斌，2007：50），其出路一如Dewey的另類經驗，首先應該將主流與另類間的價值評斷界限的模糊化，唯有如此，「另類」孕蘊的多元世界也才得以陳顯。

貳、是主流？還是另類？——芝加哥實驗學校發展簡史

根據吳俊升（1961：11-16）在《約翰杜威教授年譜初稿》的記載，Dewey在1884年時（25歲）時提出《康德心理學》（*The Psychology of Kant*）學位論文並獲得博士學位。他在Morris教授的引薦下，在Michigan University取得哲學講師的教職。在Michigan這段時間，他將研究的重點集中於德國觀念論。在1888年秋天時轉赴Minnesota University接任哲學教授工作。在隔年因爲他的恩師Morris過逝，他再次回到Michigan，接下哲學系系主任工作，一直到1894年爲止。在離開Michigan之前的幾年，他對於實際學校教育日益感到興趣，也由於照顧與教育自己的三個子女，這也使得他注意家庭教育與一般教育的實施及其問題。另外，他更發現當時的學校教育處處充滿與心理學發展原則的矛盾，種種原因皆促使他謀求改造的想法。顯而易見，即於此時Dewey思想正是後來他在Chicago University創辦「實驗學校」的張本。在1894年，由於Harper甫接任Chicago University校長，在各處網羅一流學者任教，在該年秋天，Dewey在他的邀請下遂接受擔任哲學、心理及教育系系主任的工作。

Dewey自從到Chicago University任教後，由於他對教學及其與地方各級學校教師之間的接觸，他對於實際教育的問題日益關注。當時Chicago也已存在各種不同的教育革新運動的團體，例如Francis W. Parker與Ella Flagg Young等人也早已參與學校教育改革，同時，若干家長也對於新型態學校的設置也具有期待。在種種因素與氛圍的影響下，Dewey

在1896年決定將過去在Michigan便已醞釀的教育改革與理想進一步付諸
實現，此即他創設之「實驗學校」（Laboratory School，後來又稱「杜威
學校〔Dewey School〕」）。這一所實驗學校設置的目的，他是希望通
過大學來制定出從幼兒園到大學的一套有機整體的學校制度：

> 他期待實驗學校在Chicago University哲學、心理與教育學系的
> 指導與管理之下，它與該系的關係正如同實驗室與生物學、物
> 理學或化學的關係。也就是說，它與任何一個實驗室相同，其
> 目的有二：（1）展示、測驗、檢證和批判各種理論原則與陳
> 述。（2）提昇我們對於教育事實與特殊原理的發現與掌握。
> （Mayhew and Edwards, 1936: 3）

這一個學校並非如以往師範學校附設之實習學校，它更與後來發展
的進步主義學校（Progressive School）不同。學校設置的目的實際就如
同它的名稱一樣，他認為「教育學家有此學校猶如自然科學家之有實驗
室，學校設立即為能透過教學實驗而將教育理想付諸實現」（吳俊升，
1961：17）。

由於實驗學校並未接受Chicago University太多補助，大學僅同意給
Dewey開辦費一千美元，不過這筆金額並不是以現金方式支付，而是來
自在實驗學校擔任教學助理的研究生向學校繳交的學費（Mayhew and
Edwards, 1936:12）。因此，學校的經營大多只能依賴學費與募款維持。
實驗學校經常面對嚴重的財務問題，學校的經營，在一年內換了3次學
校校址，各項教學設備故而始終不夠充足。學校運作困難的主要是因為
向學生收取的學費偏低，但他堅持如此的用意在於：

> 為了是讓一些認同並羨慕這種教育理想的父母仍有機會可以將
> 子女送到實驗學校就讀。因此，學校的財務狀況總是入不敷
> 出。例如，在1901-1902年期間向學生收取學費的狀況，其中
> 4-6歲兒童每年75美元，僅向接受上午班課程的高年級兒童每年

收取90美元，而接受下午班課程的學生每年則需繳交105美元。面對財務經營的困難，有一些家長與Dewey的友人，例如當時Mrs. Charles R. Linn便慷慨捐贈1200美元，他們肯定這所學校學生教育的價值與意義，因而十分堅定的支持學校。（Mayhew and Edwards, 1936:12）

在實驗學校初期辦學時遇到不少阻礙，有些人甚至在聽聞學校名稱而有誤解，誤以為學校的兒童會如動物一般被解剖（吳俊升，1961：17）。當時學校課程的編排與教學法也明顯與傳統學校不同。另外，實驗學校一開始最令當時人們驚訝之處，即教室內座椅並非固定排列而是可以隨意自由移動，以便學生分組從事各種學習活動。這種做法當時被批評為無秩序的混亂行為。Mayhew and Edwards（1936:7-9）回憶當時的情境，當時大家抱持著對教育實踐方法正確性的信心，學校選在一所私人住宅並於1986年1月正式開學，當有只有16名學生和2個老師。最早先的半年是「嘗試錯誤期」（trial-and-error），它主要是確定那些做法是不可行的。同年10月，校址遷移（5718 Kimbark Avenue），招收6至11歲的學生，人數增加為32人。其中有一名專任職員及3個正式老師，不同老師分別負責科學與家政、文學與歷史以及手工訓練。另外還聘任一位音樂兼任教師、3名全時或部分時間參與學校工作的研究生。到了1897年1月時，因為學校場所過於狹小，後來又再次遷移到Rosalie Court與57街交界附近的South Park Club House。這時教師人數又有所增加，而且招收且註冊的學生人數已有45人。到了1897年12月，教師人數已提高至16人，而兒童人數也已增加為60人，自然而然，實驗學校又必須再次尋覓更大的空間，學校後來選在Ellis Avenue 5412號的老房子。學校當時仍採取迄今仍被沿用的分科（subsequent departmental form），其目的是為能與大學的組織形式相契合，另外也新設置招收4-5歲兒童的幼兒部（pre-primary department），這時的學生總數也已經達到82人。學校舊倉庫整理做為體育館與手工教室，美術和紡織教室則是放在頂屋的房間。科學學科則是有2間實驗室，其中一間是理化實驗室，另一間則是生物學實

驗室。歷史和英文則是分別安排3間專用教室,家政科則是有一間可以同時容納兩個班級兒童的大廚房,還有兩間可以供學生用餐的餐廳。

經過2年半的發展之後,學校可以說是進入另一個階段(Mayhew and Edwards, 1936:12-14;吳俊升,1961:21-24):從1900-1903年,學生人數持續成長,最多時曾達到140人,教師和講師達到23名,擔任教學助理的研究生也有10人。在1901年時,Dewey連任主任,Ella Flagg Young則是擔任教育系的教學視導(Supervisor of Instruction),而且原先與學校沒有正式關係的Mrs. Dewey也正式擔任實驗學校校長並兼任英文與語文學科的科主任,她也負責學校對外溝通的一般性發言工作。另外,學校仍維持與大學固定既有的關係,藉以保障工作的穩定性與連續性。Dewey提名其夫人為實驗學校校長,由於事前並未徵得Chicago University校長Harper的同意,在通過聘任案之後才去函致歉。同年,Francis W. Parker主持之師範學校及其附屬的實習小學,由於教育理念的革新為當地人士質疑,後來在Dewey及其熱心教育改革人士的支持下,該校才得以由Cook County改歸Chicago教育局管轄後而能繼續維持。而在1899年Parker更接受Mrs. Emmons Blaine一百萬美金的捐款,該校因此得以獨立設置,改稱Chicago Institute,仍為訓練初等教育師資之機構,後來又進一步決定與Chicago University合作,因此將這一百萬美元之捐贈移交給Chicago University,並同時將Chicago Institute及其附屬之實習學校併入大學,成立教育學院(School of Education),Parker就任該院第一任院長。在合併的過程之中,當又包括另兩所學校的併入議題,一個是Chicago Manual Training School以及South Side Academy。就Chicago Institute而言,在併入時,在Parker領導下,教職員已經達到35人,而學生人數,單就師範部就有100人,而其他部門各有120人,其中自然包括小學與幼兒園。顯而易見,教育學院及其實習學校,它們與Dewey主持之哲學、心理及教育系及其實驗學校間關係之錯綜複雜,我們自是不難想見。Chicago University在合併案完成後,就有兩所小學:其一是由Parker負責且資金充裕的師範學校及其附屬實習學校;另一個則是經費拮据的Dewey實驗學校。另外,當在考量是否將Chicago Institute併入大

學這個過程之中，Harper校長也並未徵詢Dewey的意見，致使兩人關係顯得緊張。在Chicago Institute併入之後，Harper校長更在Dewey離校做短期演講時，曾嘗試將實驗學校與實習學校合併，由於此一思考受到實驗學校學生與家長的強烈抗議，合併議題才被擱置。

在1902年時，由於教育學院院長Parker因病過逝。Dewey經Mrs. Emmons Blaine的提名繼任教育學院院長，到了這個階段也才使得大學學術研究與教育訓練機構之領導事權獲得整合。而在1903年時，Dewey也再次嘗試將師範教育之實習學校與實驗學校兩者加以合併，並提名Mrs. Dewey出任校長。此舉遭受教育學院與實習學校教師的反對，後來還是在Harper校長的協調下，才勉強通過兩校的合併與校長的任命。由於各單位的發展歷史與師資來源各有不同，合併之後校內派系對立不能相安。種種不利的發展致使實驗學校的精神受到嚴重傷害。在Mrs. Dewey出任校長合約滿一年之後，Harper校長並未同意給予她未來三年之小學校長職務的合約。由於彼此的嫌隙擴大，Dewey提出辭呈離開Chicago University，並同時轉赴Columbia University擔任哲學教授（Martin, 2002: 203-241）。在他離開後，以引領當時主流思潮之Dewey哲學為基礎的另類教育實驗也頓時劃下句點。

參、Dewey另類教育視野的開展

一、何謂學校？現代學校的誕生與回歸自然／本質

對於現代化學校制度的誕生，我們或許可以從文化人類學的角度找出一些發展殘存的痕跡。如同Ancient Futures: Learning from Ladakh這部影片傳遞給人的感觸，它雖然在討論文明發展與生態環境的問題，但是它卻似乎也同樣印證社會變遷與普遍化教育體制發展間的複雜糾結：

> 從傳統文化來看，兒童是從經驗中學習，他們學會如何種植食
> 物、如何建造房子、如何編織衣服、以及學會支持他們世代以

來得以在Ladakh生活的各種價值。與之相反的,現代性教育則
是教導學生學習各種都市生活所需之不同職業的專業技能。
但是這樣教育的結果卻是產生Ladakh青年的失業情形日益增
加。今日Ladakh學校教學課程卻完全未曾教導孩子認識自己的
Ladakh文化與地方的各種資源。他們的教育完全採取西方工業
化社會的模式,甚至是外語的學習,或者教科書都是在傳遞西
方的價值。

另外,當Ladakh接受西化的現代教育後,除了衝擊他們自身的文化與價
值之外,同時當所有孩子都到學校去上課,讓孩子參與農業耕種的勞力
情形不再,讓傳統生活模式益發難以維持,這特別對女性的影響特別大
的。例如,在該紀錄影片中一位母親道:

> 我必須要餵馬、驢子、dzo、牛等所有動物喝水,也要給牠們草
> 料,這些都只有我一個人在做,所有孩子都去學校了,一個10
> 年級、一個9年級、一個8年級,其中有一個學電機工程,而我
> 先生是老師,所有的事因此都只能由我做。現在唯一的幫手只
> 有這一個幼兒(大約2-3歲)了。

面對強調效率性的現代化教育,Dewey便曾清楚地指陳其可能產生的弊
病。他認為主流的體制化教育正如同Mathew Arnold 在考察法國教育報
告中所說的(Dewey, 1956[II]:Ch. 2):一位法國教育人員自豪地誇耀有
數千位學生在同一時刻,他們皆共同學習地理課中的某一課程。針對這
種教育形式,Dewey以其身處環境為例來再次印證這樣的情況——美國
西部某城市的中學校長也曾屢次以類似的立場向參觀者誇示。[3]與這樣的
主流價值相反,Dewey曾經以自己為了在當地尋找一種不論是從藝術、
衛生、教育等不同角度皆能符合兒童需求的課桌椅為例據以反映當時教

---

3 似乎,台灣在過去也有許多在學學生超過上萬人的超級小學,由於這種「世界第一」,當時
  我們也曾極自豪地向外人展示此一榮譽或教導在學學子認同此種世界罕有的驕傲。

育的問題。他在幾經尋找之後，發現這種桌椅真的很難找到，最後，有一位看起來比其他人來得聰明的店員向他說：「我恐怕沒有那種合您意的課桌椅，這裡有的都是適合提供學生靜坐聽講用的桌椅而已。」他認為這段話一語道破傳統教育的面貌：

> 這正如同生物學者只憑一兩根枯骨，就可以研判此一生物的全貌一般（這一如見微知著之意）。學生都是被要求要專心靜聽的態度到學校上課，如果我們能夠用心想像在一間普通教室中井然有序地放了許多醜陋的桌椅，在十分擁擠的教室無法提供學生較多的活動空間，而且桌面上又只有放置書籍紙張，另外再加上一張大桌子、幾把椅子，教室牆面又只掛著幾幅圖畫，我們不難在心中勾劃出此一場所唯一所能進行的教育活動會是什麼樣子。所有一切都是為了能夠讓學生「靜聽」而設計的，因為純粹書本的學習都只是「靜聽」的另一種形式，此種設計也顯示出一人之心靈對於另一個人的依賴，靜聽的態度與談話相比較，都顯得是消極、被動的吸收，學校教室已有許多由教育人員及教師準備好的教材，其目的皆是為了協助學生可以在短時間內吸收與運用。（Dewey, 1956[II]:Ch. 2）

就學校制度的規劃而言，基於教育即生長的理念，教育其實和生長便是同一的；它本身以外便沒有其他目的了；教育因此在每一個人生命過程中都在進行；它是個人適應物資環境與社會環境的結果；同時，人自然也會利用並改變環境，藉此滿足他個人與社會之需要（Mayhew and Edwards, 1936:7）。因此，學校教育若必從兒童的生活為出發，那麼它必須簡化既有的社會生活形式，也就是說學校本身即應具有社會的雛形（embryonic form）：

> 由於既有生活的複雜性，它要不是使兒童弄不清頭緒，不然就是讓他們無法專注，這皆使得兒童無法直接付諸實踐；兒童也

可能因為各種持續行為的多樣性，他不但會顯得不知所措，更
無法井然有序地對應（Dewey,1897a）。

為了使自己的看法能夠更清楚更可行，他便曾以「理想家庭」（ideal
home）為例再行說明他所指「以兒童為中心」的教育意涵。他認為父母
應該要知道何者是對子女最有利的，也必須要有能力滿足子女的需求。
我們應當不難發現孩子總是從家庭中的社會交談（social converse）與家
庭的組成來學習，透過交談的過程中，兒童獲得某些對自己有意義的影
響與價值：

> 例如兒童透過說明、質問、議題討論等過程學習對自己有利的
> 經驗。當兒童在說明自己的經驗時，其中的錯誤獲得修正的機
> 會。另外，當兒童在參與日常家事的勞動時，他除了可以培養
> 勤勞與行事有序的習慣，學會尊重他人的權利與想法，同時也
> 能維護家庭的利益。透過參與家庭活動的過程也就成為兒童獲
> 得知識的機會。理想家庭自然能夠提供有效協助兒童開展其積
> 極性天性（constructive instinct）的契機，家庭也能夠有如微觀
> 實驗室（miniature laboratory），讓兒童在安排性的導引之下從
> 事學習探究。兒童將他們的生活範圍擴展至門外的花園，周遭
> 的田野與森林。他更可以透過旅行的過程，在足跡所及與言談
> 經驗之中，一個在門外更為廣闊的世界都將展現在他的眼前。
> （Dewey, 1956[II]:Ch. 2）

簡言之，依據Dewey的立場，學校設立之目的即在於協助兒童
（Eby,1964:611；楊國賜，1982：190-191）達成如下目標：（1）如何使
家庭生活與家庭及鄉里生活的關係得以更密切。（2）在介紹歷史、科
學、及藝術教材時，我們能用什麼方法，使他們在兒童的生活中具有積
極價值與真正意義的。（3）如何能在教授讀、寫、算的時候，應用日
常的生活和職業為其背景，務使兒童覺得讀、寫、算等因為它們與自己

生活有莫大關係，讓其覺得這些是不可少的。（4）如何充分注意個人的力量和需要。若能眞正以此爲出發的學校，這才是一所「理想學校」（ideal school）的可能所在。

Dewey曾批評傳統主流教育（即「舊教育〔old education〕」）的缺點正在於在未成熟的兒童與成人之間作了極不合宜的比較，希望兒童能夠儘快的擺脫不成熟狀態。然而在當時，他卻也不同意一種極端以兒童爲唯一學習核心的「新教育」（new education）形式，他認爲「新教育」的危險即在於把兒童當下的能力和興趣本身賦予唯一且最重要的地位（Dewey, 1956[I]:13）。他所主張的教育顯然是介於這兩者之間，也就是他認爲兒童的學習和成就其本質是不固定的、變動的。那麼，這一種「理想的學校教育」到底是什麼？其實，他認爲我們首先必須把理想家庭的範圍擴大，也就是孩子被帶入與更多成人與更多兒童互動的場合之中，藉此讓孩子有更自由與豐富的社會生活。再者，各種日常事物與相互關係也並不是特別爲兒童的成長而刻意安排的，孩子從中所得到的學習都只是偶然而已。爲了協助兒童學習，學校教育的需求便極其自然（Dewey, 1956[II]:Ch. 2）。兒童在學校的生活也就完全爲能依循一切皆在控制之下的目標來學習。所有學習的媒介都必須能夠擴展兒童中心更進一步的成長。這就是學習嗎？這當然是，以生活爲基礎，學習必須透過並與其生活產生聯結，當我們能夠以兒童生活爲中心並加以組織時，一種截然不同的「學校教育」可就不難想見了。

二、何謂課程？從學科本位轉向"social-self-creation"

從課程研究史來看，一般皆將1918年Frank Bobbitt出版《課程》（*The Curriculum*）一書視爲課程研究與理論發展的濫觴，在《課程》之中，Bobbitt主張課程的規劃要以能協助學生預備未來成人生活的能力爲目標，另外，他在隨後出版的《如何編制課程》（*How to Make a Curriculum*）則是透過詳細的工作分析與規劃，進而將強調效率與控制的科學化管理學模式套用在課程研究上（Bobbitt, 1924; Pinar, Reynolds, Slattery and Taubman, 1995）。換言之，課程總被從「管理」

的角度而非哲學的視野來看待，充滿技術性的行政操作思考（許芳懿，2006：95）。到1949年時，Tyler在《課程與教學的基本原理》（*Basic Principles of Curriculum and Instruction*）之中，他則是更有系統地將課程發展結構化，並且進一步提出「泰勒理性化課程模式」（curriculum model of Tylerian rationale）的課程發展基礎：

> （1）學校應該試著去達成何種教育目標？（2）何種有用的學
> 習經驗是可以有助於這些目標的達成？（3）怎樣組織這些學習
> 經驗進而達成有效的教學？（4）學習經驗的有效性應該如何評
> 量？（Tyler, 1949:v-vi）

顯而易見，現代化學校課程與教學思考的出發點，係先以課程之學科知識結構爲前提，學習者僅能有如一個被動接受的容器（container）而已。學習的內容完全與他的生活經驗或生命體驗完全脫節。相反的，Dewey主張教育即生長，他一方面雖不同意把一個特定年齡兒童所應表現的現象視爲是自明的和完整獨立的，因爲這有可能導致放任和縱容。也就是說，無論是兒童或成人，如果他們自身被認爲已經是足夠的，那這就是放任。另一方面，他卻也不同意一種截然「以課程爲中心」的教學形式。職是之故，在這相對的兩種極端之間，他認爲學習的眞正意義必須是以兒童的經驗爲出發點，進而提供他們一股向上提昇的動力：

> 對於兒童的傾向和行爲，除非我們把它們看作是萌芽的種子或
> 者是含苞待放的蓓蕾，否則我們根本不能理解其眞正意義。
> （Dewey, 1956[I]:15-16）

如果我們理解Dewey這樣的觀點，那麼一個被經常問起的問題便是：如果我們由兒童的概念、衝動及興趣爲起點，一切都是十分自然、隨機與凌散的，沒有經過昇華（refined）或精神化（spiritualized），他如何得到必要的規範、文化和資訊呢？也就是說，如果完全順任兒童並

讓他耽溺於自己世界之中，那麼我們不禁懷疑「學生被送到學校到底所為為何？」回歸Dewey的主張，他認為我們不應該完全忽視生活對於教育的重要。例如，藉由接觸天然物品、實際的材料、參與製造的勞動過程，這些媒介不但能讓兒童逐漸學會不同社會需求以及各項器物的用途，同時也可以使學生在真實的生活過程中逐步養成觀察、想像、邏輯思考、實際經驗的累積等等（Dewey, 1956[II]:1）。但是，若把問題說得再更淺白些，從生活出發的實驗教育是否就不需要「課本」？這個問題的答案則是教學必要在學生主動需求上逐步給予合宜的知識材料之「課程觀」：

> 如果我們將各種知識及材料加以組織化，那麼這將呈現出另一種途徑，讓他們可以依循既定的方向前進，引導他們根據邏輯性的標準逐漸朝向此一途徑的最終目標（Dewey, 1956[II]:Ch. 2）。

如果將現代化工廠所標榜的標準化、效率化的生產管理直接類比教育活動；顯然，這種態度仍未能體認教學本質應該被視為一種多樣態的複雜互動歷程（歐陽教，1992），亦即Dewey所給出的「課程」概念並不是典型的現代性課程主張。因此，通過對現代主義課程觀點的批判，這也讓後現代課程觀看起來較容易被理解。例如，後現代性課程觀一反科學主義式的現代性教育隱喻，後現代性（post-modernity）即強調一種基礎組織單元（elements）間的非線性互動（non-linear interaction）、回饋與平衡機制的運作、具有脈絡化（contextualization）與開放性（openness）等特質之複雜性（complexity）的後現代思維（Cilliers, 1998:2-5）。再者，當後現代性不再只是一種社會狀態和文化運動，而已成為一種世界觀，在複雜性思維（即多元性與差異化）基本前提下，為了能夠發展出後現代性課程，我們非得要「挑戰現代邏輯實證論將歷史視為線性時間的傳統取向」（Slattery, 1995:36），而這種取向或典範的轉換，正意謂著我們對泰勒式理性論的批判與修正。毫無疑問，Dewey所主張的課程發展基礎絕對與現代主義課程觀相悖，但是他卻

又不同意教育可以「任其生長」。職是之故,他課程的立場並不是一種 "endless request the hermeneutics of bottomless human being" 的虛無主義式的激進後現代(radical postmodernism)論調(Garrison, 1998:111-113)。如果,它既非現代,又非激進後現代,那這會是什麼?其實,當他說「如果我們將各種知識及材料加以組織化……」,極其清楚的,他仍主張教師必須扮演引導者、觸發者、共同學習者、甚至是「學科專家」等不同角色。另外,由於教育活動總是承載著某個特定社會性脈絡,教育活動總是在他人的參與下進行,亦即教育是所有共同參與者(學校—教師—學生—家長)之間的交互作用(interaction),教育活動的本質自然是極富社會性意涵的。故而,教育根本不是個人式的自我創造(self-creation),而是一種我與他者的共同創化(social-self-creation)(Ibid., 129-133)。

三、何謂學習?師生邂逅與自我完成

就「到底何謂學習?」的問題而言,Dewey認為兒童生活在相對狹隘的世界裡,除非是生活中能有密切地接觸,否則其他事物很難進入到他的經驗之中。兒童的世界是一個與他個人興趣有關的世界,這不是一個事實和規律的世界:

> 兒童世界的主要特徵,不是什麼與外界事物相符合意義上的真理,而是感情和同情。學校裏課程提供的材料,卻是無限地回溯過去,同時從外部無限地伸向空間。人們在兒童離開他所熟悉的幾乎不多於一平方里左右的自然環境以後,便使他進入一個遼闊的世界——甚至可以說,使他進入太陽系的範圍。Dewey言下之意即在於批判現行的學校課程並未能與學生實際的生活經驗緊密地扣聯在一起。兒童應該是一個統整而完整的個體,無論何時,兒童所關心的皆在於反映其自身生活的全部,但是學校的學科分化卻把兒童自己擁有的完整性給徹底區分了。(Dewey, 1956[I]:6-7)

因此，在學習活動的引導上，他主張教師應該利用一些方法賦予教材某些心理上的意義。簡言之，他認為這裡應該有三方面必須說明（Dewey, 1956[I]:27-30）：

首先，學校若僅強調形式地理解符號和反覆記憶的作用，這將造成許多學生學習問題。其問題癥結正源自課程教材與學生個人心理具體狀況缺乏聯繫。因此，我們有必要對如何保持教材和心理的有效聯結加以發現和仔細研究。

其次，若要學生能夠對課文教材發生興趣，其關鍵若不在材料本身，那麼它至少要有一種相對性的對比：和學習課文相比，受責罵、受嘲諷、課後留校、扣分數或留級等可能是更讓學生不感興趣的。有許多以「規訓」為名的方法反對「軟教育」（soft pedagogy），轉而強調努力與責任。另外它也強調從興趣反面觀之——也就是學生對於痛苦的恐懼。其實，教材本身不直接與興趣相關；它並不直接發生在生長的經驗之中，該如何把兒童與課程教材的關係聯繫在一起，這也是值得關心的。

最後，從興趣的角度上來看，如何找出最適當方式修正教材，把它心理化，也就是說如何在兒童的生活經驗內去設計和發展教材，這便是探討兒童與課程的原因所在。

思考「何謂課程？」的問題，Dewey顯然是將之與「教材心理化」問題聯繫在一起，他指出我們通常都太受自己的立場與所處情境的局限，或為堅持自己的觀點而犧牲他人。例如，太過堅持兒童的天性、或者堅持成人已發展成熟的意識、或者又太過堅持某些議題的核心關鍵、這其實都是不好的，因為它們都忽略了一個重要的問題：即「交互作用」的問題（Dewey, 1956[I]:4-5）。質言之，一種「有意義」學習活動的進行，不單單只是學生的問題而已，它更包括整個學習歷程中的「教師－學生」的經驗邂逅：

學校教師的任務並不是要將特定概念或各種習慣強加在學生身上；相反的，教師做為社群的一員，他選擇並給予兒童適當

的影響，另外他更應支持兒童對於這些引導做出恰當的回應。
（Dewey, 1897a）

Dewey在《學校與社會》中，他即以學生的做中學（Learning by Doing）例子來說明實驗學校教師如何透過與學生的邂逅過程中，陳顯有意義的學習乃是協助學生達到自我完成（Dewey, 1956[II]:1）：

如果學生僅僅只是透過想像或希望自己可以做一個盒子，那麼他們便沒有機會得到任何可能的訓練。但是當他企圖掌握自己這一股想要動手做的衝動，他便必須將自己的想法加以具體化，包括擬訂計畫、選擇適當的木頭、測量各組成部分的需求與比例等等。從材料的準備、裁切、磨光、使各個銜接角度能夠契合而無縫隙，那麼學習各種工具使用及其操作程序之知識，這便是無可避免的。如果兒童覺察到自己「想要做」的內在企圖，那麼他將有許多機會獲得各種訓練並讓自己具有努力不懈的毅力，在困難時仍能夠堅持，最終必能學會許多東西。除了藉由兒童如何具體學會動手做出木盒的例子之外，兒童學習烹飪過程又是很清楚例證，當兒童認為自己喜歡烹飪時，他未必對烹飪的意義、花費或所需要的材料有概念，他可能只能一陣「窮忙」的欲望，或者只是他對成人行為的模仿而已。或許我們可以維持此種想法並順應之，但是，如果兒童的衝動得以付諸實踐並且他也遭遇到真正困境，據此，我們將看出後續的訓練及必要的知識的需求便隨即產生。若在某項只有利用冗長實驗才能得到結果的過程之中，我們不難想見兒童會變得十分不耐，兒童必定會抱怨：「為什麼要如此麻煩？讓我們照著書上的食譜做。」依循這樣的情境，任教的老師應該要詢問兒童此食譜的規則從何而來，藉由談話過程中使兒童知道、如果他們僅是照著食譜做，他們便無法得知其原由了，若能如此兒童也就會有繼續去做實驗的意願了。他以課程中安排學生學習

煮蛋再次說明兒童學習的意義，他認為煮蛋應該做為由蔬菜之烹飪而過渡至肉類之烹飪。首先、他們簡介蔬菜可食部分之組成元素，再與肉類作初步比較，發現蔬菜中的木質纖維或纖維素，與肉類中的肌腱一樣，為構成形狀及組織的元素。亦發現澱粉及澱粉產物均為蔬菜的特點；礦物鹽在兩者中均可發現。脂肪也是——惟蔬菜較少，肉類含量較高。接著他們就可從事蛋白質研究，蛋白為動物類食物的特點，就和蔬菜中的澱粉一樣的，且準備好研究處理蛋白的必要情境——蛋即是做為此實驗的材料。首先、他們利用不同的溫度測試水，以發現水何時變熱、沸騰及蒸發，並探究不同溫度對蛋白的影響。這個學習發生了效用，他們所得到的，不單只是煮蛋而已，也了解其中包含的原理。所以，教學不應該忽略了包涵在特殊事件中的通則，因為兒童僅是希望煮個蛋，於是將蛋丟入水中三分鐘，並在別人告訴他時將蛋拿出來，這不算是教育。除非兒童已認清事實、材料及相關材料而了解其動機，並且經由此種認知來調整衝動，才是教育。

用Dewey的話來說，他認為兒童具有天生的內在衝動，教育的重要任務即在於如何讓這個衝動被轉成一個可逐步實現的動力，也就是要孩子自己願意去接受各種必要的訓練，其實這正是「透過教育使之自我完成」的歷程。但是，一個有意義學習活動是否能夠實現的關鍵應在於：任何想望的欲求以及為了實現欲求所必須採取的實際做為之間，它們不見得存在著必然的聯結之問題：例如，兒童希望能達成或擁有X，那麼他必須願意學會A、B、C……才能實現X。據此，縱使Dewey知道「學生自己具有努力不懈的毅力，在困難時仍能夠堅持」這是很重要。可是「希望能達成或擁有X」（例如不管是再怎麼樣平庸的學生，他自己仍希望自己能有優異表現）這一點應是人之共同性，而如何引發「學生自己願意」之「好的老師」與「好的教學方法」，才是Dewey教育理想得否實現的關鍵所在。

四、何謂教育美學？詩性化的人性涵養

如果說教育本身即為一種「成人之美的藝術」，那麼教育活動徹頭徹尾地便離不開「美學思維」：

> 每個孩子身上都有一股巨大的詩意的力量；當他帶著這股力量去探索世界，並找到語言為他自己的經驗命名時，詩就發生了。每次詩發生的時候，就會有一種力量進入我們的生命，讓我們從生活的慣性脫離，真正的生命又重新開始了。這是一種純真的喜悅，也是波特萊爾和李白所傳達的訊息。（馮朝霖，2006：299）

深究「教育何以會是成人之美？」、「它又如何實踐？」，或許，Dewey在實驗學校中的教學例子正足以做為教育美學具體化的寫照。他曾以四幅兒童畫來討論學校教學與兒童生活經歷的關係（Dewey, 1956 [II]:Ch. 2）：他以一位七歲兒童作品（如左下圖）為例，這一幅畫是在一群小孩中最好的作品，但是這幅畫顯示出Dewey一直想強調的特別原理——這群孩子曾被教導有關原始人類穴居的社會生活，這孩子的繪畫即呈現出其學習經驗：在畫中洞穴以一種以不可能的方式優雅地矗立在山坡上，我們也看到兒童時期傳統的樹——垂直線，兩旁有平行的樹枝。如果兒童被允許每天重覆這種方式，那麼他是放縱其直覺而非訓練它。但是，如果現在這位兒童被要求仔細觀察樹木，他將自己所有看到的與所畫的做比較，更仔細且自覺地

資料來源：John Dewey (1956). *The School and Society.* Chicago: The University of Chicago Press.

檢查其作品的各種情形，於是他未來能將以自己真正仔細的觀察的心得來畫樹木了。

　　孩子在經過觀察、記憶以及想像等加以混合之後，他又畫了另外一幅畫，例如第二幅圖畫，這一幅表達了學生自己的想像力，顯而易見，這裡的樹木充分表現出他對真實樹木的詳細研究。Dewey認為這一幅展現森林一角的詩意創作，它其實已與成人的作品相去無幾。然而，此作品呈現的樹林依據其比例有可能是真的，而非僅只象徵而已，這一切顯然就不再是完全放縱兒童本身直覺所能達到的成果。

資料來源：John Dewey (1956). *The School and Society*. Chicago: The University of Chicago Press.

　　除卻藝術課程的學習之外，Dewey也曾以兒童在自然課程學習過程中的陳述做為例證，以下這一段學生的陳述，他認為不僅是科學的，同樣也是兒童本身詩意的展現：

> 很久以前，在地球誕生之初，當時空氣中充滿各種氣體，而大地還到處都是熱岩漿，地面因而沒有任何的水，所有的水都變成水蒸氣跑在空氣之中。水蒸氣到空中變成的雲，隨後地球降下來大雨，這使得地球開始冷卻下來，不但水回到了地面，其中的二氧化碳氣體，它更隨著雨水降到泥土之中，從空氣之中被分離出來。（Dewey, 1956[II]:Ch. 2）

　　或許我們會覺得這段話沒有什麼特殊之處，它更像是我們一般常在自然教材中讀到的老生常談，但是，就Dewey的角度來看，這段話不只是科學性敘述，他提醒我們這是學生經驗三個月學習體會的成

果。因此，想像孩子自己提出這段話，它是一種「語言詩」（language poetic），一種充分顯現著兒童個人情感的話語。

肆、結論：一個未完成的實驗教育計畫？

任何形式的教育都有實驗的本質，因為它們都必須不斷地改進與演化，所以「實驗教育」或「教育實驗」既非多麼神聖，也非多麼可怕的事（唐宗浩，2006：21）。Dewey的實驗學校的創辦與結束，正彰顯了一種教育理念的提出、實踐、與修正的發展築夢過程。實驗學校雖未能長期持續經營，它最高峰也只有唯一一所，且是只招收140個學生的小學校，不論從校數或人數規模來看，它當然不能與今日多元蓬勃發展的另類教育學校相比擬。縱使如此，就Dewey School而言，當時實驗學校辦學所提出的各種概念，這些觀點在當時即已十分具有獨創性的，而在一個世紀之後，他們的概念與做法尚有許多部分仍有待我們認真看待（Tanner, 1997:1）。單僅就Dewey School對於學生品格養成的結果而言，在實驗學校的學生展現出一種共同的成功人格氣質：

> 這一份情感是很難抑過的，我曾看過很多Dewey School學生的生活，對於他們能夠鎮靜地面對各突發狀況，這些表現總是令人驚訝的。在心情忐忑的情形下，他們仍能不動搖、不慌張；他們展現出戮力向前的特質，這也早已變成他們積極面對工作的習慣，並解決任何面對的問題。他們也從不會表現出沮喪，亦即他們根本不會讓自己淪為那樣。由於這樣的事實，他追求日常生活中所有成就就是理之當然的，自信與求取成功的膽識也就是他們面對問題的有效方法。（Mayhew and Edwards, 1936:406-407）

同樣的，Mayhew and Edwards在實驗學校結束30年針對學生進行訪談，當時也有學生從頭到尾接受實驗學校的全部課程，在學校停辦之後，他們花了很大的力氣才適應公立或其他學校體系。如同，當時學生Paul

McClintock的回憶：

> 我從未學過拼音，我現在仍不知該如何拼音，我對於拼音沒有
> 任何概念。在我們的班上，有些人會，有些人則不會。……
> 我可能比較適合學做生意，對於讀書是一點興趣也沒有的。我
> 不覺得有學習去讀書和寫字的必要，因此當時我根本不想學拼
> 音。可是，當我要寫下我所發現的東西以及我在工作場所時的
> 需要，這個學習的需求還是會到來的，那時我自然願意會去學
> 習拼音。但是，當我們這些原本不愛讀書的人自己真的想學習
> 讀、寫的時候，學校卻突然停止實驗，這對這個實驗不好，對
> 我們也很不好。……我不記得任何與研究或學習有關的事情，
> 我也不記得自己是如何學習閱讀這件事，但是我也可以閱讀
> 了。然而，我一直到高二之前，我從未自己真正主動地去拿起
> 書本來唸。我是Dr. Dewey教育理想的堅定信仰者，我想未來的
> 十年，大學應該也可以達到與其相近的基礎吧，我想它應該能
> 夠從比較實務而非理論的角度來看待問題。由於我們太過理論
> 化，無怪乎，我們現在教育的體系會是失敗的。（Mayhew and
> Edwards, 1936:404-405）

至少，從接受實驗學校教育學生的表現與30年後的評價來看，Dewey的
教育實驗應該可以算是成功的，唯一可惜的是它的句點給得太突然！再
次回顧這段另類教育實驗發展史，我覺得後續仍有許多部分有待我們再
行細細咀嚼：

（一）例如Dewey為了能讓兒童能得到平等接受此種理想教育的機會，
　　　也讓兒童的父母有機會可以將子女送到實驗學校就讀，讓實驗學
　　　校維持與公立體制學校共同的入學條件，他堅持維持低學費主
　　　張。他的用心與其中艱辛我們自是不難體會的。
（二）縱使實驗學校與Colonel Parker師範學校的實習學校之間存在著

某種形式的競合關係，但是從他們身上，我們看到不同於主流的「另類」理想，它不會也不應該就只能有一種。相反的，「另類」是多元理想的各自完成：

他們兩人的基本觀點是相同的，其差異只是Dr. Dewey由於他淵博的哲學研究而得出其結論；Colonel Parker則是藉由深刻而同情地理解兒童及其需要。然而，他卻也沒有忘記對於兒童提出理論性的見解。他們都認為教育應提供兒童豐富且多采的工作與遊戲環境。……雖然，Dr. Dewey與Colonel Parker從完全不同的兩個極端出發，但是他們對於教育現象敏銳且細心的觀察，他們卻得出對於教育過程的一致結論。（Mayhew and Edwards, 1936:393）

（三）Dewey為了涵養學生的生活經驗，故而十分慎重地選擇具有適應的態度、虛心、誠實、熱情等特質之老師。期待老師們能讓兒童從個人成長和他真正自由所需等前提為出發，進而鍛鍊並培養學生的內在潛能：

由於教師自身所具有的態度之結果，他們似乎對兒童形成一種非比尋常的影響，這有如植物遇到空氣與陽光一般，這些反應是真誠的、自由的、以及像是受到一種原初欲望促動一般。（Mayhew and Edwards, 1936:401-402）

或許，我們可以說實驗教育的理想能否實現的關鍵，應該在於能否真正找到對的人做對的事吧！

（四）Dewey對於教育本質的界定，他雖然主張教育即生長，同時他也認為教育的意義應在於：

Dewey不要復古教育，使「將來」遷就過去；也不願利用「已往」遙望將來的「終極目標」，做為「生活準備」的教育。教育只是此時此地的「經驗的繼續不斷的改造」。即是說，教育是生長，求得更多的生長外，別無他求。可是，教育即生長並不是盧梭式的「任其生長」；也不是唯智主義式的揠苗助長；去是要佈置一個「特別環境（學校）」，「弄成簡易的、使有秩序」，「排除社會環境裡沒有價值的事情」，「成為理想化」，使青少年在這理想環境中，「利用環境去實行間接的教育」，這就是「導其生長」，向好的方向生長。（歐陽教，1992：173）

換言之，我們對於教育活動的理解，不但不應該是傳統主流學校的學科知識的灌輸；它同時也不應該是一種混雜民主與放任的極端兒童中心教育。

大抵而言，沒有任何一種教育形式會是完美的，就如同Dewey的教育思想仍不免有人批判，而其教育理論的實驗室（即實驗學校）更不可能會是「唯一的理想教育制度」。或許，重新閱讀這一段實驗學校發展史，大家的共識是我們需要「學校」也需要「教育」，只是大家應該有各自圓夢的權利，也必須各自面對自家難唸的經吧。

參考文獻

中文部分

王承緒等（譯）（2007）。**杜威學校**（原作者：Katherine Camp Mayhew and Anna Camp Edwards）。北京：教育科學出版社。

王俊斌（2007）。潛能取向理論與教育公平性問題。**教育與社會研究，13**：41-70。

吳俊升（1961）。**約翰杜威教授年譜初稿**。香港：新亞書院。

吳康寧（譯）（1994）。**非學校化社會**（原作者：Ivan Illich）。台北：桂冠。

唐宗浩（2006）。關於台灣的另類教育。載於唐宗浩、李雅卿、陳念萱主編，**另類教育在台灣**，頁19-38。台北：唐山。

高廣孚（1988）。實用主義的教育思潮。載於中國教育學主編，**現代教育思潮**，頁51-91。台北：師大書苑。

許芳懿（2006）。課程概念重建的發展與爭議──兼論其在課程理解典範之重要性。**師大學報（教育類），51**（2），195-217。

馮朝霖（2002）。另類教育與全球思考。載於薛曉華譯，**學習自由的國度─另類理念學校在美國的實踐**。台北：高等教育。

馮朝霖（2006）。謙卑、敢行與參化──教育美學在全人另類學校的開顯。載於李崇建著，**移動的學校──體制外的學習天空**，頁297-314。台北；寶瓶文化。

楊國賜（1982）。**進步主義教育哲學體系與應用**。台北：水牛。

賈馥茗（2003）。**教育認識論**。台北：五南。

劉慧珍、吳志功、朱旭東等（譯）（1998）。**文憑社會─教育與階層化的歷史社會學**（原作者：Randall Collins）。台北：桂冠。

歐陽教（1992）。**教育哲學導論**。台北：文景。

外文部分

Bobbitt, F. (1924). *How to Make a Curriculum*. Bosten: Houghton Mifflin.

Cilliers, P. (1998). *Complexity and Postmodernism*. London/New York: Routledge.

Dewey, J. (1897). My Pedagogic Creed. *The School Journal*, 54(3), 77-80. Retrieved November 18, 2007, from http://www.infed.org/archives/e-texts/e-dew-pc.htm

Eby, F. (1964). *The Development of Modern Education*. N.J.: Prentice Hall.

Martin, J. (2002). *The Education of John Dewey: A Biography*. New York: Columbia University Press.

Mayhew, K. C. and Edwards, A. C. (1936). *The Dewey School: The Laboratory School of the University of Chicago 1896-1903*. New York: Therton Press.

Nussbaum, M. C. (1997). *Cultivating Humanity: A Classical Defense of Reform in Liberal Education*. Cambridge, Massachusetts/London, England: The Belknap Press of Harvard University Press.

Pinar, W. F., Reynolds, W. M., Slattery, P. and Taubman, P. M. (1995). *Understanding Curriculum: An Introduction to the Study of Historical and Contemporary Discourses*. New York: Peter Lang.

Slattery, P. (1995). *Curriculum Development in the Postmodern Era*. Garland Reference Library of Social Science.

Tanner, L. N. (1997). *Dewey's Laboratory School: Lessons for Today*. New York/London: Teachers College of Columbia University.

Tyler, R. (1949). *Basic Principles of Curriculum and Instruction*. Chicago: University of Chicago Press.

Wolf, A. (2002). *Dose Education Matters? Myth about Education and Economic Growth*. London: Penguin Books.

遲來的春天：
一所香港另類學校誕生的敘事研究

許家齡

香港中文大學教育學院課程與教育哲學博士生
自然學校教育研究小組成員

壹、香港另類教育的意義

　　Mintz（1994）歸納出另類教育空間共有的特色在於趨向更個性化，對學校、父母與教師有更多的尊重，也著重體驗與興趣本位（轉引自馮朝霖，2001）。學校「另類教育」（alternative education）的概念和定義，對於不同教育範疇的角度分析，均有不同的定義。然而最普遍使用的解釋就是主流以外的教育模式。何謂主流的教育模式？如從歷史角度分析，現時的主流教育應泛指現代學校或現代教育的模式（Modern School）。早在中世紀，歐洲已經出現學校型態的教育模式，主要由教會開辦。及後工業革命展開，工廠需要大量的成年勞工，因此大量現代學校出現，讓成人能投入勞動市場，特別是以往在家工作的婦女（Gordon, 1997）。直到現今，當時的「現代學校」（Modern school）已經不現代，現時更稱為「傳統學校」（traditional school）。Conley（2002）指出此類型學校的四項特徵，包括：

（1）學校廣泛著重健康、就業及社會生活質素課題。
（2）課室應用的技巧來自人本主義、心理學、哲學及社會科學的研

究。

（3）讓學生分班，並為他們剪裁不同課程。

（4）運用有系統及常規的方式處理行政及管理學校事務。

　　另類學校或另類教育應該淡化，甚至排除以上的特徵。「另類教育」及「另類學校」有不同層次的涵意。另類教育就是相對於主流教育的教育模式，當中包括反學校（deschooling）的理念。另類學校就是落實另類教育的地方，當中包括虛擬學校、牧場學校等，而學校的型態並非單一在一幢建築物內呈現。

　　Conley（2002）列舉出不同國家的另類學習選擇（alternative learning options），當中包括課後學習活動（After school program）、另類學校（Alternative schools）、公辦民營學校（Charter school）、在家學習（Home schooling）、沒有圍牆學校（School without walls）、學券制 （Vouchers）等。相對香港而言，以上的選擇就如繁花似錦的另類學習樂園。香港大眾如何理解「另類學習」？筆者曾接觸不少家長的垂詢，他們竟然認為另類學習是課後學習活動、補習、職業訓練學校、特殊學校或國際學校等。家長選擇此類型的學習原因可分四類：

一、輔助主流學校的課程

　　升學主義掛帥的香港，學生普遍由小學開始已參加補習班，有的甚至由幼稚園已開始。因此，輔助主流學校學習的補習班開得如雨後春筍，近年來家長及學生被謀利的補習廣告所順化，逐漸認為補習是理所當然的事。

二、提供娛樂

　　部分家長及青少年，為了舒緩平日學習的壓力，於是安排不同類型的課餘活動。然而絕大部分家長為子女編排滿滿的課餘活動，目的是為了多元入學。香港不論幼稚園以至大學，校方均保留自行收生的權利。不少名牌及優質學校，申請入讀表格中，都要求學生填寫多元化活動表

現及獎項，以顯示該生是否多才多藝。

三、無可奈何的選擇

部分學生由於成績力有不逮，於是轉到職業訓練學校就學。另外，部分學生由於身體或智能方面需要特殊照顧，因此特殊學校都是他們退而求其次的教育選擇。

四、爲海外升學作準備

香港有不少類型的國際學校提供其他國家的課程。選擇此類型學校的家長普遍爲社會中上層人士，期望子女日後到海外升學。

從以上對另類學習及另類教育的理解，普遍香港家長及教育工作者想像中的「另類」並不另類。馮朝霖（2001）指出另類學校的共同特徵在於涉及的教師及家長們皆不願任意附從任何傳統的路線學習。整體而言，上文論及香港另類學習的選擇及成因，根本談不上是學者所認爲的另類教育（Conley, 2002；馮朝霖，2001）。這些類型的學習選擇，必須與正規教育模式並存，並沒有替代正規學校的涵意。

隨後全球化的帶動下，世界各地的另類學校及教育相繼發展。香港經濟發展迅速，因此素來對全球資訊及趨勢的觸角都很敏銳。以華人地區來說，我們的教育及社會政策都受全球趨勢影響。理論上，就算香港另類教育的發展未能與其他華人地區同步，也不應該還只留在起跑點上，甚至還未進入跑道。以下從回顧香港的另類教育發展，嘗試尋找回應此問題的線索。

貳、香港另類教育發展歷史

其實早在八〇年代初期，此思潮已著陸香江。當時香港環境運動發動人周兆祥博士經常於《教協報》撰文論及另類教育。周博士於七〇年代爲一名中學教師，及後到英國留學，1984年回流香港。1988年成立綠

色力量[1]。根據以下一則訪問，充分表現他的教育觀受西方的思潮影響：

> 外國已早以實行 Home Education（自家教育）。……周兆祥預
> 計 Club O 會收容12至17歲的孤兒，在那兒上課。沒預定課程、
> 沒教科書、沒既定上課時間、沒家課、沒考試測驗、沒考試
> 排名……他說最重要是讓小朋友學習 Self Learning（自學），
> Club O 的「父母」就是啓蒙者。「我們要小朋友自己教自己，
> 鼓勵他們 Relearn，而不是Discourage他們。」（節錄自網頁）[2]

於1991年，綠色力量創辦一個假期教育計劃──「綠色小學」。綠色小學（簡稱綠小）為自然學校的啓蒙期。根據當時的推廣單張，綠色小學的舉辦目的希望在香港實踐夏山學校（Neill, 1962）：「……綠色小學的教育哲學與理想參考了英國教育家 A. S. 尼爾創辦夏山學校的原則，香港情況予取予求落實……」（推廣文件02，1992-8）。此計劃由一群來自大專院校的學生義工籌劃及推行，義工主要來自師範學院及大專院校的社工系的學生，當中包括自然學校創辦人──葉先生。綠色力量共舉辦兩屆「綠色小學」後，當中參與的義工及後部分成員成立自然協會，即自然學校初期的辦學團體，並以落實開放教育為目標。

一、綠色小學的計劃理念

根據綠色小學計劃推行的申請計劃書及宣傳品內容，充滿對當時教育的強烈不滿及嚴厲批評：

> 香港是一個資本主義霸權的社會，學校的功能就是壓迫及社會
> 化兒童，並為勞工市場提供資源。而主流學校指為保障兒童
> 未來的身分及就業所提供的教育，對兒童來說差不多是沒有意

---

1 綠色力量為香港環保組織之一，於1988成立。
2 周兆祥綠色理想，http://www.simonchau.hk/Chinese_B5/inthepress/Club-O-01.htm，瀏覽日期 2007/6/5。

義。兒童成長中漸漸脫離成人主導，然而「塡鴨式」的教育最終導致悲劇的發生：學童自殺案。因此有效的教育就是提供全人教育，整合兒童生理、心理、社會、靈性上的成長。（綠色小學計劃書，M26，1992-1-28）

教條主義的嚴厲管教與懲罰，對小朋友非常傷害，扼殺精神教育。（新聞稿，011，1992-8-8）。

並認爲主流體制的教育扼殺兒童的自由、操控兒童：

用限制（不准這樣、不准那樣）去改變小朋友！只是治標不治本，綠色小學就是要衝破傳統的教學框框，嘗試用多種創意和坦誠的生命交流，大小朋友一同去改變這個充滿控制的社會，一同去找出快樂的生命。（新聞稿，011，1992-8-8）

兒童最終受到成人的傷害：

不是透過降服或操縱控制來獲得安全感。罪疚感防礙自立、製造恐懼，恐懼導致虛僞。（新聞稿，011，1992-8-8）

當時綠色小學籌辦者對當時教育充滿憤怒的同時，又認爲綠色小學提倡的「以人爲本」、「自由」、「開放」的教育理念可能就是教育困境的出路（推廣文件，04，1992）。

二、慘痛的反思

綠色小學於1991及1992年共舉辦三屆，最後一屆爲自然協會舉辦。當年參與的義工憶述第一屆四天的計劃舉辦非常成功（訪談，AL03），然而第二屆15天的計劃便遭遇「滑鐵盧」。第二屆的經驗令一班沉醉夏山學校的自由、開放教育的義工恍如夢中驚醒，來一個眞切、慘痛的反思：

「開放教育的意義何在？」。參與者在活動中對於解放兒童後所出現的行
為失控問題，內部出現極大的矛盾。有人質疑開放教育的意義：

> 過份規範懲罰應反對，濫用自由，對象不是一張白紙（會議記
> 錄，M34，1992-8-23）；

有人懷疑兒童的能力：

> 大家（兒童）不夠成熟享受自由教育（會議記錄，M34，1992-
> 8-23）；

有人懷疑自己的能力：

> 攪（辦）自由教育我們已足夠質素？（會議記錄，M34，1992-
> 8-23）；

有人反對兒童自主發展：

> 太早給自由，教育信念都不同；不要過份理想化。（會議記
> 錄，M34，1992-8-23）；

有人仍肯定開放、自由的教育理念，然而態度變得謹慎：

> 有無限的潛能卻被現有社會制度壓抑；現在仍未真正清晰自由
> 教育意念。（會議記錄，M37，1992-8-25）

由於第二屆引起組織內部對自由主義教育的質疑，綠色力量停辦綠
色小學。雖然如此，兩次寶貴的實踐經驗一直影響自然學校至今。對於
仍堅持開放、自主教育理念的義工，離開綠色力量後獨自成立自然協

會，再繼續舉辦第三屆綠色小學。

> 由綠小到自校，大朋友選定一個方向，就是各自然學習、在
> 自然中學習有關自然的物事與道理，遂引發至今不斷的追
> 尋。……（《清音》，G13，2004-3）

首兩屆綠色小學完結後，部分義工認為：「以人為本的綠色教育值
得一直攪下去」（古風，《自然學校十年生活札記》，頁334）。因此
成立自然協會[3]。

三、香港另類教育與綠色教育的結合

尼爾於1921年創辦夏山學校，雖然強調學生自主發展（Appleton,
2000; Vaughan, 2006），卻從未有強調自然、環保或綠色教育。環顧亞洲
區的另類學校，例如台灣森林小學、日本緒川學校等，未有一所另類學
校以自然環境教育為主題。由於舉辦當年綠小為一環保團體，因此香港
另類教育的起步與環保教育緊密地結合起來，也造就了香港自然學校教
育的獨特性。雖然自然學校的理念沿自近代西方另類教育及開放教育的
思想，然而經過十多年的本土化後，現時自然學校的理念已消退「反學
校」、「反教育」的思潮。

參、研究過程與方法

敘事研究是一個直接的方式讓研究者從第一手敘述的故事中獲
取資料。從敘說的過程中，敘說者能建構自己對生活的經驗與意義
（Brickman and Rog, 1998）。本研究乃採用敘事研究方式去探討香港自
然學校的成立過程，希望藉由四位創校成員，透過回溯與敘說故事的方
式，將其對創校的經驗做整理與分析，以增加研究文獻的豐富性。

---

3 自然協會成立初期名為自然學校，及後因註冊問題，因此改名為自然協會。

　　透過他們深入回顧自己參與創校的事件中，讓生命歷程中一些關鍵的事件，像播放電影般，令重要的情節再演一次。從中了解影響他們成立自然學校的事件、人物，促成各階段轉變的因素。敘事研究的特色就是以陳述故事的方式，讀者能親歷其境般置身於當時的社會文化脈絡中，投入他們的角色及環境，與他們一起再次經驗這段生命歷程，真切地了解他們。

　　本研究應用三角交叉檢視法（triangulation）進行資料的蒐集與檢證（陳向明，2002）[4]，包括訪談、觀察以及文件檔案三種方式。整個研究的過程包括：（1）蒐集資料；（2）訪談；（3）觀察，以及（4）分析資料。第一步驟就是蒐集自然協會成立以來的所有文件資料，包括出版著作、會議記錄、書刊、傳媒報導、影像記錄、信函、物品、圖片等。初步分析後擬訂訪談題綱；第二步驟進行個別訪談，並將整個錄音資料轉譯成逐字稿，經受訪者檢訂，以減少錯誤詮釋訪談內容及避免研究者的主觀印象影響詮釋。及後再對逐字稿內容進行探究，並與蒐集資料作分析，若發現資料不足時，再次收集相關資料。為了實際觀察自然學校的生活及工作環境，研究者在2006年秋天開始成為自然學校的志工，同期展開此研究計劃，並進行田野觀察。除了觀察他們辦公室的日常工作情況外，亦參與活動帶領、周年會員大會及簽約儀式等重要活動，並根據觀察所得寫下生活觀察札記。

肆、資料分析與討論

　　綠色小學為自然學校的啟蒙期。「綠色小學」、「自然協會」、「螢火蟲學苑」發展至「自然學校」。這四個名稱代表了此所香港另類學校的四個不同發展時期。本章將根據自然協會多年的會議文件、出版刊物、訪談等資料中，整合自然學校此四個階段的發展。

4　陳向明（2002），《社會科學質的研究》，台北：五南。

一、道風山「馬拉松」式會議

於1995年12月26日，當時自然協會的成員共有八人，以宿營的形式進行兩日一夜「馬拉松」式會議，討論自然協會未來的發展計劃及目標。及後在多次不同的場合，參與者均有提及此會議，對他們甚具影響及意義（訪談MCA29、訪談MC0027）。根據當日的會議記錄，參與會議的八位成員為當時的幹事，會議記錄中詳細記錄他們各人的意見及意向。

根據當時的會議資料及參與者的憶述，道風山會議鬥志軒昂，無懈可擊。

> 九六年是奠定性的一年。那年，八位懷抱理想的青年（姓名從略）在沙田道風山定了自校未來的鴻圖大計：短期志在建立游擊隊似的假日學校，機動靈巧為上；中期要有固定的場所；最後以建立一實體的另類學校為目標。年青的我認為（our achievement cannot exceed our expectation）大家也志氣昂揚，胸有成竹，……。往後想起說起道風山，不禁對曾有過的豪情肅然起敬，無限懷念。（古風，《自然學校十年生活札記》，頁355）

雖然八位成員中有六位擁有教師培訓背景，然而五位仍在求學初期，缺乏教學實踐經驗。此外，只有一位成員曾經參與首兩屆的綠色小學，整個團隊對於另類教育的實踐經驗薄弱。對於他們對另類教育理論認識，可從他們讀書會中的分享報告略知一二。他們共同閱讀的書種單一，仍然集中尼爾夏山學校、杜威的進步主義等，讀書報告內容亦流於表面及過份褒獎，未見做出深入、仔細的理解及分析。同時，由於缺乏接觸另類教育的經驗，因此他們對於另類教育仍然處於一個充滿幻想、憧憬的階段，單純從書籍的片面理解另類教育。團隊在薄弱教育學知識、缺乏教學經驗及片面的另類教育理論知識基礎下，對於另類教育存在單純的刻板印象：「夏山便是好」的幻想。

　　根據會議記錄上對各成員觀點的記錄，觀點非常近似，甚可稱絕大部分相同。成員當中以古風觀點最為具體及詳盡，他更能描述未來學校的規模、設施、教師培訓工作、課程內容、學校架構等。雖然參與者對當年事件微細的記憶模糊及欠缺會議進行過程的記錄，然而從記錄中對古風觀點的敘寫，相信古風當時的思考經過周詳計劃及深思。

　　當時對於自然協會未來的發展，主要集中討論學校在社會中的形態，如「農莊」式的學校、草蘆式的學校、具有規模的學校、像外展的學校等。對於設立學校的目的、課程的內容、教育的目標等核心問題卻未有論及。會議記錄中未有提及為何他們一致贊成以建立一間學校為目標。而當中有兩個觀點十分值得深思：（1）他們認為自然協會對社會的功能是起示範作用；（2）彌補正規教育的不足。從他們對個人觀點的敘述，當時的自然協會所指的另類學校，也未有替代主流學校的意圖。雖然指出體制教育有不足之處，例如學校教育未能讓學生適應社會，然而他們卻肯定體制學校及教育的功能。而自然協會的出現及未來的發展，就是要輔助體制學校。按此理解，他們開初也不是以建立一所另類學校為目標。此外，當時各成員陳情自己的狀況，表達對協會不同的程度的「付出」。然而最委身及投入的成員為古風，在會議記錄中載及，他形容為「畢生追求之理想」（會議記錄，M78，1996-5-11）。

二、外地交流

　　訂立明確的目標及方向後，自然協會開始到不同地區進行探訪及交流，他們集中探訪自然保育團體，以及台灣的另類學校。

年份	交流團體	交流形式
1995-1996	Joseph Cornell, Sharing Nature Foundation	書信
1997	人本教育基金會	探訪
1998	人本教育基金會、森林小學	探訪
1999	台灣涂大芳自然體驗中心	工作坊
2000	菲律賓Centre for Environmental Care	實地體驗及工作坊
2000	美國阿南達理想村，Joseph Cornell, Sharing Nature Foundation , Education for life	探訪及工作坊

年份	交流團體	交流形式
2001	台灣鹽寮淨土	實地體驗
2004	台灣森林小學、種籽學苑、雅歌小學、湖山國小、湖田國小	探訪
2005	台灣種籽學苑、全人中學、佳寶國小	探訪

多次的交流經驗，令自然協會確切考慮在香港成立另類學校的可能。台灣全人中學及種籽學苑對他們影響最為深遠，更成為一個強大而富經驗的外海支援網絡，提供各方面寶貴的經驗。

> 九八年是正式一次官方式全隊人一齊考察。對他們的教育理念更加把握及相信，相信這些是可行，在華人社區。其實人本教育基金會是一個關鍵。靠這個會的網路，及他們推動社會的理念很強呢，可以支援到一間學校的存在。所以我當時就看到，一定要有一個好的基金會支持。……其實九六年已經訂了一個長期目標，只是無定一個明確的年期，就是遠景就是成立一間綠色實體小學。（訪談，AL01）

三、微弱卻寶貴的光：螢火蟲學苑

雖然於1996年已訂立成立一間小學為目標，然而及後的五年，曾參與道風山會議的成員因各種原因離開，人事大幅流動，下令建立學校的目標並無進展，甚至當年加入的新成員白鷺指出，其他成員均未提及建校的心願：「沒有聽他們講？沒有。……不是說了很久。……」（白鷺訪談，E01、E03）。

直至2000年的會議記錄中首次重提成立學校的計劃及目標，同年兩位建校重要人物阿星及白鷺的加入。

> 建校事宜：自校內部成員近日召開了兩次小組會議，討論在香港籌組一間另類小學，暫名為「螢火蟲學苑」。每月均舉行一次會議，歡迎其他人士加入。（會議記錄，M70，2000-6-24）

　　經過五年的大幅度人事的變動，加上外地交流的經驗及新人員刺激，學校的目標及理念起了明顯變化，討論較過去九〇年代的目標具體而深入。2000年時論及包括教育理念、推行計劃、學校成立的背景及目標，以及課程設計的初步規劃。

　　再次確立建立學校的目標後，於2001年暑假舉辦第一屆螢火蟲學苑。螢火蟲學苑的舉辦是自然協會重要的轉捩點，除再次落實成立學校的目標外，更為未來儲備另類教育經驗，培養人才。舉辦螢火蟲學苑的經驗成為日後自然學校的基石。自然協會為了增加另類教育的經驗，於2001~2006年共舉辦六次螢火蟲學苑。第三屆更以15天的全日上課模式模擬未來學校的真實情況。

> 螢火蟲學苑辦學理念：是自然協會重要的另類教育經驗。活動結束後另外，並結合數位成員開始著力計劃建立學校工作。
> （會議文件M54，2004-6-26）

　　根據第一屆螢火蟲學苑的舉辦目的及目標陳述及敘寫，反映出螢火蟲學苑的策劃者逐漸具備基礎的課程設計理論知識。雖然薄弱，但對於一所學校的發展，此是十分重要的一個進步。

　　螢火蟲學苑的出現對自然協會十分重要，然而舉辦此活動的決定，卻是十分有趣。白鷺這樣形容當時的情況：

> 有一次帶完觀賞螢火蟲的活動，到大埔時，我們去了大排檔聚聚，就是如此談及不如我們著緊些去辦學校，……，我們應該先從那方面開始呢？由每年辦一次螢火蟲學苑開始，第二就是閱讀一些自主學習的書，有關夏山學校，種籽學苑，第三就是探訪學校。（白鷺訪談，E01）

　　第一屆螢火蟲學苑共有11名學生參加，五日四夜的活動圍繞大嶼山梅窩的自然環境及古蹟而設計。活動之一「神秘約會」為中文詩寫作活

動，兩位參加者即席於沙灘寫詩，作品充滿童趣：

> 黑夜是我的眼睛，黑夜又是我的家，還有，黑夜是我的心靈。
> （石頭，頁195）

> 奇形怪狀的山，你有很多朋友，各種花、草、樹和木都是你的
> 朋友，所以你不會孤單！（雨水，頁196）

完成第一屆螢火蟲學苑後，令自然協會內部出現兩種不同的意見。部分成員因螢苑而觸動辦學熱誠，亦有成員表示希望繼續舉辦情意自然的體驗活動。因此螢苑之後，自然協會出現重組的局面。

2001年自然協會內部對落實成立一所學校較為投入的成員包括阿水、古風、阿星、白鷺及其餘兩位小學教師。阿水於1999年全職無薪的方式於自然協會工作，及後2001年古風為專注成立學校的工作，因此辭去任職八年的小學教職，同樣以全職無薪方式全職於自協工作。古風並由螢火蟲學苑結束後蓄鬚明志，以表明志向。蓄鬚令古風感受到當自己的選擇與眾不同時，會受到來自各方的壓力，他認為這種壓力，令他更深切體會另類教育的路比蓄鬚所受的壓力更大。

> 你會好感受到文化的框框有這麼多呀！這麼強烈！……我們現
> 在是走一條另類教育的路，就是一個文化的選擇，也是另類文
> 化。所以亦都要時常用這種精神與不同的人對話。其實這樣不
> 算什麼，也不外如是的。在香港這個多元社會，這些意見應該
> 是要被容許！被鼓勵！被接受的！（訪談，AL128）

古風與阿水以全職的身分工作，為自然協會舉辦大量的情意自然體驗活動，以維持協會的財政運作。2001年，自然協會到訪台灣鹽寮淨土及認識區紀復先生，協會成員對區先生「簡樸、自然、靈修」的思想，影響深遠。區先生現時為香港自然學校校董之一。

回顧自己這幾年的成長，給我啓發最大的人，莫過於區紀復大
哥；經歷最深刻的，要算是01年夏天「鹽寮淨土」（簡稱鹽
寮）的體驗了，堪值感恩記頌。（古風，《自然學校十年生活
札記》，頁339）

2002年，自然協會仍以舉辦社區活動爲主，對於成立學校未有突破
性的發展。從當時的會議記錄中發現，建校仍未是協會當時的首要工
作，各成員對此事都持保留態度：

阿星：想做另類教育，認同自然教育，希望有規模的學校。會
放較多時間在螢火蟲學苑，亦會推行一系列活動，但不想帶
太多活動，教師希望可以能多做兩三年，再覓其他感興趣的工
作。（會議文件，M61，2002-12-29）

四、自然學校啓航！

2000年以前雖偶有提及成立學校事宜，然而工作一直未有開展。
2002年，當時的教育統籌局局長羅范椒芬出席某個公開場合時提及：

政府鼓勵多元辦學，包括成立優質私校和直資學校，以照顧社
會各階層對教育服務的不同需求，以及個別學生的能力和興
趣。（羅范椒芬，明報，2002-01-04，不能滿足於培育少數精
英）

就是此句話，觸發此場革命。2002年，自然協會的全職人員「奉愛
者」已經增加至兩名：古風及阿水。他們、教師夫妻檔白鷺及阿星及數
名自協朋友於一個大排檔談及羅太的講話，因而喚起他們落實建立一所
實體學校的決定，把理想變成眞：

「理想」對很多人來說遙不可及，但自從羅太那句「開放多點

辦學機會……」以及我們相繼的行動，「理想」又不是那麼虛
無縹緲了。（明報，2005-09-04，但，螢火蟲只欠校舍）

　　至2004年會議中幹事阿星提出以自然協會爲辦學團體名義，向教統
局申請領用舊村校的校舍。會議中一致決定下，成立學校的具體計劃才
由此展開（會議文件，M101，2004-9-18）。2004年開始，他們積極籌
備建校事宜，包括申請校舍、建立小組、籌款等，好不忙碌，可惜事情
一直未能順利發展。他們眼見不少九〇年代初至現在的村校，結束後的
命運都是被荒廢，十分浪費。於是他們致函向教統局申請一所已結束的
村校校舍，實行「人棄我取」：

　　說來話長，就從我們經常行山所見開始。過去五、六年，每次
　　行山都見到被棄置的校舍，實在心痛。很快，它們就變成頹垣
　　敗瓦。過去十年間就有百多間村校校舍倒下來了。你知道嗎，
　　一間千禧校舍的維修費用跟一間村校的差別嗎？（明報，2005-
　　09-04，但，螢火蟲只欠校舍）

　　白鷺、古風、阿星都是村校教師，而阿水更是在村校成長的「西貢
土著」。對於村校有著深厚的感情。以自然爲師的學習，校舍也需要有
所配合。他們對於村校的情意結，並非常人理解：

　　還有呀，過去十多年我們辦的學習社群是什麼？是「自然學
　　校」，當然以自然爲師。現在正式辦學，成立「螢火蟲學苑」
　　是一脈相承，而村校一般來說，都坐落於山林水澗中，最適合
　　不過了。你想想，每天都可以跟孩子走到大自然裏，摸摸這
　　些，嗅嗅那些，細察一草一木的生長，觀看飛鳥蟲蝶和小動物
　　的作息規劃，還有什麼更好的學習環境嗎？同時讓師生關係浸
　　浴在自然界的細水長流裏。（明報，2005-09-04，但，螢火蟲
　　只欠校舍）

　　2005年，自然協會為有效處理籌建螢火蟲學苑的工作，開設不同工作小組以應付宣傳、招生、行政及聘任的工作，學校的行政架構亦見雛型。同時，自然協會成立基金會，為未來建校籌募經費作預備。由於有關教統局申請學校註冊落空，因此開始以不同方式尋找合適校舍，以及擬寫學校計劃書向各界籌募經費。經過各方的協助介紹及主動接觸不同的團體，包括議員及立法會成員後，2005年10月與某所中學校長會面，討論有關租用其校舍事宜，可望2006年9月正式開校。2005年亦邀請台灣種籽學苑李雅卿來港演講，以加強團隊興辦另類教育的經驗外，亦收推廣之效。

　　2006年6月，由於各種因素仍未獲得理想校舍，因此決定放棄2006年開校，決定將建校計劃延後一年。2006年與教統局的校舍分配組及相關代表會面，建議以教育中心的形式作實驗教學。協會接納建議，租用辦公室，以有效準備籌建工作。

　　這群熱心的教師們不懂什麼官場世故，也缺乏與政府打交道的經驗。他們靠著滿腔熱誠，向教統局申請校舍。結果被各政府各部門推來推去。教統局的學校分配組指已結束的村校，校地已交回地政署。他們又傻呼呼到地政署查詢，怎料回覆是政府用地由政府決定，所有村校用地都是官地一種，日後可能再度發展及拍賣，而政府已經停止賣地云云。及後他們得知部分村校只是剛結束，學校的校董會還交予校地給地政署，於是他們再去信查詢，得來一份還未交還土地的「希望名單」。這樣被人推推讓讓的日子又過了一年。教統局亦正式回函指對於自然學校的自主課程理念[5]有所質疑，認為這樣的課程未能提供有效的學習，另外對於他們的財政能力亦有懷疑。他們對於教統局的保守感到失望，但亦教他們明白不能再寄望政府方面的支援。他們在無財無勢的情況下，從「希望名單」著手，請求各村校校董會能借予校地，讓他們開校。他們把握每次與有關人士會面的機會，從來沒有放棄，可是花費不少唇

5　自然學校課程的第一稿為中、英及數為必修科，其他科目為選修科。學生可按個人興趣及能力選讀課程。

舌，也是徒然：

> （他們）有的表示無能力幫忙，有的認爲不值得幫忙。他們建
> 議你找其他的人幫忙。在那年頭，我們接觸很多人、議會、校
> 長。他們講到最後便開始介紹其他人幫你，我們便開始知道他
> 們是不願意幫忙。（白鷺訪談，E934）

在教統局的學校註冊政策上，一所未有校舍的學校並不符合註冊成爲
正式學校的基本條件。因此他們必須覓得校舍才能啓動註冊程序。日子磨
人，他們由教師搖身一變成爲一個需要出席交際應酬，與不少商界交手
的公關，他們受了不少壓力。白鷺及阿水憶及當時的情況，最爲感觸：

> 去年的年頭最痛苦。06年時，剛開始公開，需要大量的籌款，
> 要建校，參加很多會議及小組，與不同的人會面。以前是我們
> 最不願意接見的是有錢人，……就是接觸了很多不同的人。包
> 括家長等，經常開會……（阿水，W196）

> 最困難是去年頭。06年要開校，9月要開校，但校舍還沒有，
> 大家都爲此事東奔西跑。我見到的是大家都很辛苦。古風、阿
> 星。當時大家的精神、身體及狀態都不好，沒有錢，也沒有校
> 舍。去推銷自己的理念時，很多人都覺得好，很認同呀，但實
> 際上要幫忙的時候，就會推搪。（白鷺訪談，E932）

雖然事情亦未進入大直路，部分校董會回覆冷淡，亦有校董會給予
約見的機會，然而多是好夢成空。不過透過傳媒的報導、自然協會的會
員、螢火蟲學苑的家長們，他們的熱誠漸漸地被傳開去，開始有不少
「牽線的人」主動協助聯絡及做約見安排。他們希望傳媒的力量，引起
教統局對事件的關注，亦能召喚更多人士幫忙尋求校舍：

（明報，2005-09-04，但，螢火蟲只欠校舍）

2005年的冬天，雖然已經有某所學校的校董會表示有意予自然學校使用，可惜最後於2006年春天，該校基於各種原因[6]，最後拒絕他們的申請：

> 建校組：農曆新年前再致電××中學董事，追問並確認借用校舍事宜。萬一洽商借用××中學不成功，現已遞交了「螢苑計劃書」予另外一所中學，洽商借用事宜。不過還是要大家到時再好好想辦法了。（會議記錄，2006-1-1）

自然學校並未有龐大的資金支持，村校每年的建築維修費用也不容忽視。對於2006年是否成功開校的目標，可能已經無法實現。如何面對當日在各傳媒前許下06年開校的「鐵定明年（2006）9月開課」（明報，2005-09-04，但，螢火蟲只欠校舍）的承諾？還有一班已決心轉校的家長？2006年4月，06年開校的理想需要無限期延遲，直到覓得校舍。面對傳媒的連番追問，家長的查詢，他們四人真是累了。延期的消息傳開後，有報章報導自然學校為「胎死腹中」[7]。

2006年初秋，教統局代表正式與自然學校代表會面，雖然會議未有突破性的發展，然而他們憶述有關代表態度開放，亦予以相當實用的建議，包括建議先開設教育中心。由2005年收到回函書信到2006年的破天荒會面，自然學校上下都感到教統局的態度明顯轉變，變得開明。轉變從何時而起？是否有人從中牽線？無人可知，然而事件由2005年至今，各方面已靜靜地起革命。當他們決心開校的一刻，那夥堅毅及熱誠不知不覺地感染不同的人，而且慢慢擴散。從他們的會議記錄曾會面的團體及人士便略知一二。他們指的「外力」來自社會上不同界別人士，包括社團領袖、出版界、傳播媒體、國際性組織、商界、宗教界、教育界、政黨、環保團體[8]等。部分的會面屬於私人聚談，部分提供協助的渠道及

6　此學校校董會未有提供原因及理由。
7　明報《教得樂》276期，香港難容另類教育。

聯絡，有部分願意深入協作，更有部分提供金錢上捐款外，更多給予籌募資金的可能。這股勢力漸漸壯大，亦發現成立自然學校並非他們四位的夢想而已。截止2007年3月，他們表示已有足夠的資金以維持一年的學校營運經費。

2006年11月，建校事情有突破性的發展。古風轉接得知屯門某學校欲尋找新的合作伙伴，並得該校辦學團體主動約見。同年12月，雙方已達成初步的共識，亦開始著手處理所有程序上的文件。2007年2月14日正式簽署租用校舍的十年合約，長達兩年的尋找校舍艱苦旅程正式結束。簽約儀式完成後一周，申請學校註冊的程序立即展開。然而過程仍然一波「數」折，查詢教統局有關方面的手續時，白鷺引述他們的回答：「網上已有清楚的程序，你按步驟完成吧！先遞交申請才算吧！」（生活札記，DEF12）。就如是者文件來來回回已經三個月，距離07年9月開校日期已迫在眉睫，2007年5月17日當天白鷺已習慣的口吻轉告各職員：

> 剛剛學校註冊組要鄺校長以其身分寫封信證明及核查從前地政署審批校地時有沒有聲明能否由津校轉辦私校）。（生活札記，DEF36）

2007年5月7日，自然學校舉辦一次名為「招收創校家長」的學校簡介會，由於學校註冊未能成功發出，自然學校仍然不是一所「正式學校」，因此不能進行任何招生活動，或收取任何學生。他們以「招收創校家長」為名，希望結集社會力量。自然學校為免違規，學校簡介會只透過協會網頁及會員電郵方式靜悄悄地把消息發放。只是如此有限度的宣傳，5月7日超過70人出席，並已有11名家長表示願意安排子女9月入讀。簡介會上，有家長主動發言以表達對香港教育不滿之餘，也表示對自然學校的支持及鼓勵，亦有家長坐在一邊飲泣。自然學校家長分享時說道：「我只想找一間把學生當成人的學校」（生活札記，DEG10）。雖然如此

---

8 由於部分捐款者表明不欲公開身分，要求以匿名的方式協助。

靜悄悄的行動，仍然吸引傳媒的關注。有報章記者得悉召開簡介會，便馬上致電查問，翌日出現一則失實報導。報章刊登當天下午，白鷺已收到教統局學校註冊組的口頭警告：「未有取得臨時註冊，不得做任何宣傳及招生」（生活札記，DEG22）。教統局一反常態的快捷回覆，表示他們對自然學校動態關注外，亦再次得到對傳媒需要更加謹慎的教訓。

首次的學校簡介會反應良好，自然協會上下對此感到鼓舞，同時為他們注入動力。由於自然學校的所有開支都是依靠「自然協會（慈善）有限公司基金」及學費所支持。讓學校真正達到可持續營運，學校的開支不可能依靠基金的儲備，因此學校首年的學費也需要配合。他們以學生首年招收30名學生計算，每名學生每月的費用需要達到四千元才能達至收支平衡。學校的最大支出為職員的薪金。他們為了減低營運成本，預算每名教師的薪金約是市場的六成，即一萬元。然而學費仍然偏高，不少有意就讀的家長致電查詢後，得悉學費高昂後也卻步。如何才不讓自然學校成為「貴族學校」？2007年5月，他們開始游說過去的捐款者，希望他們放寬款項使用限制，籌款目的亦由「建校」轉為「助學」。希望有更多的捐款協助有需要家庭。望門卻步的家長不是少數，在首次學校簡介會回收的問卷調查中，有家長暫不作考慮，原因包括校址偏遠。雖然如此，亦有家長緊張地查詢：「你們是否能於9月開校？我們要準備搬家的！」

自然學校13年的發展歷程就如一場教育革命。從香港現況而言，有關當局要滿足自然學校的校舍需求其實非常容易。自然學校為校舍抗爭及取得校舍後的註冊過程中，隱含興辦過程中的複雜性及政治性。自然學校的成立與否，並非他們自稱「只欠一所校舍」般簡單。劉世閔（2005）指出台灣民間教改團體影響教育政策的方式包括國會遊說、街頭運動、選舉期約及結盟四大方式（頁168）。雖說台灣社會文化及政治環境與香港不同，仍然甚有借鏡之處。13年的回顧中，四種方式仍未見使用。欠缺這些方式，起義能否成功？還是艱苦的抗戰將結束還是剛開始？還需要我們拭目以待。

伍、綜合分析

懷胎14年的另類學校。以故事敘說的方式說出此漫長的創校經歷，可以讓我們真切體會創辦者多年來的內心感受，同時從回溯他們的生命故事，更能深刻感受到推動另類教育的困難。相對其他華人地區的成立經驗，為何香港自然學校需要如此漫長的時間才能成立？是否天時、地利及人和皆不利香港推行另類教育？下文從此三方面時間因素（天時）、空間因素（地利）及人事（人和）因素分析香港推行另類教育的阻力及困難。

一、時間因素

環保團體綠色力量於1993年舉辦的第一屆綠色小學是香港第一次較具規模進行的另類教育實驗活動。雖然此活動對當時教育體制未有引起很大的衝擊，然而培育數名未來另類教育推動者。自然協會的成立更成為非常重要的關鍵，讓另類教育得以繼續在港孕育。雖然於九〇年代初已成立自然協會，然而往後十年，對於另類學校的成立或另類教育的推動，未有突破性的發展。從分析當時香港的社會環境脈絡，可能找出一點線索。

（一）社會環境影響

八〇年代開始，香港政治及社會進入一個人心不安的時期。84年的中英草簽、89年的六四事件、97回歸等令香港社會普遍對「民主」及「自由」等追求存在恐懼，只希望「平穩過渡」、「五十年不變」。這些思想充斥整個社會及政府施政，令傳統的教育制度更牢不可破。97年以後，政府高度關注教育，掀起改革之序幕。踏入千禧年，一浪接一浪的改革象徵教師安寧的日子正式結束，打破教育的穩定性。不論學校模式、教師、課程等，由以往穩定的牢牆一磚一磚被拆掉。由過去教師荒到超額教師，由學位不足到學位過盛，由學校小皇帝到社區公關等等，這些都反映整個教育環境由安穩變得不穩。從另一個角度看，香港的教育由中央集權到放權，開放社會逐漸形成。批評教育的聲音反映其社會

的開放程度。近年香港社會對教育的批評不再侷限於學者，更包括家長、教師、商界人士，甚至學生。多元的聲音被浮現是開放社會的表現。14年來，香港都不是一個開放社會，因此容納不下開放的教育；14年後，香港逐漸成爲一個開放社會，開放教育隨後興起。從此分析，自然學校的出現是一個自然不過的現象。

（二）全球教育改革的趨勢

1996年聯合國教科文組織國際21世紀教育委員會發表了一份題目爲《教育——財富蘊藏其中》報告。此份劃時空及地域性界限的報告明確指出全球未來教育的趨勢及展望。此甚具影響力的報告，影響世界各地區的教育改革政策，香港包括其中[9]。報告中強調「民主」及「平等」的兩個重要的概念（第二章）。會議由1991年開始至1996年發表報告，委員會成員撰文予以討論不同的教育問題，部分文章再輯成書《爲了21世紀的教育問題與展望》。總括第一章有關未來教育展望的文章，提出21世紀教育的危險與挑戰其中包括：

（1）地球遭到毀滅的危險（頁9）
（2）尊重多元性（頁11）
（3）創設閑暇時間的文明（頁10）
（4）確保教育質量及針對性（頁22-27）
（5）追求平等（頁27-30）
（6）實現新的人文主義（頁32-33）

雖然各國的經濟及環境有異，然而都面對相似的教育問題。返回香港，自然學校同樣發生在這個時代背景。1991及1992年的綠色小學及1993年自然協會的成立。根據以上六點與自然學校的理念不謀而合。究竟是否眞是不謀而合？或又是「參考」？不論前因如何，仍然可以肯定一點就是自然學校的理念嘗試回應21世紀的全球教育問題與挑戰。2001

---

9 羅范椒芬於2006年10月21日出席非牟利幼兒教育機構議會第三屆會員大會暨研討會「樹立領導新文化，帶動全校齊參與」致辭全文，題目爲〈學校自我完善文化與教師專業發展〉。

年香港課程發展議會的《學會學習》課程文件中提出的教育改革，同樣都是嘗試回應這些問題，然而自然學校的方式各有不同而已。

二、空間因素

另類教育需要空間才能孕育，香港的教育政策缺乏讓另類教育有發生的生存空間。由於強迫入學的法例，學校才是教育及學習發生的唯一場所，此政策有壓抑另類教育的可能。

（一）香港教育的忌諱

自從1971年開始實施九年強迫教育以來，所有適齡學童均需要強迫「入學」。「入學」與「教育」有兩種不同的含意。如家長容許其適齡子女不上學，即屬違法。因此，在家教育在香港是屬於違法的行為。法例落實20多年來，社會出現零星家長不滿體制學校或教育方式，而拒絕讓子女上課的個案，如梁道靈事件。幸而，暫未有家長因此而入罪。在此法令下，「在家教育」變成香港教育的忌諱。有家長為保留孩子在家教育的選擇，迫不得已移民海外。如堅持進行自家教育的家長，只好閉門進行。孩子終日不見陽光，只好晚上才能安心帶子女外出，嚴重影響家長及孩子的社交。在此氛圍下，惟有學校的教育才是教育，學校以外的都是輔助或補足的教育。

（二）缺乏辦學空間

在香港成立的學校，必須取得教育局的審批及註冊，否則任何人未經許可下經營及就讀此類不合法學校，營辦者及家長將會受到檢控。為何成立學校如此困難？Apple（1990）論及學校是一個「合法處理知識」的場所，而合法的知識由有權力及特定團體決定。合法的知識才能在學校課程中展現，而其他團體的文化、知識則會被隱藏起來。當中提及的合法並非單指法律上的合法，而更深層指社會上均認同此知識才是知識。誰擁有權力？權力又保障誰的優勢？根據此「合法的知識」的論述分析自然學校的發展，也發現相似的情況。

自然學校的辦學團體為社會上無權無勢的弱勢組織，因此他們是無法取得資源，這情況就如過去美國教育中的黑人團體、婦女組織、少數

民族等。他們的團體沒有條件成立學校，因此他們的知識及文化也未能成爲「合法的知識」，在過去的課程中被消除。究竟怎樣的團體才能成立學校？按2005年教統局否決校舍申請其中一個原因，就是懷疑自然協會的財政情況。根據以上分析，財政穩健是基本條件。在社會上誰具備這些「基本條件」？現時香港的辦學團體以歷史悠久的慈善團體及宗教團體爲主，其他爲上層的社會組織及人士，權力仍然是特定的團體及某階級的人。對於弱勢的團體，他們根本不可能擁有「基本條件」，此可解釋自然學校的成立爲何如此困難。

三、人事因素

台灣百花齊放的教育模式，公辦民營、民間團體支持、家長創校、社會人士創校等。看過台灣另類教育的發展史，也出現一個重要的提示：另類教育的能量來自民間。當民間儲備能量不足，焉能向上抗爭？然而筆者認爲最寶貴的能量仍是優秀的人力資源。香港自然學校與台灣的另類學校成立過程比較，不難發現香港的例子創辦的團體較爲弱勢，而且欠缺人力資源。

（一）欠缺知識分子推動

前文提及，香港八〇年代開始，由於社會環境的變動，引發人才外流的大規模移民潮。不少知識分子離開香港，在此社會情況下，西方教育的思潮缺乏知識分子的帶動。

（二）缺乏另類教育的搖籃

回溯14年的學校創建過程，當中參與者眾。然而直到現在仍爲此另類教育理想而持守的只餘下一人。自然學校成立過程中，出現數次面臨解散的危機，包括舉辦第二屆綠色小學後及道風山會議後。第一次面臨解散的危機爲「夏山就是好」的迷思幻滅。缺乏閱歷豐富的社會人士支援下，舉辦第二屆綠小的大專生對於另類教育欠缺深入的認識及深刻的感受。部分導師遭到滑鐵盧後轉向反對此類型的教育模式。慶幸仍有少數參加者從經驗中反思問題產生的原因，並未因此對另類教育失去信心，讓此類教育的種子得以保留。第二次的危機來自青黃不接的問題。

自道風山會議後，參與會議的人逐漸離開。由於自然協會成立初期由大專生及師範學院學生所創辦，隨後數年創會者投身社會。早期的運作模式及規模猶如大學中的學會，運作一段時間後便出現青黃不接的問題，後繼無人。雖然最艱難的困境已經過去，若然當時沒有創會者為追求落實另類教育而做個人付出，維持自然協會有限度的發展，相信香港另類教育的春天仍然遙遙無期。此兩次的危機帶出一個很重要的警示，我們需要一個另類教育的搖籃。這個搖籃肩負起培養人力資源的重任，首先必須進行人才培養的規劃。其次進行另類教育經驗及知識的整合，為另類教育民間團體儲備能量。

陸、結論與研究建議

一、這是一場民眾覺醒的運動

自然學校的價值遠遠超越一所新學校成立的意義與價值。背後推動著她前行的是一股新的教育思潮。這是一場人民覺醒的運動，希望大眾以批判性思考「何謂教育？」的問題。現在一般人對於自然學校是習慣地評價他們的成與敗，優與缺，卻缺乏深度的思考。自然學校正刺激傳統教育的價值及意義，讓我們從新檢視「學校」、「教育」、「教師」、「學生」四個名詞的定義。

二、為小花的祝福

回顧自然學校的生命故事，她就如狹縫中生長出來的小花。此時也不禁令人感慨，促成自然學校的落實也只是聽從羅太「多元辦學」的建議，原來這只是一場美麗的誤會。縱然如此，自然學校這一朵小花的出現，是罕見的，也是珍貴的。她為現時教育帶來深層次思考的機會。香港仍有部分另類學校或教育模式正在孕育中。冀望社會讓她們留點點的空間，讓她們凝聚和沉澱，為我們的教育開拓另一片天。

三、未來研究方向

　　進行這次研究，遇到不少限制，特別在收集資料上遇到不少困難。由於自然協會成立14年以來，未有發展完善的資料保存系統，加上人士流動頻密，不少文件已經散失。部分資料僅能從受訪者的憶述，未能收集相關的資料文件作印證。雖然此生命故事如此「不完整」，當中也遇到不少障礙及困難，然而仍是值得。希望藉此研究為香港另類教育發展寫下一點記錄，讓現在仍然在推動另類教育的人士得到一些鼓勵及支持。儘管另類教育在華人地區已經推行一段時間，研究的文獻仍然缺乏，因此筆者提出三項研究建議以供參考。

（一）課程與教學的行動研究

　　過去另類教育予人一種對外封閉，對內開放的感覺。以研究人員的身分進入另類教育現場，並完成研究的例子不多。「閉門造車」並不能促進團隊專業成長，因此開放研究渠道能讓另類教育才能走向專業化。雖然如此，由於研究人員需要置身於整個學校脈絡中一段時間，此類型的研究時間較長。因此最佳的另類教育研究者應該是另類學校的教師。Stenhouse（1975）認為教師即研究者。近年來此類型的陸續在研究文獻中出現，但是部分過份主觀及論點有所偏頗，讓文獻的價值降低。另類教育教師作研究的目的不在於推廣學校，應該是促進個人、團體，以至社會的成長。

（二）另類教育的話語研究

　　「個性化教育」、「另類教育」、「自由教育」、「自主學習」、「在家教育」、「自家教育」、「反教育」、「反學校」、「開放教育」、「全人教育」、「適性教育」等等，這些名詞是否具備相同的內涵，若有差異，又是如何理解？從筆者的個人研究經驗中，深深感受到這些翻譯而來的詞彙所困擾。由於不少另類教育的文獻來自西方國家，因此出現不同的翻譯。除此之外，從分析不同另類教育工作者的話語，相信有助個人對另類教育的理論再重建。

（三）另類教師的培養規劃

就如自然學校的創辦者一葉所言：「我們現在是走一條另類教育的路，就是一個文化的選擇嘛。都是另類文化。」當另類教師並非單純一個職業的選擇，而是一個文化的選擇。然而，有誰願意具備資格及能力做出此文化選擇？教師流動率高，聘任困難都是阻礙整個團體成長的關鍵。怎樣的教師較適合當另類教師及如何培養另類教師成為一個非常急迫的研究及規劃課題。

參考文獻

中文部分

王曉輝、趙中建等譯（2002）。**為了21世紀的教育：問題與展望**（原作者：聯合國教科文組織）。北京：教育科學出版社。

自然學校（2004）。**自然學校十年生活札記**。香港：自然協會（慈善）有限公司。

但，螢火蟲只欠校舍。**明報**，2005-09-04

香港難容另類教育。**教得樂**，276，2006-12

陳向明（2002）。**社會科學質的研究**。台北：五南。

馮朝霖（2001）。另類教育與全球思考教育研究。**教育研究**，92，33-42。

劉世閔（2005）。**社會變遷與教育政策**。台北：心理。

聯合國教科文組織總部中文科譯（1996）。**教育：財富蘊藏其中**。北京：教育科學出版社。

外文部分

Apple, M. W. (2004). *Ideology and Curriculum.* New York: RoutledgeFalmer.

Appleton, M. (2000). *A Free Range Childhood: Self Regulation at Summerhill School.* VT: Foundation for Educational Renewal

Brickman, L. and Rog, D. J. (Eds.) (1998). *Handbook of Applied Social Research Methods.* Thousand Oaks, CA: Sage.

Conley, B. E. (2002). *Alternative Schools: A Reference Handbook.* Santa Barbara, Calif.: ABC-CLIO.

Gordon, P. (1997). Schools. In Cannon, J. A. (Ed.), *The Oxford Companion to British History*. Oxford: Oxford University Press. Retrieved 24 October, 2007, from http://www.oxfordreference.com/views/ENTRY.html?subview=Main&entry=t110.e3807

Neill, A. S. (1961). *Summerhill.* Harmondsworth: Penguin Books.

Stenhouse, L. (1975). *Introduction to Curriculum Research and Development.* Oxford: Heinemann Educational.

Vaughan, M. (2006). *Summerhill and A.S. Neill.* Maidenhead: Open University Press.

另類教育的理念溯源及其與當代新興教育思潮的邂逅：兼論對台灣中小學體制化教育現場的反思

薛雅慈

淡江大學教育政策與領導所，課程所專任助理教授

另類教育是脫離主流？世外桃源？標新立異？還是……
其實它只是真實實踐了我們長遠以來所追求的教育理想而已

壹、楔子

1994年春，台灣發生了上萬人走上街頭的教改運動，當時反抗的是教育的升學主義、威權主義與管理主義，而希望尋求這塊土地上教育的創新多元與童年的擁有。隨後不論是教改會提出的教改總諮議報告書，來自2000年來中小學課程改革的正式上演，我們都可發現其中的理想是一脈相承的，台灣十多年來的教改所企求的理想教育與學習，應是自主、創意與多元。而此標語也成了許多公立學校的新願景與學校本位課程的改革方向。

除了對體制內教育的改革，許多體制外的實踐——另類學校一直默默地播下創意、自主、多元、解放等教育理念的實踐種子。在兩種不同路徑改革與實踐下，許多人會問：那些體制外實踐的學校還是另類學校嗎？體制內許多學校不是已在做創意與多元等後現代新式學習的典範

嗎？另類學校是否應被稱爲「理念學校」？因爲他們只是實踐各種教育理念？

另類學校爲何「另類」？這個問題近年來也一直在筆者心中盤旋。基於近年來對於教育的閱讀與實踐，本文擬從教育思潮的發展與實踐上的眞實情境來思索這個問題，某種程度來說，另類學校之所以「另類」，或許是因教育理念思潮與眞實實踐的「體制化教育」，存在著重大的斷層與裂痕……。

貳、另類教育的理念傳承與一般教育思潮的發展： 平行或交會？

另類教育爲何要被稱爲「另類」？它的理念與主流重要的教育思潮有這麼大的不同嗎？這個問題需要回到教育思潮的發展及另類教育的起源來加以釐清。馮朝霖（1995）從歐洲教育史來看另類教育的興起，他認爲歐洲另類學校的興起應溯源於20世紀初，遍及歐美各地的「教育改革運動」，而其中另類學校的先後成立，如蒙特梭利學校、道爾呑計畫學校、華德福學校、佛列尼學校等，爲歐洲教育開創了多采多姿的前景（馮朝霖，1995）。

從美國的教育史來看，Koetzsch（1997）認爲，美國大多數現今仍存在的另類教育根本就是源於進步主義（Koetzsch, 1997；引自薛曉華譯，2002）。而人本教育（humanistic education）及進步主義教育（progressive education）在美國早佔有一席之地，且在各個私立或公立的教育領域隨處可見，並具有重要影響。其實，另類學校的理念儘管不一，各種另類學校的風貌也各異其趣，但是除了如蒙特梭利教育及華德福教育等自有一套完整的理念與實踐體系外，從許多另類學校的實踐來看，我們可以發現其中有一些核心的教育理念，那就是尊重兒童的「自主性」，以及珍視「體驗」式的學習，而透過教育的呈現實踐，來期望達成個體的自由與解放，及整體社會多元與創新的開展。而這樣的核心價值在自然主義、進步主義、反學校化運動、建構主義等教育思潮中可

找到其淵源。

一、自然主義

　　法國自然主義教育家盧梭（Jean-Jacques Rousseau, 1712-1778）在《愛彌兒》（*Emile*）一書中高唱「兒童中心說」。主張讓孩子依本性自由成長，孩子便會發揮愛和自由的本性；兒童與生俱來的好奇心會促使他們去學習他應該要知道的東西（Koetzsch, 1997；引自薛曉華譯，2002：13）。盧梭特別反對人為而崇尚自然，「教育如果具有約束的意涵」，則『自然』本身就帶有制裁的功能」。在兒童教育階段，盧梭主張廢除傳統的書本教育，知識來自自然。「學童在校園內相互切磋所知悉的東西，都比課堂上所學習的有用一百倍」，他希望孩子充份運用大自然所賜予的感官，經過數次體驗後，孩童就能獲得珍貴又紮實的知識（林玉體，1995：357、358）。

　　時至今日，許多另類學校的理念受到自然主義的啟發，例如珍視兒童異於成人世界的獨特性價值、強調童年之維護；崇尚大自然的體驗、重視戶外教育；強調內在的自由，反對人為外在的不當束縛，而以自然的效應做為自然的制裁等。

二、實驗主義與進步主義

　　杜威（John Dewey, 1859-1952）是20世紀以來民主教育的領航者，也是教育思潮界閃亮的巨星，其教育理念「實驗主義」與「進步主義」使美國教育思想在全球佔了重要的地位。「實驗主義」（experimentalism）指出「教育是哲學的實驗室，哲學是教育的一般性理論。教育是印證哲學理論好壞的最佳實驗室。在實驗（教育）中可看出一般理論（哲學）是否有「思想」（從不確定到確定性）的實效，而一般理論也可指導實驗的進行，二者相得益彰，缺一不可」（Ibid., 723-724）。此一論點為日後各種「實驗學校」（laboratory school）提供了合理性基礎。

　　在「進步主義教育」（progressive education）方面，進步主義教育

協會於1919年成立，杜威與其他進步主義者也早在1920年代便提倡主題統整教學，而至今主題統整教學也廣泛地被應用到美國教育界。Dewey在《經驗與教育》及《兒童與課程》兩本書中談到傳統課程的問題及所謂「以兒童經驗為核心」的課程。（Willis et al., 1994:125）。由表1我們可看到「進步主義」的核心是兒童本位，強調學習的自主與體驗。

表1：傳統課程的問題及進步主義教育之主張

傳統課程的問題	以兒童經驗為核心的課程
以成人為本位 偏離兒童的實際經驗 支離破碎的學習方式——分割的學科 重視教材勝於兒童的經驗 以訓練、規訓為標緻	以兒童自身經驗為核心 重視學習者自主探索及發現新觀念 強調統整的課程 強調做中學，學習經驗不斷重組

帕克（Colonel Francis W. Parker）也是進步主義的實踐者，他在1894年寫到「學校應該是一個典型的家庭、一個完整的社區、一個民主的雛型」（Pinar et al., 1995:87），並於1901年創立了Parker學校（Parker School），其辦學精神與方法為進步主義思想提供了實踐的案例。J. Dewey甚至將Parker稱為進步主義之父（Pinar, 1995:86）。

Parker將兒童的自主活動做為課程的核心，重視旅行、觀察、體育、藝術和兒童讀物，各種學科的內容是通過兒童的自主活動整合在一起的（Tanner and Tanner, 1995:201）。目前Parker學校的課程自小學部到高中部都有。以小學課程為例，Parker小學以親子合作、兒童同儕之間的合作學習為主，兒童不斷地對外在世界描繪與互動，以產生理解與知識的再建構。學校提供豐富的、變化的、可親近的環境；啟發性的情境與問題；透過語言或非語言的表徵活動來擴展兒童的具體經驗，並邀請學生提出學習計劃並對學生進行反省。

來自進步主義傳統的學校通常稱為「實驗學校」（laboratory school）。例如Dewey於芝加哥大學創立的實驗學校：杜威學校（The Dewey School: The Laboratory School of the University of Chicago, 1898-1948）；

以及Parker實驗學校。目前芝加哥大學已建立了從幼稚園到研究所的完整教育體系。在實驗小學的階段，教師最主要是讓學生發現問題，並協助他做決定如何解決這個問題。教師也會逐步增加問題的複雜程度，或用一些問題來挑戰學生。大部分的課程都是「做中學」。

　　如果說自然主義是「以兒童為中心」，杜威的進步主義或經驗論則是以「兒童的經驗為中心」，後者將兒童的經驗當作是創造與提昇未來經驗的動力（Willis et al., 1994:125）。

三、1960年代、1970年代的反學校化教育運動

　　英國的另類學校「夏山學校」於1920年創立，創辦人尼爾（A. S. Neill）將這所學校的生活點滴呈現出來，《夏山學校》（*Summerhill*）一書於1961年在美國問世並造成廣大迴響。該校「以兒童為中心，基於兒童會順其本性，自然成長和學習的觀點，在一股開放自由、民主的氣氛裡，學生可以做自己喜歡做的事，學校管理由全員會議主導，人人平權」。尼爾的教育在1960及1970年代初期獲得廣大的迴響，並形成一股「反學校化教育」運動（Koetzsch, 1997；引自薛曉華譯，2002：18-19）。

　　1970年代，美國的一位教師赫特（John Holt）出版了一系列廣受注目的書籍，並不遺餘力地鼓吹「在家教育」（homeschooling）。在其《孩子如何學習》（*How Children Learn*）一書中，Holt強調「孩子天生有求知的欲望，也有自我學習的本能。他們所需要的是一條通達真實世界的管道、教育的素材、容許他們可以隨性探索的自由、獲得情緒上的支持，以及有足夠的時間去思考，來獲取他們的人生經驗」，而「學校，其實是一個真正踐踏學習的場所」。此種源於浪漫主義與人本進步主義的傳統，鼓勵了許多家長採取「在家教育」。

　　1971年，伊利希（Illich）於出版《非學校化的社會》（*Deschooling Society*）一書，其中更對學校化的教化型式提出批判：「在學校化的社會中，教與學都成了與生活分離的特殊化活動，知識的意義由生活經驗變成套裝的產品，市場認定的抽象價值。學習者不再從現實情境中

學習，而是向套裝的知識學習制約反應，學習者視控制爲理所當然，漸漸變得無力洞察存在與現實的本質，卻把學習隱藏在分類知識的累積與等級之下，……，如此一來，人只會在知識工業中異化」（Illich, 1971:3）。而「非學校化是一種社會改革，是人的解放運動之基礎」（Ibid., 75）

1960及1970年代的反學校化教育運動，造就了當時全美超過一千所這類反傳統的學校，通常被稱爲「自由學校」（free school）。他們多數融合了自然教育、進步主義等原則，並採用尼爾、赫特等人的方法。學校強調的精神是「自我驅使、自我導向的學習。學校會安排許多時間讓學生玩遊戲、自由活動、接觸大自然環境，以及與社區的結合」（Koetzsch, 1997；引自薛曉華譯，2002：183）。

四、1970年代的人本主義教育

美國人本主義教育（humanistic education）的興起也是針對主智教育的一種反動。由人本主義心理學者馬斯洛（A. H. Maslow）、羅傑斯（C.R. Rogers），教育學者霍特（J. Holt）、科澤爾（J. Kozol）、科爾（H. Kohl）、曼寧（D. Manning）等人倡導人本主義，主張學校教育應適應學生的需求，注重知情意的均衡發展，課程應以學生爲中心，教育環境應更人性化與民主化。1969年Kohl便根據自己課程行動研究所累積的經驗，出版了《開放教室》（*Open Classroom*）一書，要老師相信學生能誠實表達其學習體驗，教師應鼓勵學生公開與老師進行課堂交流（Boomer, 1992:225）。

五、建構主義

瑞士的兒童心理學者皮亞傑（Jean Piaget, 1898-1980）於1972年提出兒童認知的建構過程。他認爲知識導因於學習者不斷的建構，並以基模、同化、調識與平衡等概念來說明兒童認知發展正反合的歷程。馮朝霖（2002）將皮亞傑（Piaget）的發生認識論融合了Kant、Vico、Nietzsche的思想、及演化知識論和模控學等理論，做爲根本建構論

（radical constructivism）思想的來源（馮朝霖，2002:28-48）。而根本建構論補充了Dewey兒童主動建構知識的歷程，兒童建構的知識離不開其所處的社會脈絡，因此根本建構的歷程其實已包含了社會建構的事實（馮朝霖，2002：41）。其基本假定有三：主動、調適與發展（詹志禹，2002：14）。

但是根本建構論並未積極處理教師或成人在兒童建構歷程中所扮演的角色，此部分則由維高斯基（Vygotsky）的「鷹架（scaffold）理論」加以補充。Vygotsky以鷹架做為教師角色的隱喻，正如蓋房子的鷹架，它可以協助工人搭建房子，但不是建築的主體；因此成人或教師的角色是提供學生在最佳發展區的學習材料，當學生發生學習困難時，教師或成人要協助學生，但要讓學生獨立學習（Clay and Cazden, 1990:219）。

詹志禹（1999）指出，建構論（constructivism）與詮釋學（hermeneutics）在知識論的基本立場方面頗相近，詮釋學「反對接受觀（the receives view），認為知識是人類詮釋文本、詮釋實體、或詮釋資料的結果，不是文本傳輸、實體呈現或資料說話的結果；是心靈主動賦予意義的結果，不是外界環境塑造心靈的結果；是個人主觀的、互為主觀的或集體主觀的結果。建構論也反對接受觀，認為知識是由認知主體主動構造而成，而非由環境訊息輸入而成；是內生的（endogenous）而非外塑的（exogenous）；是心靈創造的結果，而非心靈反映外在環境的結果；是適應性的真，而非本體性的真」（詹志禹，1999）。當然，上述反對的種種即是長期以來的「訊息接受觀」、被動式學習、結果重於過程的「行為主義」知識論典範。

新的課程論述「協商課程」（Negotiating the Curriculum）的宣導者,澳大利亞課程學者布莫（Garth Boomer）於1992年出版《協商課程：為了21世紀的教育》（*Negotiating the Curriculum: Education for the 21st Century*）一書中便指出其心理學基礎來自建構主義。在建構主義的課堂中，學生以己身的知識經驗為基礎來主動地參與知識之社會建構，而非被動地接受學科專家與教師設計的課程內容，學生可對主題進行協商討論參與課程之建構，此主題便構成了學習的中心（Boomer, 1992:47）。

　　許多另類學校背後深層的知識論，其實是來自建構主義。與自然主義相較，建構主義式的另類學校不再將兒童所處的環境視爲大自然的田園詩，一味維護兒童的情意發展而恐有輕忽知性的迷失。建構主義教育的知性與情意是相結合的，學校提供給學生的是一種主動建構的環境，學生可能透過小組活動來做專題或主題探究，或個人在自由選擇的學習區從事發現與探索，教師是協助者與促成者，而非主導者，學習資源是開放給學生的，在整體建構的學習過程中，學生學會自主與主動探究的學習歷程。

六、從西方教育思潮的發展看另類教育的位置

　　除了上述自然主義、實驗主義、進步主義、建構主義等教育思潮與許多另類教育之辦學精神是相通的。而這些思潮在西方教育思想發展中佔有重要的地位。另外，若干教育思想家與實踐家的理念與另類學校的教育觀（如強調啓發思考的學習、肯定實驗教育、愛的教育、反對體罰等）也是相輝映的。

　　早在18、19世紀的哲學家康德（Immanuel Kant, 1724-1804）在教育上便已提出「實驗教育」的構想。爲了教育改造，康德認爲「全國一致化的統一教材是窒息教育生機的元兇」，因此「國家應准許並鼓勵私人、民間、慈善機構等作各種不同的教育實驗」。「教育有賴實驗，創新而不泥古，活潑而不機械，才是教育實驗的關鍵所在」（引自林玉體，1995：430、431）。從今日眼光來看，康德提出實驗教育的用意與辦理方式正是另類教育的理念與實踐。

　　同爲18到19世紀，瑞士的教育家裴斯塔洛齊（Johann Heinrich Pestalozzi, 1746-1827），不僅提倡教育愛與直觀教學等教育理念，更親身創辦名爲「快樂之屋」（the House of Joy）的學校。裴氏認爲「學校要像家庭，要讓學生感受到教師好比園丁」，教育愛意味著「兒童需要陶冶，而非體罰或放縱」。裴氏非常痛斥體罰，他認爲「傳統的學校生活，那種了無生趣的教材對學生已是一種懲罰，如果學生因功課欠佳而挨打，則是二重體罰，是『絕對的殘酷』（absolutely cruel）。在所有的

暴虐中，對小孩施暴是最兇殘的」（Ibid., 430,431）。

如果另類教育（alternative education）在教育理念上是「另類」，意味著它的思潮發展與一般當代西洋教育思潮的發展是殊途的兩個軸線。但是當我們回到另類教育的歷史起源與發展的脈絡，以及各種教育思潮的重要性而言，或許另類教育的理念並沒有「離經叛道」，而是與教育思想史上各種重要教育理念相通的。

參、從當代流行過的教育思潮看另類教育：
另類教育還是「另類」嗎？

1970、1980年代以後曾有許多新興教育思潮在論述上掀起了各種對教育之批判聲浪，例如多元文化教育、批判教育學、解放教育學、後現代教育等。這些教育思潮訴求儘管不一，但其中不乏對結構性壓迫的批判，尋求主體之解放與增權賦能，以及對多元文化、差異、創新的珍視與認可。茲從這幾個方向加以說明：

一、對結構性學校教育壓迫之批判

學校知識（school knowledge）所包含的概念與通則等一般會表現在教科書中、教師的引導、學校採用的媒材，以及教師對知識的詮釋上。但是，最大的知識來源仍是教科書，鼓吹多元文化教育運動的學者Banks（1996）即對學校教科書提出批判，他認為教科書中所呈現的概念是加以挑選的，用意在讓學生接受主流社會的秩序與安排，而不會去質疑它；在此過程中，學生會漸漸以為知識是靜止的，而非動態的；教科書教導的都是一些片段的知識而非社會的真實面。就因為教科書受到這些限制，使得它無法深入分析社會中主要的問題（Banks, 1996:19-20）

Apple（1993）對於「官方知識」（official knowledge）的分析可視為新左派對學校知識批判之代表。Apple指出社會上有權力的人認為某些團體的知識為正統的知識，該知識就被認定是最重要的，它就被訂為官

方知識。官方知識通常透過國定課程、國家考試取得合法化的地位。尤其，美國在過去20年來新右派執政之後，新保守主義之強調傳統知識與價值、權威、標準、國家認同，和新自由主義所重視之市場導向原則結合起來，形成一股強調提升國家標準與能力證明、要求基本的課程目標和知識的教育改革運動。Apple披露這股官方知識倡導共同的文化、目標指向學力的提升，卻忽略了社會中的差異和不平等，形成一種文化的宰制政治（Apple, 1993）。

巴西的解放教育大師Paulo Freire（1972）倡議「受壓迫者的教育學」，對教育賦予積極性的解放意義，並據此批評傳統教育有如「囤積型教育」（banking education），學生只能被動地接受、儲存、堆積知識，這樣的知識不但容易造成學生疏離感，抹滅其自覺與價值，而且只呈現主流文化的觀點（Freire, 1972）。

從另類教育的眼光來看，不論是新左派、批判教育學、解放教育學對官方知識、教科書工業、學校化的教育、傳統教育等的批判，不正是另類教育長期以來對於主流教育和體制化學校「僵化」之弊端的批判嗎？

二、對主體解放之尋求

從新左派、批判教育學、投入式教育學、解放教育學等論述的開展，不僅針對學校正規知識提出質疑與批判，也對主體的解放寄予希望。

Apple（1993）雖然認為學校知識、組織和功能都受到意識型態霸權的影響。不過他也認知到個體仍有相當的自主性，教師和學生不會完全內化學校所傳遞的訊息，人的主體意識具有改變社會結構的可能性。而一個具有批判性的教師要知道如何利用教材，將它當成反省的活動，以幫助學生澄清他／她們所經驗和建構的真實（Apple, 1993）。

受到女性主義教育學的影響，Bell Hooks在1994年提出「投入式教育學」（engaged pedagogy）一詞。投入式教育學同樣也將教育視為一解放的場域，不過更強調「從愛出發的批判實踐」。因為她認為如果教師想要提供一種能夠讓學生深刻學習的情境，就必須以尊重和關愛的態度

對待每個學生，而且她所強調的教學不止是知識上的分享，還包括身、心、神整合式的教學，她認爲唯有如此，才能促進學生達到整體性的自我實現（Hooks, 1994:13-22）。

批判教育學者McLaren認爲批判教育學者最感興趣的知識類型，便是哈伯瑪斯所謂「解放的知識」，它協助我們了解權力與特權的關係，它的目的在創造一種經由有意識、集體的行動，以創造社會正義、平等和增能（蕭昭君、陳巨擘譯，2003：285 ）。

Giroux（1988）也主張批判教育學要落實到教學實踐上，教師一定要使課堂知識和學生生活相關，使學生能發聲。也就是說，肯定學生經驗是鼓勵師生交流的重要部分，教師要提供與學生生活經驗有所共鳴的課程內容，並將之意識化與問題化，審問這類經驗背後埋藏的假設，瞭解其背後的政治、道德意涵。最後，Giroux堅持教師必定要解放知識與經驗，藉著賦予學生促進其社會幻想和公民勇氣，幫助學生形塑自我認同，或進行社會經驗與文化意義的再生產（Giroux, 1988）。

解放教育學者Freire肯定個人有發展批判意識的能力，不僅發展出批判的語言（a language of critique），也發展出希望的語言（a language of hope）。因此，他的教育特色在於將教師與學生視爲共同參與意義建構的主體，透過批判式的識字教育（critical literacy），個人因此得以認知到自身的眞實處境，並產生對抗霸權的意識，進而採取行動改變這個世界（Weiler, 1988:17-18）。因此他在《受壓迫者的教育學》（*Pedagogy of the Oppressed*）一書中提出對話式與提問式的教學，主張教育應是爲改變、爲批判意識而教，教育目的在使受教者得以對自身的處境產生「意識化」（conscientize）的反思，而教師也要時時進行自我反省的工作，以瞭解自身意識型態背後的預設。Freire的教育是反威權的、對話互動的，且將權力放置在學生的手中（Freire, 1972）。

從另類教育的觀點來看，對於自主性的尋回與主體的解放也正是許多另類學校對於人的圖象，只不過，不論是企求教師成爲轉化型的知識分子，亦或希望學生成爲解放的公民，如果不解放一般制式的、單向傳輸固定知識的學校場域，教師何來進行對話互動與反思？如何具備充份

的自主性讓學生投入與發聲？在此另類教育其實已提供爲解放社會及個體自由的批判教育學一種實踐的舞台。

三、對多元文化、異質性之尊重與創造

1960、1970年代的多元文化教育雖起於對弱勢族群之關懷，但至今它已不僅是針對弱勢族群提供一套補償性的教育政策，而是針對全民實施的一種教育願景。除了要提供一個平等、公平的教育環境給弱勢族群，更希望透過整體教育制度與社會的改革，賦權給每一個文化團體，讓每個人皆能體會並欣賞社會的「多元」與「差異」之美。

Chinn and Gollnick（1994）便指出，多元文化教育就是在學校中強調文化的多樣性及平等對待不同的文化，而要達成此目標，必須基植於六大基本信念：（1）肯定文化多樣性之力量與價值；（2）學校成爲尊重文化差異及人權的模範表徵；（3）課程的設計應將社會正義及平等視爲是重要的要素；（4）學校應教導爲了維持民主社會所需的態度與價值觀；（5）爲了要重新分配權力給所有的文化群體，學校要提供必備的知識、情感及能力；（6）教育者不論在家庭、學校、社區都應營造一個支持多元文化的環境。

同樣地，1980年代的後現代教育，也訴求教育要尊重不同的理念、及背景相異的邊緣性論述，以開放課程的界線容納各種邊緣論述於正式課程中，此即後現代的「邊界教育學」（border pedagogy）。學生之於知識正如同邊界的跨越者（border crossers）（Aronowitz and Giroux, 1991:119）。因此，後現代教育要求學生去體認歷史脈絡中存在著的多元性與不確定性，並給予各種差異性論述合法的地位，承認各種對立的、異質性、開放性與不確定性（Aronowitz and Giroux, 1991:122-123）。

在課程改革方面，自1970年代融合了現象學、自傳、存在主義、實用主義、美學、神學、解構主義、後結構主義、女性主義、詮釋學、混沌理論和批判理論等「再概念化課程」（reconceptualization of curriculum）研究（Pinar, 1988）興起以來，後現代主義幾乎成爲1980年代以來課程理念的主流與願景。究竟後現代課程所訴求的是什麼樣

的「新典範」？Henderson and Hawthorne（2000）將課程典範分為前現代、現代、後現代三期的架構，可幫助我們看到三種課程與教學典範主要的差異點：

表2：三種課程與教學典範

	前現代架構	現代架構	後現代架構
教育哲學觀建立	信仰真理 家長控制 家庭價值 族群認同 權威性的規則	工具理性、效率 工作多樣化 科技、目標導向 理性主義	多元反思性對話 重視他者的聲音 以探究為基礎的合作多元的讀寫能力
教育計畫方案	對權威之尊重 對規則之遵守	大型標準化測驗 重視成就 績效管理 公平性／分類	重視多元智慧的表現鼓勵公平性、多元性
課程的設計	古典、經典 權威教科書	科目、學科 專門性	課程跨學科、統整
教學的實施	教科書為中心	測驗為中心	思考為中心 （建構主義）
評量的實施	知識、記憶、考試	標準化成就測驗	歷程檔案、 實作評量
教學的組織	同質性社群	科層專門化	異質性社群
賦權增能中的關係	部落式傳承權力 屬於上位	高度結構化權力 屬於上位	合作的、多元對話、權力多元擁有

資料來源：引自Henderson（2000:162）

由此表格來看，許多另類學校採用了多元、反思、對話、以合作取代競爭的學習方式，以真實評量來取代傳統的紙筆測驗，也正符合了後現代新式學習的願景。此外，當一個社會能廣納各種另類多元的學習環境與方式，不正體現了後現代社會期盼的多元文化之創生萌發嗎？

四、強調創新的能力成為未來社會變遷下的核心競爭力

1990年代後的世界正式進入新經濟體（new economy）或稱知識經濟（knowledge economy）的時代。全球化知識經濟時代所強調的創新與彈性的個體，當今進入「後福特主義」（post-Fordism）的生產模式所需的是運用想像力、發明才能、創造力能力的個體。因此差異化、複雜化、彈性化思考將取代均質化、同一化、簡單化的思考模式（過去的福特主義），以適應隨時變動的時代（張宏輝，1997）。因應知識快速變動與暴增的時代，教育的重點不應再是灌輸知識，而是發展能力。因此知識經濟下的教育改革一大重點是學校組織文化的再造，營造一個具有創意的學校環境，教師要有創意，教學方法與評量方式要多元，讓學習成為一個持續不斷的知識探究（intellectual inquiry）過程（陳伯璋，2001）。這樣的持續探究過程即是要培養公民具終身學習的一把「鑰匙」（key），以因應未來的學習型社會（learning society）。

另外，課程改革的理念身受當代學術思潮「第三勢力」的影響，諸如心理學的「人本主義」（humanism）及「多元智能理論」（multiple intelligence theory）、社會學的批判理論及知識論的建構主義（constructivism）等，以致整個課程內容的規劃與安排朝向更加開放、多元的方向（甄曉蘭，2001）。除了強調人性化、生活化、適性化，重視培養學生批判思考、善用科技與資源、解決問題等能力。是以「做一個現代化國民所須具備的素養」的角度來思考，較重視「個人關聯」（personal relevance）和「社會關聯」（social relevance）取向的教育目的，而比較不再那麼強調「學術理性」（academic rationalism）取向。九年一貫課程綱要的修訂反映了「反智主義」（anti-intellectualism），而道出經驗及情意世界的重要，I.Q 以外的 E.Q、C.Q、M.Q 重新受到重視（陳伯璋，2001）。我們也可說其整個精神與過去的進步主義傳統及開放教育──強調經驗與生活化、兒童本位、快樂學習、培養創新主動的個體等精神是一貫的。開放教育也是一種「經驗課程」或稱「活動課程」，此課程的特色是課程統整化、教材生活化、及教學活動化，其精

神是秉持兒童本位與創造力的學習。

由此我們看到，過去許多另類學校以釋放學童創造力爲願景的辦學方式，曾一度被認爲與傳統的紙筆測驗、追求標準化知識的競爭力格格不入。而如今，創造力已成爲21世紀全球化所需的競爭力核心，在此另類教育更與大環境之社會變遷有了更多的契合。

以上簡要地找出許多另類學校的理念與西方教育思潮的關係，我們可發現另類教育與西方重要的教育思潮發展是相契合的，如自然主義、實驗主義與人本進步主義、建構主義等。從1970年代以來新興的教育思潮來看，諸如多元文化教育、批判教育學、解放教育學、後現代教育等所追求的個體自主性之開展、學校解放於官方知識與宰制、整體社會之多元創造之釋放等，與另類教育的實踐更是相契合。由教育思潮的觀點來看，另類教育並不「另類」，它是將我們長遠以來追求的教育理想付諸行動與眞實的實踐。

肆、從實踐的觀點看中小學的體制教育現場：
另類教育為何還是「另類」？

台灣自1994年民間發起教改運動，1996年政府積極回應且全面規劃教育改革，包括多元入學方案的實施與九年一貫課程的改革等，無非是希望台灣在邁向21世紀知識經濟與學習型社會中以「創新」及「多元」爲主流的時代中，過去一元化的教育環境也要解構，以培養具有創意思考、活用知識、帶得走的能力的學生。這些教改背後的精神其實多與當代教育思潮相契合，如多元文化教育、後現代教育、建構主義教育等。

當時從教改會到九年一貫課程所強調的「給學生帶著走的能力，而非背不動的書包」意義即在此。而九年一貫新課程所發展出的十項基本能力爲：（1）瞭解自我與發展潛能；（2）主動探究與研究；（3）溝通表達與分享；（4）欣賞表現與創新；（5）獨立思考與解決問題；（6）尊重關懷與團隊合作；（7）應用科技與資訊；（8）規劃組織與執行；（9）文化學習與國際理解；（10）生涯規劃與終身學習（教育

部，2000）。然而，這些表象的背後究竟隱含什麼理念與緣由？其實這十大基本能力的提出有幾點原因：第一，針對過去我們的義務教育太重視知識的教導，各科以講述方式傳遞訊息，以紙筆測驗進行評量，造成學生只學習到認知的層面，情意與技能方面顯現不出成效。而新課程提出的基本能力除了包含知識的學習外，大部分是培養學生實踐的能力。也讓學生能將書本上的知識落實於生活之中；第二原因是因應科技發展非常快速的時代，如果學校教育不能跟上時代潮流，還以過去傳統方式訓練學生，勢必培養出一些無法適應21世紀的國民。

在新式的九年一貫課程中，學生、家長、教師都意識到一種新式的學習方式在教育現場中實踐，也就是「學習單」的作業方式及多元評量或檔案的評量方式，這些新式工具的一大特質即是「沒有標準答案」、「因人而異」、每份學習單或評量的結果可說是五花八門，這其中意味著什麼？當然，我們很容易往前推測出過去台灣長期在傳統式的紙筆測驗與抄寫作業下的弊病－學童失去想像力與創造力，對學習倒盡胃口等；以及因應整個時代多元化的需求，因為後現代與多元主義強調的是「差異性」的價值及「相互尊重」，也與民主社會中的必要。除此之外，九年一貫課程改革下新式學習工具背後反映的是詮釋學與建構論取向的知識論典範。

然而，九年一貫課程改革自2001年正式實施以來，一般學校的教育現場「創新」「活絡」了嗎？

自2001年起，作者在九年中體驗了的各種國民中小學學校活動之參與，加上九年中與親朋好友的交換心得與訪談敘事，讓我一窺並深入瞭解九年一貫課程改革以來教育現場的真實樣貌——某種程度來說，從南到北，我們現今公立學校教育的現場幾乎還是長成一個樣貌，學校就是這個樣子：

一、體罰轉化為柔性規訓

1980年代以前出身的台灣學子在回憶起小學的時光，大多對排隊等候藤條的受挨打情景不會陌生且餘悸猶存，即使我國「教師輔導與管教

學生辦法」明文規定「教師的管教措施應經適當的程序，且不得對學生身心造成傷害」。體罰在過去台灣的中小學仍盛行，一直到八〇年代人本教育基金會對體罰事件的糾舉與炒熱成社會議題，以及家長教育權抬頭而告教師的事件層出不窮，過去「籐條與教鞭」式的體罰已在許多小學校園中消失了。

現代的家長面臨小孩上小學，多已去除了被老師體罰的夢魘。但很少人注意到，小學的行為管教仍在行為主義的典範下，過去的籐條與教鞭已轉化成為一種「柔性的規訓」，一套無所不在的監控體系早已在小學教室中發酵……

（1）紅磁鐵與藍磁鐵的賽跑——班級經營秩序；
（2）哭臉與笑臉的娃娃——作業的獎懲，行為的正字標記；
（3）大家來加減——榮譽獎章制；
（4）同儕監控體系——糾察制與小老師；
（5）壞孩子不能玩——剝奪下課遊戲時光與班級活動；
（6）乖乖坐著，動筆就好——作業讓你乖乖抄不完；
（7）對身體的規訓。

史基納（B. Skinner）在《自由與尊嚴之外》一書中，從行為主義的角度說明人類受到制約程序的作用，現代社會是將新式控制體系的諸多價值，內化到每個人心中，在每個人心中套上一把社會規範的尺，規約著現代人的行為，相較於傳統社會中，壓力與社會控制是外在的，現代人所面臨的是自我規約與內在壓力。

Foucault在《規訓與懲罰》中論述，紀律化的訓練過程是與資本主義的近世開展關聯在一起的，它是透過將工廠、學校、醫院、拘留所、軍隊、監獄等制度，完成普遍的壓制與自我訓練的程序後，個人才能成為紀律化的動物，而存在權力的監督系統中；同時，也正是依賴著這些分類，西方資本主義社會才能讓人們依訓練過程，將自己安置於無所不在的監控體系中，權力的運作是隱而不顯的，它取代了傳統「野蠻的」權

力運作方式，而無所不在地存在所有社會制度中。

簡言之，規訓制度及在探討一套規訓方式，如何透過個人、透過其肉體、透過其時間安排與具體操作程序、透過其觀念與心理所接受的邏輯，而能安排成一套社會體制，成爲日常生活中人們用而不知的常規，

二、學校作息規格化，仿如福特主義時代的工廠

Koetzsch（1997）曾從經濟發展的脈絡來描繪美國一般公立學校樣貌的起源。他指出美國的工業革命和公立學校體系的形成幾乎是同時發生的。工業革命之後，多數的勞工都被編制在有條不紊的組織下，勞工在生產線上工作使工廠能有效率的運作，工作開始和結束都有固定的時間，以鈴聲和號角聲來管理，勞工只有在短暫的休息時間和午餐時才能離開工作崗位。而當時的公立學校承襲了許多工廠的特色，師生每天的時間表都由校鐘來控制（Koetzsch, 1997/2002）。

現今的台灣校園，大多仍是以鐘聲來控制學校師生的作習，通常師生有40到50分鐘的上課時間與5到10分鐘的下課時間。從學生注意力集中時間、教師排課與轉換、學生需要伸展身體的觀點來看，上課下課的鐘聲安排未嘗不妥。但是當校園鐘聲成了一成不變的作息與規格化，學生可能失去了深入的學習與有深度的遊戲。

學童下課的短暫時光，可能從事以下事情：

（1）身體被規訓──如被處罰下課不能出教室；
（2）在教室繼續加工──如被罰抄寫或訂正；
（3）走廊的徘徊──因下課短暫，戶外遊戲空間太遠或不足，規定只能在走廊；
（4）排隊等候──因遊樂設施或廁所有限而排隊；
（5）下課只是短暫的體力消耗──即使有到戶外也只是短暫的活動；
（6）做其他事：解決生理需求──時間只夠吃東西或上廁所；
（7）遊戲高峰的終止──遊戲正好玩，上課鐘卻響了。

童年沃野的消逝，幼兒時光在沙坑中長時段探索尋寶打仗的景象，似乎靜止了，停留在那兒成為一幅遙遠的夢境。

三、創意教學展演化、真實學習標準規格化

我們常常看到這一波課程改革在中小學具體的呈現面貌是快樂、活潑、創意、多元的教學景象，學校畢業典禮讓校長老師及學生發揮創意大展身手，各種學習活動都可設計成創意活潑的遊戲，如闖關遊戲、藝術嘉年華、化裝舞會、體育表演會、畢業典禮等。學校的願景多以創意、活潑、快樂等為口號。

學校漸漸將各種活動創意化，而各種活動的展演與環境之佈置，也總是展出具有創意表現的一面，如自製小書、藝術、各種學習單等。創意展演的背後，我們卻看不到學生們面對知識與學習的真實方式，其實是高度福特主義、標準化與行為主義的。各科的學習不外乎以教科書為主；書包滿載著各種標準化的教科書工業：國習、數習、大甲本、大乙本、圈詞、數藍本、社習、生習、一號本、二號本、數練習本、學習單、評量……成了多數學生早自習抄聯絡簿的例行公式、滿載而歸的書包、安親班或家中的標準化加工、親子催促與戰爭的開始……。

四、九貫教材中看不見的思考殺手——知識套裝化與評量標準化

原本九年一貫課程改革的理念是以後現代主義、知識建構論的典範為改革的方向，然而，整個教科書工業所塑造的知識工業卻未解構。幾乎每一科目的每一種版本，書商都會附帶編寫習作、練習本、評量、測驗卷、學習手冊、自修等周邊產品，這些產品的共通特色就是標準化答案，標準化到幾乎把教材視為聖經，傳輸給學生，標準化產品透過作業或考試來告知學生，「書上所印刷的文字，所收錄的圖片，你都要將它牢記在心中」。學生學習的方式漸漸被制約：書上寫，老師教，我們反覆抄練，追求唯一正確與標準的答案，得到好分數，是最後學習效果的唯一指標。

五、各科教學現場與理念的差距

　　各版本教科書周邊產品的標準化結果，許多科目的教學與作業成了例行的公式。語文領域中是充斥著文字的演練，而缺少文學的欣賞與文化的思考；數學領域未提供學生充份的空間思考與建構，反覆練習的時間已讓學生失去問題解決的興趣；社會領域以套裝知識呈現，失去體驗與經驗，成了紙上的記憶工廠；自然科技領域雖有「做中學」，但只是照本宣科的做實驗或看影片，學生失去自主發現與探索的能力。各科教學似乎偶有以「學習單」、「報告」、「研究」的作業方式，但多數學生在各種套裝知識與作業的反覆演練後，報告並沒有充份的時間思考與構思，甚至只是一種網站上的按扭動作與印刷剪貼的勞動過程。

　　今日的學生多在學校待上8小時，而回家後還要應付繁瑣的功課與考試，可說是學校的知識充斥了學童一天，學生成了被填的更飽的鴨子。學生們大多背負沉重的書包，有時只是為了例行的功課與訂簽。許多學生與家長在不耐煩於反覆訂正標準答案，乾脆人手一本學習手冊（甚至有學生各科一本）應付了事。龐大的教科書周邊產品與繁重的作業本，許多學生對知識早已倒盡胃口，期末最痛快的事，就是將教科書資源回收。

　　今日學校的學習仍是福特主義與行為主義的大工廠，教師忙出作業、批閱作業與考試；學生忙記憶背誦與反覆演練；家長忙催功課與簽名，學生家長教師在此標準化知識大工廠中無一能自拔，無人能倖免。

伍、結論：真實實踐理念的教育成了「另類教育」

　　從參與教育改革，到教育理念的探尋，以及親身於教育現場的教育體驗。我認為：許多教育理念在教育現場上就像在天上飛的文字，如浮雲般輕輕的掠過，不著任何痕跡。或者，那些教育理想，只是教育現場從事教育展演中的「神奇彩衣」，將福特主義與行為主義的真實情境包裝於創意的外衣下，讓我們多數人以為現今的台灣教育已後現代了，已朝向建構主義的學習典範了。從實踐的觀點來看，另類教育之所以「另

類」，只因它真實實踐了我們長遠以來追尋的教育理念，另類教育還是「另類」的。

參考文獻

中文部分

林玉體（1995）。**西洋教育思想史**。台北：三民書局。

張宏輝（1997）。大轉換時期的教育改革。載於林本炫主編，**教育改革的民間觀點**。台北：業強。

教育部（2000）。**九年一貫課程綱要**。

陳伯璋（2001）。學校本位課程發展與行動研究。載於中華民國課程與教學學會主編，**行動研究與課程教學革新**。台北：揚智。

馮朝霖（1995）。另類教育與全球思考。**教育研究月刊，92**，33-42。

馮朝霖（2002）。根本建構論理論發展的哲學反思。載於詹志禹主編，**建構論**，頁28-48。台北：正中書局。

詹志禹（1999）。九年一貫社會科課程綱要草案背後的哲學觀，**教育研究雙月刊，66**。

詹志禹（2002）。認識與知識：建構論vs.接受觀。載於詹志禹主編，**建構論**。台北：正中書局。

甄曉蘭（2001）。行動研究結果的評估與呈現，載於中華民國課程與教學協會主編，**行動研究與課程教學革新**。台北：揚智。

蕭昭君、陳巨擘譯（2003）。**校園生活：批判教育學導論**（原作者：Peter McLaren）。台北：巨流。

薛曉華譯（2002）。**另類理念學校在美國的實踐**（原作者：Koetzsch）。台北：高教（原著出版年：1997）。

外文部分

Apple, M. W. (1993). *Official Knowledge: Democratic Education in Conservative Age.* New York: Routledge.

Aronowitz, S. and Giroux, H. A. (1991). *Postmodern Education.* Minneapolis:

University of Minnesota Press.

Banks, J. A. (1996). *Multicultural Education, Transformative Knowledge and Action: Historical and Contemporary Perspectives.* New York: Teacher College Press.

Boomer, G. (1992). *Negotiating the Curriculum: Education for the 21ˢᵗ Century.* London Washington, D.C.: The Farmer Press.36.

Chinn, P. C. and Gollnck, D. M. (Eds.) (1994). *Multicultural Education in a pluralistic Society* (4th ed.). New York : Macmillan.

Clay, M. M. and Cazden, C. B. (1990). A Vygotsky Interpretation of Reading Recovery. In Moll, L. C. (Ed.), *Vygotsky and Education: Instructional Implications and Applications of Sociohistorical Psychology* (pp. 206-222). New York: Cambridge University Press.

Freire, P. (1972). *Pedagogy of the Oppressed.* (B. R. Myra Trans.). New York: Herder and Herder

Giroux, H. (1988). *Teachers as Intellectuals: Toward a Critical Pedagogy of Learning.* Massachusetts: Bergin & Garvey.

Henderson, J. G. (2000). Informing Curriculum and Teaching Transformation through Postmodern Studies. In Glanz, J. and. Behar, L. H (Eds.), *Paradigm Debates in Curriculum and Supervision: Modern and Postmodern Perspectives* (pp. 52-168). London: Bergin & Garvey.

Hooks, B. (1994). *Teaching to Transgress.* New York: Routledge.

Illich, I. (1971). *Deschooling Society.* New York: Harper & Row.

Pinar, W. et al. (Eds.) (1995). *Understanding Curriculum.* NY: Peter Lang

Pinar, W. F. (1988). The Reconceptualization of Curriculum Studies. *Journal of Curriculum Studies*, 10(3), 205-214.

Tanner, D. and Tanner, L. (1995). *Curriculum Development: Theory into Practice.* Englewood Cliffs, NJ: Merrill.

Weiler, K. (1988). *Women Teaching for Change: Gender, Class & Power.* New York: Bergin & Garvey.

Willis, G. et al. (Eds.) (1994). *The American Curriculum: A Documentary History.* Westport, Connecticut: Praeger Publishers.

混沌中找到次序：
從學校沒有統一的教科書談起

夏惠汶

前開平餐飲學校校長
澳洲國立大學教育哲學博士

壹、研究背景脈絡

一、序言

　　看到邀請單位的來文中「Rebecca Matusewicz以爲『將自己置於教育之途，即是去成爲流浪者追尋通渡而邁向更適當的存在之道』。而漂流的美學與莊子〈在宥篇〉所謂的「浮游」精神難道不也異曲同工？『浮游，不知所求；猖狂，不知所往；遊者鞅掌，以觀無妄。朕又何知！』」，以及「德國教育學者Roland Reichenbach認爲：當代陶養理論有很好的理由去看清其『陶養』（Bildung）已經是去目的論（dys-teleological）概念……。從後現代的觀點來看，『陶養』的歷程可被理解爲『附隨未知結果的不斷轉化歷程』而非趨向完美化的過程」。

　　看到這樣的概念能在主流的教育系統中被討論與被呈現，就有一份感動，挑動了拋磚引玉思緒，分享十多年來在體制內衝撞突破的歷程。

　　人文精神的陶冶，是去目的性的，無法用統一的標準或量化的數據呈現，是個人生命成長，在細嚼慢嚥中不斷轉化，在與環境互動中不斷調適改變追求自在自得的歷程。

教育Education一字的字根是從拉丁文來的，E=out，duco=lead，就是lead out的意思，也就是「從……引發」的意思。教育就是引導人發現自己本來圓融俱足的本質和他在世界上的位置，教育工作者，是營造一個安全的保護傘以及值得信任的環境氛圍，讓孩子在保護傘下盡情的揮灑發展潛能。方法就是不斷的開啓有意義的對話。

從2006年11月20日《天下雜誌》專刊談〈關鍵能力──你的孩子到底該學什麼〉，歸納出：「（1）學習知的能力，（2）學習動手做，（3）學習與他人相處，（4）學習自我實現。」強調要「把校園改造成學習遊樂園」，透過「自主學習，讓我找到眞心投入的事」。

2007年8月6日《商業週刊》談〈學校沒有教的大能力──維基百科的創辦人吉米談未來學習大革命〉、〈丟掉你的教科書，讓孩子向全世界找答案〉，麻省理工學院商學院教授彼得聖吉「一個人至少在高中階段就必須具備的四大能力：（1）養成團隊合作、（2）判斷資訊、（3）運用科技、（4）國際觀」。

再到2007年8月20日《商業週刊》談教育投資，總結的說，投資在「發展獨特性，遠勝追求高分」；當《商業周刊》等所代表的企業界也認眞看待教育議題，而且以更務實的視野評估教育綜效的時候，值得我們反思，這個訊息傳遞了什麼意義？

20多年前，研究者留學澳洲，領受到澳洲對生命的尊重、對人性的關懷，在制度健全的社會主義民主國家，反而體驗到中國文化中一直追求的天人合一的情境氛圍，讓我感動不已。不斷探究深思，不但打通了自己的任督二脈，讓自己被傳統觀念影響卡住的糾結緒得以紓解，進而發現從小的教育才是關鍵，讓孩子懂得尊重生命，關懷人性，有品質的生活，快樂的實現自我，這是澳洲人強調的Life Style，其實就是中國文化深層結構中追求自在自得的核心精神。這樣的體悟，讓自己做了決定，將自己生命從商場轉向投入教育現場。

在教育現場工作這麼多年，很想看看學生在所營造的場域氛圍中實際的成長和改變，與追求的理念或雜誌專刊報導的關鍵能力是否吻合，透過論文的寫作以探究檢核，是否自以爲是的一意孤行而不自覺。

　　教育現場是以研究者曾擔任校長職務的學校——開平餐飲學校，那是體制內的高級職業學校，不像體制外的學校，不受教育法令制度規範自由發揮，開平是體制內的學校，受到教育法令規章的保護與牽制，在重重條律規章，以及社會主流文化的制約下，解構傳統教學體系是困難的，而所建構的系統與環境氛圍，又如何讓學生順性發展，學習關鍵能力——發展獨特自主性、懂得團隊合作、擁有解決問題的能力，以及追求自己想要的目標以自我實現？

　　有很多方法來做研究，可採用實證主義，以量化的數字來評估成效，找到通用的法則。但我選擇用質性研究，做更細緻的探討，相信沒有兩個人是一樣的，並且用尊重生命的角度探索人的內心世界如何回應環境的刺激。透過與一位學生深度訪談，整理出他生命故事以及以影響他故事發展的背景脈絡所交織而成的文本，透過對文本的反覆的閱讀思索，再閱讀再思索，進入參與研究的敘說者（以下簡稱敘說者）的心智模式中，感受所有的發生及回應發生時的心智狀態及行為模式。看到讓改變發生的轉折、脈絡以及這樣的改變對未來生涯發展的影響。

　　對杜威來說，教育、經驗和生活，三者之間緊密交織，教育的研究就是生活的研究，把教育的思考看成是經驗的思考。敘說變成一種了解經驗的方式，經驗就是人們生活的故事。人們的生活即是故事，並且在敘說這些故事時，對之加以重新確認、修正，甚而建立新的故事。「活過」的和「說出來」的故事，教育了自己也教育了他人（Clandinin and Connelly, 1994）。我的位置以及養成教育和對理論的信念，都決定了進行方式的選擇和立場（Riessman, 1993）。在結論的部分，將提出目前的兩個難題：敘說研究的效度問題和此方法的限制。

二、研究現場的人文脈絡：主題式教學（研究型學習）

　　開平做為敘說研究的故事背景，就要理解開平的教育文化脈絡。

　　教學的方式上，開平採取的是師生共學的研究型教學（與學習）模式。是在「超學科統整課程統整」（Beane, 1997）的理念架構下發展出來的一種課程模式和教學系統，化約為主題式課程，打破將學生視為

原料，在生產線上以分科知識加工處理，檢驗過關視為良品轉進後續加工生產線，不過關則視為不良品，給予補救教學以尋求改良，對生命來說，加工並不一定就能吸收，生命是有自主選擇接受和排斥的能力，不接受加工並不等於不良品，畢竟生命不能化約為物件。

而主題式教學，對終日營聚於斗室，啃教科書長大，配合應試制度，早已磨去創造力和想像力的學生，有重新找回自信，還原個人生命原貌的機會。因為主題式課程，是引導學生找到有興趣的主題。當學生進入自己有興趣的主題，就會不斷深入探究，而老師扮演的角色就是陪伴、協助、引導以及問一個好問題，幫助學生反思統整經驗，愛因斯坦說過，問出一個好問題，問題就解決了一半，所以「問」在研究性學習中扮演重要的角色。

老師不是教學生怎麼做，給出答案，給出結果，那會變成老師的作品，老師是激勵學生信心，啟發學生思考的角度來幫助學生。過去強調記憶性的教育方式，不經意的抑制了學生的想像力，讓人覺得「想也沒用」，澆熄遏止了生命中蘊藏的熱情活力火焰。思考的怠惰，使年輕學生身不由己受外務牽引隨波逐流。因此，如何讓學生找回自己的主體性，參與自己有興趣的主題，從一門深入，進而極深研究，調動了學生內部動力機制，學生的主觀能動性就帶著自己溜進了學術殿堂（夏惠汶，2005）

主題式教學，是將整個年級學生視為一個群體，分別（產生競爭）或共同（學習衝突合作）完成一個明確清楚的主題，過程中，相關群體需共同討論並決議，包括方針路線、分工後的組織結構、報告系統、執行方案等，在共同參與推進的過程中，不斷的對話、嘗試、反思、修正、再嘗試……，往復循環，讓工作滾動前進，讓內在心靈不斷螺旋提升。研究者猜測，面對未來的世界，創造與團隊合作將是最重要的能力。而創造與團隊合作無法在書本、紙筆考試中獲得，而主題式教學或將是最能激發創造力、團隊合作的教學模式。

貳、研究理論與方法

一、理論

> 【三個裁判的故事】三個裁判圍坐著喝啤酒，一人說「有好球也有壞球，是什麼我就喊什麼」。另一人說「有好球也有壞球，我看到什麼就喊什麼」。第三位說「有好球也有壞球，在我喊出來以前，什麼都不是」。（Anderson, 1990）

現代主義的世界觀強調的是客觀性的事實。不過，可複製的過程和通用法則，很容易忽視每個人獨特而局限的意義，因為，當我們視「人」為客觀性的「東西」時，就把人當成「物體」來對待了（Freedman and Combs, 1996）。

後現代主義不同之處，在於他們的興趣放在例外，而非通則。選擇探究細節的獨特與來龍去脈，而非總括的規律；注意差異，而非相似之處。現代主義關切事實的通則，後現代主義關切的是意義（Ibid.）。

所謂敘事，就是敘述或話語的一種表現，目的是將相互聯繫的一連串事情呈顯出來，這個基本假設與後現代的主張是一致的，認為沒有絕對的真理。是多元的、多重的、主觀的，是人們將各種經驗組成有意義事件的基本方式，這種方式向我們提供了如何瞭解世界和向別人講述我們所了解的世界的途徑（邱瑜，2003）。後現代大師李歐塔（Lyotard, 1979/1984）把知識分為科學知識和敘事知識，科學是客觀的、可實證的、確定性的，敘事知識是不確定性的。

生命可以是一個數學公式，將人生所有的變化規則化到一個共識內去描述、預測與控制，也可以是一個角色眾多、情節曲折複雜、令人迴腸盪氣、能發人深省的故事。通過說自己生命的故事，自己的生命經驗成了自己創作的題材，自己成為自己生命意義的創作者，自己的生命成了自己的創作品，不斷重述自己的生命過程，自己的生命也不斷的被重新創造。即使看似哀怨、悲慘的生命經驗，也有機會重新點化成為具有

美感的藝術品。通過故事，我們可以創造出自己生命的美好，也可以欣賞出別人生命的美好（翁開誠，2000）。所以，講故事不是一個簡單的語言表達，而是一種複雜的意義建構的過程，是認識和理解生活的一種方式。敘事就是生活，人生活在敘事裡。也因如此，敘事研究通常是對個案或小樣本的深度研究，透過一粒沙關照一世界（楊莉萍，2006）。當我們成為故事的研究者，而聽取某人說他的故事時，我們其實已經置身於交織的故事中，成為故事的共構者（Clandinin and Connelly, 2003）。

　　研究者在學校是站在行政決策的位置，與學生沒有太多直接的接觸，所以特別邀請曾與學生有共同經驗的李晶蓉師擔任研究助理，共同商定訪談原則，由晶蓉師與邀約學生在輕鬆的情境下回憶過去發生的故事，盡量不打斷學生的話頭，與學生共構故事。之後再由晶蓉師邀約我及學生加入會談，因有之前回憶性趣談，我的加入並未影響談話氣氛，碰到一些問題，即使從來沒有想過，也都沉思後有問實答。其實，問出沒有想過的問題，就成為共構者，促使敘說者反思，從經驗找到忽略的部分，賦予新的意義，也就重寫了生命故事。

二、方法論

　　本研究採質性研究取向，並以敘事研究方法進行研究。敘說探究不只是一種敘說並寫下一個故事的過程，要再加上研究者和參與者會談共同建構出一個按時間排序的、或摘要式的敘說。和參與者一起活出故事的緊密度，轉移成透過研究文本來重述故事。當我們了解到我們或許不只是和參與者墜入愛河，而是和我們的現場文本也陷入戀愛狀況的時候，事情就變得更複雜。我們的研究任務是要從那些文本裡，發現並建構意義（Riessman, 1993/2003）。

　　敘事是經驗的再呈現，我們無法直接進入另外一個人的經驗，我們所能處理的是某種模糊經驗，透過對話、文本、互動和解釋，讓經驗再呈現（Peller, 1987）。根據Catherine Kohler Riessman的說法，研究過程中大致可以分為五個層級的再呈現。

1. 關注經驗（attending experience）
2. 敘說經驗（tell about experience）
3. 轉錄經驗（transcribing experience）
4. 分析經驗（analyzing experience）
5. 閱讀經驗（reading experience）

在方法論的層次上，如何在研究報告中讓經驗再現，Riessman建議了三個方式：

1. 探究一個生命故事的整體輪廓，人類學家Ginsburg（1989a; 1989b）研究North Dakota北達科他州Fargo市的35位女性行動者的生命故事。試圖探究女性是如何用故事建構了她們的立場。這種形式的再呈現，作者擁有較強的主導權。
2. 研究顯現了在一個單獨的訪談裡所連結的故事，社會學家Bell（1988）研究一位DES藥物（二乙基固醇，預防流產的合法藥物）使用者的故事，以了解他們如何理解這些危險並進行反應，以及他們如何轉化自身的經驗，而在公共議題上變得積極。
3. 研究顯現了內嵌於個人敘事裡詩的特性，Riessman在1990年提出，了解人們如何將情緒困擾說出來，而不同的人，建構的方式是否有不同的地方。

本篇論文參照Riessman五層級經驗再現的原則（Riessman, 1993/2003）並參照上述第二種研究形式，邀請一位畢業學生為參與研究的敘說者，研究者與敘說者會談過程中，共構了會談內容與方向，透過三次會談的逐字稿所製作的現場文本，看到了所關注的經驗與敘說的經驗內容，從敘說的故事連接故事，了解他如何在學校主題式課程中，面對所有的發生並進行反應，以及如何透過敘事反思轉化自身的經驗，協助敘說者釐清信念及未來生涯發展的定向與定位。

論文最後呈現方式，是研究者反覆閱讀三次會談的逐字稿的現場文

本（field texts），編碼後從中篩選轉錄爲分段故事的中期文本（interim texts），呈現出敍說者在學習環境中如何回應外部刺激的心智行爲模式，篩選過程一定受研究者的視框或信念價值所引導。中期文本在敍說者閱讀後進行討論，取得共識後，再與曾在現場的相關當事人，以及在不同角落但一起經歷過程的人共同閱讀，針對不同觀點想法討論並增編修訂後，經過書面確認程序，形成全篇論文的稿本，之後再經過上述人員往復來回不斷的討論與修訂並書面確認，才算定稿。保留所有討論過程的書面資料，以備檢核，以維持質性研究信度、效度、透明度、可依賴度的規範需求。本論文敍說故事分爲三段呈現，第一、是文本的再呈現，第二、由研究者貼近敍說者的視框詮釋文本，第三、研究者的分析回應。受限於篇幅字數，未將現場文本以及討論原始資料附上，但附上編碼，可以透過編碼順序大約還原現場文本，閱讀者可以透過自己的經驗做不同的詮釋。

參、研究者的生命故事和立場

　　研究者敍說自己生命故事，在敍事研究中透明化自己的立場是重要的，因爲個人與敍說者的對話方向以及詮釋文本的視框，一定受限於過去的學習成長經驗。閱讀者理解之後，可以檢核本論文的詮釋與分析觀點是否一致。故事如下：

　　小時候大家的生活都很辛苦，家人無暇顧及，愛玩的我最喜歡在龍安國小附近防空洞玩諸葛四郎大戰魔鬼黨的遊戲。四年級當上糾察隊長，沒收同學的漫畫書再自己偷偷看，後來因此被罷免，就繼續沉淪陷溺。直到五年級有一天，有個同伴忽然變了，喜歡唸書，當上班長，原來是因爲爸媽的鼓勵，看到同學的改變，自己也才警覺應該好好唸書。

　　初中考試考上建中，就覺得很神氣，但是過了半學期，有人告訴我的父親說，如果你自己辦學校自己的孩子都不唸，誰還敢去唸開平。我在旁邊聽了一身冷汗，心裡想那不是眞的吧？！結果眞的就在建中唸了半學期，開平唸了五年半。

　　那些年其實心中有很大憤怒，開始用叛逆的態度對父親。他要我做什麼我就偏不做什麼。父親早上五點叫我起床唸聖經，所以我後來就不愛唸聖經，父親要我唸英文，那時學校的規定就是不背英文就要跪在校門口，我就寧可跪在校門口也不要背。到了高二，自己又開始覺得應該要讀書，習慣叛逆的我，只好假裝自己不用功，再利用晚上偷偷唸。有一天晚上讀書讀悶了，出去散步時被父親發現以為在外面遊蕩，又被毒打一頓，但是卻不想辯解。連大學聯考的志願又被父親改掉，心裡就有更大的憤怒。與父親的關係處於斷裂狀態。

　　大學時就花很多時間玩社團，很出風頭，因為心裡在賭氣，想讓父親知道，自己不用他的方式也可以出頭，寒假時，接到父親心臟病危通知，到醫院陪在父親身邊，父親看了我一眼也不講話，就流下眼淚，父親用他習慣的方式愛我，但是我感受到的都讓我憤怒。為什麼給愛的人很辛苦，被愛的人也很辛苦？在那樣的歷程中，開始問自己到底在想什麼？原來叛逆是因為賭氣，也看清了帶給自己不舒服的過程，其實都是因為愛我。有一天晚上沈思中，就誓願所有受過的苦，以後絕對不要再傳到下一代。

　　大學畢業後，曾考慮要走教育或是做生意，考慮到教育要花很多的錢，所以就決定先做生意；之後雖然在建築界做得轟轟烈烈，但是總在思考人生就是這樣嗎？後來到美國修碩士就唸管理，因緣際會又到澳洲攻哲學博士。決心投入教育，就下定決心不碰生意，在89年回國接學校擔任校長，開始一步步營造一個讓愛的能量能夠順暢流動的場域氛圍，落實「愛的不累」的想法，讓給愛的人不累、被愛的人也不累。

　　一路走來，愈覺得知識和技術很多地方都可以學到，但是有一樣東西很難學，那就是怎樣處理關係、處理情緒，包含壓力、憤怒、開心，還有怎樣去衝突，都很難從書本裡學。包括我自己，都在關係的路上跌跌撞撞。怎麼樣把自己的善意和愛心讓對方可以接到，而且是用對方願意接受的方式給他，怎麼樣讓一個孩子可以順著自己的興趣去發展，成全而不佔有，我就開始用這樣的方式辦教育，相信書本但不一定要全部教給學生，學生覺得有用自然就會想學、就會吸收，沒用的就丟掉，但

是學校可以提供讓學生學習處理情緒、面對衝突、壓力、合作的環境。

很多知識是反思整理經驗所累積起來的。有人說，在過去的好學生是考完試才忘了，壞學生是考試前就忘了，但是結果都是忘了，那還唸那麼多不想念的書幹嘛。在未來世界裡就不再是價值單一取向的環境，而是多元價值、多重觀點，各種觀點可以同時存在也可以同時呈現。有好多知識不再是唯一的真理，而且可以同時呈現多種標準。如果是這樣，那還有誰可以說自己的知識、學問和觀點是非學不可的，是放諸四海皆準的？所以如果有一群人組成一個團體，要共同完成一個任務，那就可以一起討論出最適合這一群人完成任務的方式。擴大到一個社會，就要由社會全體成員一起討論約定出最適合的共同方法，同理，也擴及整個國家。這也就是民主的基本精神。但這些精神又要根植於成員要有清楚的價值觀，有獨立思考、獨立判斷的能力。而知識在完成執行任務的時候，一定會扮演重要工具性的角色，支持任務的完成。

如何培養有清楚的價值觀，有創造力、能獨立思考、獨立判斷、懂得團隊合作，能在任何環境中自在自得，還能在團體合作的關係中讓愛的能量流動，總結來說，「愛的不累」、「自在自得」是我從事教育工作追求的目標，也是根本立場。

肆、文本與分析

一、故事一：為什麼讀開平

> 2遠：那時因為考試沒有考的很好，家裡剛好又是從事餐飲的，自己又對餐飲有一點興趣，所以就想進來好了！
>
> 126遠：我覺得**無拘無束我很喜歡**，……我覺得我們**學校沒有一套正確的規矩**吧！雖然說沒有，但是它還是有一些是不能碰的東西，像是五大天條之類的，……對我來說要碰到**五大天條**很困難！

〔**無拘無束我很喜歡**〕是指沒有太多校規，考試，讀指定教科書等

的約束，就好像能夠無拘無束的過日子；〔**學校沒有一套正確的規矩**〕是指沒有太多統一遵行的條規，每一個人與老師都有一些獨特的約定；〔**五大天條**〕是學生們的術語，指的是三條校規（不侵犯別人身體，不吸毒販毒，不侵犯別人隱私和財務）和兩條不受歡迎的習慣（不抽菸，不曠課超過42節）。這就是全校僅有的統一規範。

　　學生只要不違反這些條規和習慣，是可以自在的享受校園氛圍。在開平雖然自由開放，但是有界限的。

　　一般家長都抱著讓孩子學一技之長的想像進入開平，以為一定是紀律掛帥，高壓訓練，嚴管勤教之類的方式，學生才能在各種比賽或大型宴會中突出，屢獲佳評。但事實上並非如此，開平是實踐人文精神，以老子「聖人不仁，以百姓為芻狗。天地之間，其猶橐籥乎！虛而不屈、動而愈出」為施教信念，讓孩子順性發展，我們期待孩子長大，但不背著孩子長大，只是陪伴他們，由他們自己去長出他們想成為的樣子，在寬廣的天地之間，越是給出虛靈的環境，孩子越是躍動突出。有家長詢問，這樣的過程能確定會變好嗎？這樣的過程要多久時間？答案都是不知道，又問，若現在不約束孩子，會不會養成壞習慣後就很難改正了，答案是：這樣的做法就是在幫孩子養成好的習慣，看起來散漫恍神，我們相信那只是他還沒有找到興趣方向，還沒有找到讓自己有成就感的著力點，而又沒有其他的選擇，我們給他空間、時間，讓他從環境給出的條件下找到興趣，找到有成就的著力點，找到生存之道，就會動力十足。這是生活智慧的培養過程。但，這種模糊又不確定的回應，常常是令人煎熬焦慮，也令人擔心的。其實，只要敢冒險，孩子就有蛻變的機會。

二、故事二：不知道要幹嘛v.s.知道想要

> 144遠：因為那真的是每天都不知道要幹麼，每天不是晃到這邊就是晃到那邊。
>
> 146遠：就……有點好像在耗時間的感覺。因為在**飄的時候**，我自己會去想說，這真的是自己想要的嗎？還是說這是對的嗎？

149問：這個飄的時間有多長？

150遠：大概一兩個月吧！

128遠：一開始就覺得沒有目的吧！就是漫無目的，在學校飄，就是不知道自己在幹嘛？後來有一次爲了要辦「**夜來香**」活動，一開始就是跟著老師想法去走，可是那個案子一過之後，我才眞的知道說，我要的，我要自己去找！

169遠：一開始是透過（**企劃案**），然後在從老師的一些建議之下，之後再從朋友身上看到他們想要呈現、想要表達的東西。因爲我覺得在開平就是勇於表現自己！

152遠：那時候是因爲夜來香活動之後，就比較知道自己想要做的是什麼！

156遠：那時候我好像是當……小組長吧！**從頭到尾都是自己規劃，然後跟組員這樣去溝通，老師就只跟我們講說，什麼時候你們要交出什麼東西。**

171遠：印象比較深的就在食材上面，包括裝飾，那時老師有出一些題目，然後讓我們自由發揮，去做一些變化。

130遠：後來就是**主廚盃**吧！那次也是我自己做我自己想要做的東西，那一次做的東西老師說有一點不好執行，可是還是做出來了！

62.2遠：最高興的是**成果展**最後做完，師傅居然說，你們96是最棒的一屆……

〔146：**飄的時候，我自己會去想說，這真的是自己想要的嗎？還是說這是對的嗎？**〕是指沒有統一的教科書，只有跟老師約定的讀物和進度，剛開始帶著過去的習慣，老師追蹤再說，沒有追蹤，就先飄盪一下，幾天後，就是沒有人去要求或推動，就很不習慣，開始了內心對話。

〔128：**夜來香**〕是高一上學期舉辦的第一個幫助孩子進入餐飲想像的活動——全年級共同的烤肉活動。

〔168：**企劃案**〕是高難度的課程，但從完成小目標做起，就覺得

有趣、有成就感，而且在完成過程中必須調動所有學過或知道的東西，統整後再給出結果。

〔156：**從頭到尾都是自己規劃，然後跟組員這樣去溝通，老師就只跟我們講說，什麼時候你們要交出什麼東西**〕老師只是給出目標、框架、界線，其他的發展都是學生自己的事情，學生想要達成目標，就得自己想辦法、找資料、小組討論等。〔130：**主廚盃**〕是高一下的一個大型活動，邀請各國中親子組隊報名參加的比賽，從發想、組織規畫、執行到結案，現在也都慢慢由學生接手。

〔62.2：**成果展**〕是高三畢業前面對社群業界徵才的展現自我的活動，也是高中最後一次活動，目的在呈現所學，邀請業界選才，感謝父母支持。是最受業界矚目的活動。

到底學校做了什麼，會讓孩子有這樣的蛻變？從漫無目標的「飄」到「做自己想要的東西」？清楚自己想要什麼，已經不容易了，還能去做，對現在正淹沒在浩瀚的書本中的孩子，是多難的事！但林志遠同學從「光想不做」、到「想到就做」這樣的改變是怎麼發生的？

三、故事三：敢v.s.不敢

13問：那說說學校的事吧！你覺得你一年級到三年級，改變最大的是什麼？

14遠：就……「敢」跟「不敢」而已。一年級剛進來就覺得自己很**畏畏縮縮，什麼都不敢**，很多事情都**要等很久才會去做，而且還不一定會去做**！然後像**現在就是想到什麼就去做**，不要懷疑，就是去做就對了！

15問：是什麼事情讓你覺得，想去做就去做？

16遠：我也不知道，好像是因為透過很多案子的關係吧！對呀！因為可以表現出自己！

107問：這跟你以前的個性不一樣？

108遠：不一樣！以前就是想，那個東西在那裡執著很久都不一定會去做。

> 87問：那這樣的信念，你覺得對你未來有什麼幫助？
>
> 84遠：我覺得是，做你想要的，就是認真的去做，不要想說別人講什麼，因為你覺得那個東西是你想要的，你就去做，不要因為別人的一兩句話干擾到你，你就又放棄了！
>
> 88遠：應該有幫助吧！只是我現在還沒有想到，我現在就是想說，想做什麼就去做！變成是我現在的信念。

〔14：**畏畏縮縮，什麼都不敢，……等很久才會去做，而且還不一定會去做！……現在就是想到什麼就去做**〕過去有標準，不確定能否達到標準，就害怕就不敢做，在開平，沒有一定的標準，清楚自己的意願就進入「做」的程序，放手去談，與同儕有了共同的約定，就可以放手去落實想法。

我們營造了一個可以犯錯的空間，讓孩子想做什麼就做什麼，孩子從一次又一次的主題式教學活動中縱情揮灑，從「不敢」到「勇敢」的冒險，不斷浸沉在環境的「刺激─回應」迴向往返過程中，沒有人告訴你該怎麼做，就是由自己決定要怎麼做，從外在刺激到自己回應，當訊息再反映回來，就可能會不斷衝擊著自己內在的價值觀，透過了自我發現或自我對話，認真的去找出口，做自己想做的事。當學生自願性的投入學習，成效是非常不同的，那是為自己做，不是為考試、為家長、為老師做，是真正為自己做的。根據我十多年的經驗，在開平這樣的改變一定發生的機率非常高，只是發生時間因個人狀況早晚不同吧！

四、故事四：成為成果展籌辦核心成員

> 20.1遠：那時候返校的時候就知道要做成果展，可是那時候沒有那麼認真的想要去做，然後回校之後，老師一直提醒要做成果展，那時候才……**可是那時候還是很不想做**，那時候自己想說，**成果展做不做應該無所謂吧！**
>
> 179.1那時候我是我們這組的組長，
>
> 179.3那個時候我們這組的組員之前就有做過很多的案子，也有在專

班待過的經驗，然後我就問我們組員想不想做「成果展」，

179.4因為我們都知道，再做一次企劃案是很麻煩的、很複雜的，

179.5那我就想說，大家如果都不要，那我們就不要吧

20.2然後開始進入小組標案子，我就直接問我們小組說，你們要做還是不要做？結果他們都說不要做，不要做就不要做，那我們就擺爛好了，

185剛開始是還好，我們都有按照老師的進度在做，只是到後來快要競標的時候，我們才擺爛……

197.2家瑞跟我是不同組的，

187.1他們那組也跟我們一樣大概都10個人左右，

20.3可是後來**看到我同學劉家瑞那組，就覺得，他不是認真的人，可是為甚麼為了成果展，他可以這麼認真**？就覺得很奇怪，就覺得很妙，

187.2後來我聽他說，從頭到尾都是他自己一個人在企劃這個案子，中間好像也有一點不愉快吧？然後就拆組啦，

187.3結果有一天無意間經過辦公室門口，看見他跟一兩位同學在裡面繼續弄企劃案吧？然後我就進去聽他講一些有的沒的，

187.3然後他跟我說他需要幫忙。

20.4而且最後他那組案子也得標了，

20.5然後他跟我說，欸！我沒有什麼經驗，需要你的幫忙！

20.6結果我就想說，好吧！都已經最後一次，想說幫忙好了，那時候是想說，幫忙就幫，

193遠：那個時候，我大概考慮了兩天左右，想說都已經是在開平的最後一次了，而且這次又是跟不同的人一起合作，所以就做啦。

23遠：那時候就想說，既然是朋友，要幫就幫到底呀！

239.2剛開始我進企劃組是執行祕書的位子，

239.3然後我想說，**我應該不能給執行長建議，因為他才是執行長，而我要在他的後面幫他善後**，

239.4所以我也沒有給什麼意見或說什麼。

241後來就好像是有一半是我在主導……我自己也不知道為什麼？

〔20.1：**可是那時候還是很不想做……成果展做不做應該無所謂吧！**〕每一個人在每個階段的心情是不一樣的，不一定要說出原因，不想就是不想。尊重生命就要從尊重孩子的感受開始。

〔20.3：**看到我同學劉家瑞那組，……他不是認真的人，可是為甚麼為了成果展，他可以這麼認真？**〕人的可愛就是會改變，本來不想做，看到別人很專注的做，就懷疑自己是不是漏掉了什麼。團體動力就是相互影響的。

〔239.3：**我應該不能給執行長建議，因為他才是執行長，而我要在他的後面幫他善後**〕辦過活動擔任過執行長的人就知道活動過程中執行長的辛苦，擔任秘書的人給太多意見會干擾執行長的意圖和想像，這個分寸很難抓拿，能警覺到這個分寸要抓拿，也是書本學不到的功夫。

成果展是每一個畢業生都要參與的主題式教學活動，但內容項目有很多選擇，可以參與最高層面最複雜的企劃執行組，也可以參與不太費神但很重要的環境清潔整理，或交通指揮等組別，也有娛樂性的表演組等等，各盡所長，各取所需，順性發展。企劃執行組是最有挑戰性的工作，認真來說是培養企業主管（CEO）的環境氛圍，從點子開始，無中生有，到具體成案，還要經過簡報需要全校教職員生挑剔批判並通過，再指揮帶領全校人員（含校長老師）共同完成。對一個17、18歲的孩子來說，那是不可能有的機會，也是不可能有的挑戰。在開平，我們認真的給出機會，讓孩子面對挑戰，有獎沒罰，即若失敗也不需要學生負責，所有責任由大人承擔，若成功就是屬於孩子的努力。通常總有孩子願意全力投入，認真會令人感動，也就帶動群體全心投入，不確定會發生，但通常就是會發生，這也是非線性科學中不確定理論的觀點。重點是，要給出信任，要給出空間，法國大革命後有人說：自由是要付出代價的，至於誰付？就是「大愛與小愛」的差別了。

成果展不但個人要展出作品，在我們的觀念，包括如何展出，如何讓人感動，如何邀請群眾，展出品項、招攬、接待、感動、安全、流程等，都是成果展的一部分。我想到紐約的前衛藝術展示，將人困在玻璃箱中21天，吃喝拉撒睡都在被觀賞範圍，現在回想，靜態展示不容易，

動態的展示就更難了。

　　劉家瑞對敘說者的影響是深遠的，從開始的好奇他並不是用功的孩子，但爲什麼會那麼專注和投入，到後來看到他敢做敢當的性格，影響了敘說者，也要學習不顧別人怎麼說，做自己想做的事，也就培養了冒險的勇氣，勇敢起來！

五、故事五：做自己v.s.跟著做

32.1一開始**我們的案子，我自己想，應該是不可能執行的，**

32.2可是後來我們想，他既然要做這個方式的成果展，那我們就來想辦法，怎樣讓這個方式順利進行下去，

32.3可是剛開始是老師進來干擾我們，因爲他們覺得說，這個案子是不可能執行的，他們會覺得太天眞了，太天馬行空，不可能辦的下去，

32.4然後之後吧！大概有百分之八十都是老師在干預我們，**變成說我們跟著老師在走，**

32.5然後之後我就問了他們說，**這真的是我們自己要的東西嗎？**

32.6結果他說不是，

32.7後來我們就再翻了一次案子，

218問：你們當初怎們翻案的？

259遠：以前都是老師反問我們，我們要什麼？這次卻變成老師說一就一，說二就二。

219.1我們私底下有討論過，然後再跟小馬老師講。

219.2講完後我們的感覺好像是對立的，可是我們沒有吵起來！

219.3那時候我們覺得小馬老師不好溝通，

219.4大多部分我們都是找佩雯老師，

219.5但是**佩雯老師也跟我們說，**你們就把自己想要的想清楚，

219.6然後再跟小馬老師談，因爲**小馬老師才是這次活動的執行老師。**

269遠：因爲這是我們在開平的最後一次，我不想要再跟著他們走，而是要做出自己要的，因爲這是我們的最後一次！

〔32.1：**一開始我們的案子，我自己想，應該是不可能執行的，**〕我們的案子是指，推翻了過去十多年的方式──辦餐會，改為沒有餐會只辦展覽。那是翻天覆地的突破和改變，所以認為不會通過，但，要嘛不做，要做就做有趣的。

〔32.4：**變成說我們跟著老師在走**〕決定雖然是大家討論出來的，老師也只是參加討論，但，當大家都沒有意見的時候，或者，投射權威不想多說，只有老師說出想法或辦法，當然就只好跟著老師走了。

〔32.5：**然後之後我就問了他們說，這真的是我們自己要的東西嗎？**〕跟著走若不是自己想要的，就會想問問別人的看法，是否只有自己一個人是不合群的。

〔32.7：**後來我們就再翻了一次案子……**〕這就是革命的縮小版，結合大家的力量推翻老師（權威的投射），知道在開平，敢冒險就有機會。

〔219.5：**佩雯老師也跟我們說**，219.6：**小馬老師才是這次活動的執行老師**〕想找其他老師支持，但好像老師們沒有什麼間隙，可以被其他老師支持到，但還是要回去面對自己帶組的老師。真的很累，但也學到面對困擾來源。如果在其他地方，只要挑撥一下，也許就會是大人的問題。我們只要等下一步指示就好了。

雖說在開平教育的信念是給出機會讓孩子展現潛能，但這和老師們過去接受教育的習慣是很不同的，包括我在內，根深蒂固的觀念，就是活動不容許失敗，如果失敗就是老師不好，三字經：「教不嚴，師之惰」，那，怎麼能讓孩子隨興趣去做，他們有這個能力嗎？他們才17、18歲，做錯了老師承擔不起耶。我曾經也在這樣的兩難的情境中卡住；多年前某個專案因故無法分身帶著焦慮不得不放手，最後發現成效比自己抓緊更好。隨著時間，慢慢體悟放手的藝術，就是，放手不干預，但仍然要帶著愛心陪伴在旁，這個更難，看到卻要忍住不干預，不建議，不插手，但要即時伸出手，等人來抓，除非滅頂，絕對不主動插手救人，伸手又不插手，那要心中有幫助人長出力量的大愛，才能心急但又忍住不動，展現「堅韌的愛」（Tough Love）。當然在師生共學的過程

中，老師也會有自己的看法想法，以及幫助孩子的不同方法。當孩子不能堅持自己的想法，就接受老師的想法，但，若有自己的想法，也要有勇氣去挑戰、辯論或說服，老師一定是帶著老師的身分參與團體，即使不主導但團體成員也會投射，認為老師代表權威說的就一定對，陷老師於不義。有了勇氣，也釐清想要的是什麼，才敢跟被認為是權威的老師對話，有了成功經驗，就穿越了自己的限制，也解除對權威的害怕，從對話中找到合作的方法。未來在職場中，有了這樣的經驗，能讓孩子更有自信的去穿越限制，選擇挑戰權威，創造雙贏。

這個故事中，還看到了凡事要慎於始，老子：「夫輕諾必寡信，多易必多難」，承諾太快，通常都會不信守諾言，拍胸脯滿口沒問題的人，反而令人擔心。慎重地考慮，一旦承諾就要全心投入，他知道辦活動後面的累，但他經過兩天的思考，選擇投入，所以到最後即使補位承擔了執行長大部分的工作，也不後悔。從孩子的行為中看到了他的慎終如始。

六、故事六：從不同的角度看問題

44.1最困難的……，我覺得最困難的就是你要把老師這邊的東西，就是**你要顧好老師、師傅、校長還有96學生這邊，就是你同時要顧好這四邊是很困難的，**

44.2就是……我們自己的想法要說服老師，可是師傅這邊要取得他的認同，學校要覺得可行，那96學生你要有個交代……對呀！

68遠：就會覺得，事情不只單單的一面而已，就等於說，你看一個事情，你要從很多角度去看它。

56.2那時候我自己想說，成果展既然要執行，應該是對面的師傅要同意，

56.3因為這是整個學校的活動，所以不單單是我們這方面，應該還有師傅這方面，後來我就過去問一下師傅，

54.1因為師傅覺得成果展就是宴會嘛！

54.2可是我們自己要的是展覽，

54.3師傅就說展覽一向是不太可行的，

54.4所以那時候，我跟執行長，就是連續大概……一個禮拜吧！一**直在跟師傅談談談很多，跟中餐、烘焙、西餐的談，**

54.6所以後來我們就說，那不然我們來演練一次看看，我們缺那些部分，讓師傅一起過來給我們叮嚀。

46.1那時候**到最後面我們也很趕，**

46.2然後就想，不行，這樣也不是辦法，後來我們就想說，那我們分開進行好了，

46.3就等於說，學校跟老師這邊，交給副執行長那邊去搞，就是李明佳，

46.4那學生跟師傅這邊，就是我跟劉家瑞在跑，

46.5然後我們自己小組的東西，那時候就是想，他們搞這麼累，那我就自己再抽身幫忙好了。

122遠：因爲我覺得，對於一件事情可能不用那麼快把他放棄掉，可能轉個面又可以繼續下去。

124遠：我就覺得，一件事情有很多方法可以去解決掉它。

82.1成果展一開始我就覺得，應該是不會成功，（笑～～）因爲我覺得要說服大家是很困難的事情，

82.2可是後來我就覺得說，應該不可能不成功吧！因爲都已經走到這種地步了，而且都已經開始在做了，

82.3**最後一個月，各組的館長、組長會來開會、回報進度，說他們做到哪裡，對全校做簡報，**

82.4**學校這邊也說認同、OK，我就想說，應該是可行了！**

48遠：我們自己雖然覺得不怎麼OK，可是大家也是把他做過去了，雖然說不是很順利，可是還是有把它做完。

〔44.1：**你要顧好老師、師傅、校長還有96學生這邊，就是你同時要顧好這四邊是很困難的**〕，學校就像一個小社會，權力是給學生了，但也不是放任學生，大人的建議可以不聽，但大人不同意也做不成。學生的想法大人若無理地忽略，學生就形式主義敷衍的去做，總不順利。

這就是在時間擠壓的忙亂中還是要協調到位，重視倫理，找到秩序。協調到大家都同意，就不用公投了。

〔54.4：**連續大概……一個禮拜吧！一直在跟師傅談談談很多，跟中餐、烘焙、西餐的談……**〕在學校中餐、西餐、烘焙各餐組的狀況不同，各教學主廚的想法也各有不同，但若翻案後，與每一個餐組都有關係，教學主廚若不同意，該組的同學就會被師傅影響，或無力對抗師傅。所以一定要ㄑㄧㄠˊ好才行。

〔46.1：**到最後面我們也很趕，**〕〔46.2：**那我們分開進行好了，**〕忙亂中還是要解決，忙不過來就分工，當然也可能退縮，但當時的情境氛圍，就沒有人想退縮，就想一定要熬出頭，實現自己的理想。豁出去拚了！

〔82.3：**最後一個月，各組的館長、組長會來開會、回報進度，說他們做到哪裡，對全校做簡報**〕〔82.4：**學校這邊也說認同**〕企劃組只是規劃，執行還是要全體同學分成的各小組（展覽館館長）去執行。當各組作可行性的分析、討論進行順利時，加上師傅、老師、校方行政人員都同意，才能夠翻案成功。那時已經只剩下一個月了，但通過檢核同意執行，就有一份成就感。儘管後面還有長路要走……。

當孩子把活動任務當成自己的使命和責任，角色就隱然改變了，孩子是活動的主角，老師、行政人員都成了配角。因為是有權力的配角，反而成了他們被協調須克服的對象，另一個角度來看，一個十七八歲的孩子，已經知道完成任務不能一意孤行，必定要考慮周延，照顧到方方面面的需要和情緒，在時間壓力下，這個部分仍然不可豁免，林志遠能看到還能做到，是很不容易的，他堅持了自己想要的，但不固執自己的意見；屬於大家的活動一定要大家都開心、都同意，光是這一點，就是公民社會中成熟公民應有的氣度和特質。有耐心和師傅討論，堅持自己的想法，但補足師傅的擔心，分配不同的人擔任窗口與各單位聯繫對話，真不能想像孩子的思維有多縝密周延。訪談過程中，就有讓人想哭的感動，但所有這些發生，都是無法預期的，沒有經過這次的訪談，我們也不知道背後還有這些細緻的發生。我們在這個年齡哪有這樣的思

維，哪有這樣的機會讓這樣的思維發生。

　　另一方面，為什麼孩子有了使命感、責任感就有機會成為活動的主角，為什麼想做就有機會可以做？想要自由就有自由？法國大革命的名言：自由是需要付出代價的，美國國家廣場韓戰紀念碑上不也刻著freedom is not free？原來學校所有的夥伴，有共識地營造了一個掩蔽體（防空洞）給出舞台、時間、預算、最難能可貴的放下大人們的面子。老師在多重角色中找到利基的介面扮演支援者、催化者、引導者；在這複雜的角色扮演中，要隨時警覺並相互提醒，一不小心就會掉入干預（擾）的角色；允許孩子犯錯，接受孩子展現多種貌相的、生澀的自我。但透過時間演化，從生澀到趨向成熟，那就是開平給出舞台的結果。

　　孩子雖然還看不到這個層面，但他們在允許犯錯的掩蔽體之下，已經發揮得夠多了。

七、故事七：不爽－整他－合作

> 34.2 大概在開始**前一個月才慢慢把自己真正想要做的東西擬出來，**
> 34.3 到了那時候，劉家瑞他要做自己的作品，又要做我們這組的東西，又要搞執行組的東西，
> 34.4 那時候我自己覺得很奇怪，
> 38.1 印象最深刻的是，那時候**劉家瑞為了做他自己的東西，所以他中途就會請假，或是私自離開我們企劃組，**
> 38.2 我們就會覺得說……為什麼他可以這樣想做什麼就去做？
> 38.3 而且那時我們也跟小馬老師、佩雯老師都談過，他們是我們這組的執行老師嘛！
> 38.4 他們就覺得說，既然是成果展，你們想要表現就去表現嘛！
> 38.5 而且佩雯老師私底下也跟我講過，家瑞這種人，他想做什麼就讓他去做，你阻止不了他，
> 38.6 然後我就想，那就算了！
> 38.7 然後後來有一次，我們忙完之後去吃飯，然後大家就在說一些不滿的地方，然後我突然就想說，**那既然劉家瑞這樣，那我們也來**

整他好了！（笑～～）

38.8結果後來就擬了一個計畫，回家之後，那時候，老師、正副執行長……幾乎大家都在線上（註：msn）

38.9後來家瑞就問我，你們這個案子是走到什麼樣的地步？

38.10然後我就說，我有點累了明天再說，我要把會議記錄打完，我要去休息。

38.11結果他繼續問佩雯老師跟李明佳，然後他們兩個就問我，就等於說，他們兩個回答劉家瑞的問題，是從我這邊出去的，

38.13然後我就說，既然戲都演下去了，那明天要繼續演喔！

38.14隔天早上一來，劉家瑞覺得氣氛怪怪的，因為我們都在做東西，可是我們那天沒有什麼話講，我們就表面上裝一副很忙很趕的樣子，那個感覺就是說，你不要來煩我，那個樣子，

38.15後來到十一點多的時候，**他就自己跟佩雯老師講說，老師我快受不了了！為甚麼大家會變成這個樣子**？

38.16其實我那時候心裡是想說，我們中午就去吃飯，然後把這件事情解決掉，就是把話都講出來，

38.17結果好像家瑞他不想出去吧！

38.18後來大概十二點的時候，我們在隔壁的辦公室，就我們執行組的人都坐下，然後老師也坐下，然後**老師就說，你們這樣下去也不是辦法，要不要把話講出來**？

38.19結果劉家瑞就先講，然後李明佳就講，就大家都把話講出來，結果講完之後呢！

38.20場面大概冷了十分鐘吧！（笑～～）大家就覺得有點尷尬，

38.21後來我就講說，這是我們在私底下進行，要整你，因為我們都覺得對你不太滿，

38.22結果後來，劉家瑞他就……哭了出來，然後我整個人就是有……嚇到的感覺，

38.23我記得大概開了兩個小時吧！

38.24可是開完之後大家都還蠻好的。

〔34.2：**大概在開始前一個月才慢慢把自己真正想要做的東西擬出來，**〕遊說大家同意，在簡報審查前，只是給出構想的輪廓，真正審查通過後，才進入細節規劃設計。

〔38.1：**印象最深刻的是，那時候劉家瑞為了做他自己的東西，所以他中途就會請假，或是私自離開我們企劃組……**〕劉家瑞當初投入競標，還找人幫忙，得標後又盡力翻案，翻案成功後，卻疏忽整體組織管理工作，去做自己的產品，但執行長要做決策，別人逕行取代又很奇怪，私自離開令夥伴生氣。

〔38.7：**那既然劉家瑞這樣，那我們也來整他好了！**〕老師通常不會介入這樣的事，認為那是團體動力，由團體自行解決。所以，他自私，我們也自私，大家都忙自己的，誰都不理誰，看看怎麼玩下去？不需要老師做什麼，老師只要關心但不表示意見就好了。

〔38.15：**他就自己跟佩雯老師講說，老師我快受不了了！為甚麼大家會變成這個樣子？**〕劉家瑞終於受不了這樣的冷處理，求救了，不需要吵架，團體動力和氛圍就能讓一個人窒息。

〔38.18：**老師就說，你們這樣下去也不是辦法，要不要把話講出來？**〕老師關心的出面召集聚會，把話講開，原來劉家瑞有一個很棒的展品構想，是英式糖花蛋糕，那是超高難度的蛋糕作品，全台灣做的好的師傅並不多，更不要說是學生了，他認為，他的作品是沒有人能取代的，所以，他專心完成自己的個展，便無力兼顧組織工作。所以說開了，大家了解了，也就OK了！

過去在學校碰到同學之間的人際的困擾，不是告訴老師來裁判對錯，就是暗記在心故作清高視而不見，標準口語——算了！或者，私了。在開平，採用分散式平行處理，有平台對話的機制，有話就說，還可以指名道姓的說，說到爽為止，一旦參加平台對話，就有說的權利，但也有聽的義務，一定要聽完別人怎麼說。這在互為主體的精神下培養說的能力，也是聽的能力，更重要的是，如何宣洩自己的情緒，也去了解別人的情緒。從這樣交流對話互動的過程中，對人有了更多的理解和諒解，各方相互體諒之後，就可以尋求多贏的可能，即使因了解而分

開，也是梳理清楚後愉快的分開（happy ending）。從宣洩情緒，到衝突，和解再到合作，這樣的學習，就在完成任務的過程中發生，也是書本上無法學到的真實經驗。

劉家瑞的勇敢，也讓他感覺到太自私，碰到了堅持自己跟一意孤行的衝突；人不可能沒有自己的想法，但堅持與固執的差別在哪裡？其實兩者外顯行為沒有差別，但一個可以接受挑戰，是開放性的，一個不接受挑戰，是封閉性的。堅持，但可以接受外界的挑戰，在互動交流中尋求諒解與平衡，固執是一意孤行，不接受任何意見，心意已決絕不改變。

敘說者不爽，策略性的安排，也將老師當成資源，邀請老師一起參與演戲，促使劉家瑞面對問題，這是敘說者聰明之處。

在混沌中個體有為自己找出口的方法，各不相同，沒有人英明到能夠裁判他人行為的對或錯，除非逾越了法律規定。團體中各人的情緒，就只能在團體中處理，互為主體地透過對話，釐清價值，尋求諒解，找到合作方法。在這個故事中充分展現。

八、故事八：老師的角色——提供支援

> 58遠：**老師的角色是……糾正我們的案子，或是叮嚀我們吧！**
> 60.1我們是……像小馬的我們就不會聽，
> 60.2佩雯的我們還會聽，
> 60.3因為那時候我們都覺得小馬有一點……固執吧！
> 60.4有時候好像這東西是他自己要的，不是我們要的，那時候覺得他還蠻難溝通的，
> 60.5那時候小馬是要給上面一個交代，可是我們是要給下面一個交代，
> 69.6所以小馬要的東西，不見得能夠被接受，
> 60.7佩雯的話，我們早上來就會找她報到，中午還會一起吃個飯討論，
> 放學會留下來開會，想說明天怎麼進行？就是閒聊啦！還蠻多的。

60.8可是佩雯說，我們有什麼新的想法，或想要改變，一定要讓小馬知道，因為小馬才是這次的執行老師，

60.9後來我們想到什麼，還是會跟小馬講，只是可能說沒有那麼常，還是比較常跟佩雯討論。

78.1其實我們那時候有跟師傅串連一下，

78.2就跟師傅講說，如果你覺得那一組不好，你就直接把那一組砍掉，不要給他們有表現的機會，

78.3而且老師這邊也跟他們說，他們既然不能表現，那就是當學分，（笑～～）

78.4這是最下流的方法了！大家不想在最後還被留下來。

〔58遠：老師的角色是……糾正我們的案子，或是叮嚀我們吧！〕老師的角色在開平是多重的，要負責，又不能強行干預，要關心，又不要介入。要引導糾正，又要接受被拒絕的可能。叮嚀太多，又被說成碎碎唸，很煩人。這才是開平老師的辛苦和偉大！

〔78.2：就跟師傅講說，如果你覺得那一組不好，你就直接把那一組砍掉，不要給他們有表現的機會，〕看到有些同學在打混，就很生氣，大家都是同學又不好多說什麼，就只好請老師拿成績來壓人了，有點下流，但為了全年級整體的績效，就得使用權宜措施！

佩雯師是資深老師，非常的陽光，也熟悉學校文化，她扮演的角色就是陪伴團體往前走，而小馬師當時是新進老師，帶著熱忱和對自由學風的熱愛進入開平，當時扮演的角色「老師執行長」，是這整個教學活動的現場指揮官，是抓內涵、抓節奏、抓流程，抓整體品質，檢核最後成果的把關老師，當整體考量必須決斷時就得扮演冷峻的角色，做出嚴格的要求，以確保活動學習的品質。這是開平老師最煎熬的兩難，照顧孩子情緒，或者放掉小情小愛，營造讓孩子在挫折中成長，這就是老子：「聖人不仁，以百姓為芻狗」所呈現出符合自然的「大愛」，也就是「堅韌的愛」（Tough Love）。人都希望被人感激，被人喜歡，但教育的目的到底是滿足老師的需求還是幫助學生長大？曾經有人說過，不

去討好學生的老師，才可能是值得讓孩子記得一輩子的老師。

開平期待任何一個孩子在學校透過與老師的雙向選擇，互為主體，找到至少一位願意深談，可以分享心情的老師，因為人群中總會有欣賞自己，也會有排斥自己的人，與磁場相同的人，比較談得來。老師們若擁有共同信念，密切支援合作，學生將無間隙可乘，才能讓孩子在場域的系統中學習，這是「不言之教」。

當孩子的真覺真知在對權威投射時，那就是孩子要學習如何面對權威的議題，學校營造了社會的微型縮影，代表社會上一定真正有這種類型的人，早點學會應付之道，是重要的。

要如何面對長官的堅持，是未來所有工作環境都會有機會碰到的議題，在學校就有機會學習到如何處理倫理關係下的工作障礙，原來透過對話就有改變的可能，這層害怕與自我限制突破後，以後進入社會就有勇氣去面對和處理，雖然不一定會被接受，但就有可能被主管接受、感謝和欣賞，這是主體性和自信心的培養。因此，孩子不但能克服因障礙帶來的困擾，還能將長官視為可運用的資源來完成任務，這樣的功夫，我猜，即使成年人也不得不佩服。

孩子會將老師當成資源，「教」師傅和老師——「做不好就不准呈現，不認真做就『當』掉他」，同儕之間最知道誰在認真，誰在打混，由學生們給出的評量指標，就發揮了團體效應，激發團體成員內在動力，當然也更讓人口服心服，自然化解了師生在成績上的對立衝突。

九、故事九：學習對象無所不在

> **106**就……**劉家瑞吧！**就成果展的時候，他給我的感覺就是**想要做就去做**，就是衝了就對了！
> **120.1**其實就……身邊很多朋友都有，就在每個人身上學到的東西不一樣，
> **120.2**像李明佳吧！李明佳就是一個東西，他會去想很多的方法，他可能會想到更後面要怎麼走下去，

> 120.3可是如果説像佩雯老師的話，她會覺得，現在這個問題，我們可以有很多的方法來解決它，
>
> 120.4像小馬的話，我是覺得説，他就是有一點小小的固執吧！就是可能不行，可能換個方法就可能是可行的。
>
> 288佩雯：他自己都忘了，其實那個時候他自己都有找到他自己的學習人物，像劉家瑞之前是？
>
> 289遠：周俊佑
>
> 290佩雯：他自己會有跟自己競爭的對象…
>
> 291遠：那個時候也是無意間發現的，那時候（註：高一下）就是在一片死寂之下看到這個人怎麼會特別的不一樣，也不知道哪裡不一樣，就覺得他是一個特別突兀的，後來那時候見習我跟他是同一梯次，然後分班後我們兩個又是同一班，進一步接觸之後才發現，其實我們兩個住的很近，然後就這樣慢慢的拉近，然後去接觸了解跟探索……那個時候是在一下，到了二上之後我發現我跟他已經可以畫上等號了，然後我就覺得繼續保持下去吧！二下之後我開始覺得，我也要讓老師們覺得我是個狠腳色，其實我只是默默的行動而已……實習結束之後換成劉家瑞，我覺得，沒辦法吧，我永遠都差他一截！差在哪？我想，這個還要繼續去探索吧……

〔106就：**劉家瑞吧！……想要做就去做，……**〕讓志遠衝擊最大的是劉家瑞，想做就做的勇氣和認真，那是一般學生過去比較沒有的經驗，當然也在其他同學和老師身上看到不同的特色。

認真會帶給人感動，也會帶來動力，馬克吐溫小説中描述，一個被處罰油漆牆面的孩子，因為認真的工作，反而帶來更多的未被處罰的孩子參與油漆牆面。認真與專注總會讓人好奇！

承認自己不足和渺小，就能看到自己的亮點，沒有人是十全十美，但人總是想要十全十美，只有承認自己的限制，才能發展自己的亮點，也就懂得欣賞別人強過自己的部分，沒有猜忌，沒有比較，人際關係的品質一定良好，加上專注發展自己的亮點，也就建構了自信。老子説

「反者道之動」，承認了自己的渺小，反而自己就更有力量了！

不斷地找到值得自己學習的對象，激勵自己，印證了三人行必有我師焉！

十、故事十：在學校學到什麼

> 164遠：**其實有很多朋友問我，那你到底在開平學了什麼？我就會說，我在開平學的，就比你們多一點而已。**
>
> 166.1**可能就是寫個案子，**
>
> 102遠：**就企劃案吧！**
>
> 166.2**做個溝通，**
>
> 166.3**或者是做一些自己想做的事情**，因為我問他們說，
>
> 166.4那你們又在你們學校學到什麼？他們說就是基本的國英數，
>
> 166.5那我會跟他們說，我們雖然沒有學國英數，可是我們會知道是非對錯，還有一些基本的邏輯，像是案子怎麼做！

〔164遠：**其實有很多朋友問我，那你到底在開平學了什麼？我就會說，我在開平學的，就比你們多一點而已。**〕〔166.1**可能就是寫個案子**〕〔102遠：**就企劃案吧！**〕〔166.2**做個溝通**〕〔166.3**或者是做一些自己想做的事情**〕有時候真的說不出來在開平學到什麼，感覺學到很多很實用的東西，但就是沒有具體的成績或可背誦的知識。但會做企劃案、懂得溝通協調、會想清楚自己想做什麼，就去實現。這也應該夠難了吧！

寫企劃案、人際溝通、做自己想做的事，這是林志遠在學校學到的東西，我在想，這樣的學習怎麼考試，才能考出是否具備這些能力，寫企劃案一定要用到知識，不論是語文、電腦、美編、資料查詢整理，邏輯觀念……等等，都會用到。但最重要的不是知識，是要寫什麼才會達到目標，那是回應環境刺激的智慧，至於知識，只是工具性的配合使用以達成目標，知識不能主導，只能配屬使用。過去教育太重視知識的累積，累積再多若不能活用，也不過就是存放了很多糟糠粃粕，只能掉進

書袋中找樂趣，無法面對現實人生。

溝通對那就是更難的工夫了，圓融的溝通是領導者一定要具備的能力。越年輕越容易學，隨著年齡的成長，顧慮多了，就越難開口，鼓勵孩子不要埋藏心事，選擇對話，釋放情緒，從對話和釋放中相互了解，創造合作的可能。至於做自己想做的，聽起來容易，但想把自己想要什麼弄清楚，就是一大困難。我們用主題式教學的目的，就是希望孩子能清楚爲自己讀書，順性發展，做自己想做的事。看來林志遠他學到的東西還真多呢，但都不能量化。

十一、故事十一：對生涯的幫助

（一）敢説話

12.1我覺得就是東西做好被客人批評吧！有一點挫折，

12.2像前幾個禮拜在三井，那時候我剛被調進去水果吧，還很多東西都不懂的，因爲是新的開始，那我就想説要很認真學，後來酒水部分我都搞清楚了，

12.3可是有一次出水果給客人，奇異果上面有一點點黑斑，可是那是沒有壞掉的奇異果，客人就說你這個奇異果爲甚麼爛掉還切給我？

12.4然後我就覺得，你爲甚麼要這樣挑我？因爲很多奇異果都會有這樣的狀況，

12.5可是後來我的主管就跟我説，這不是你的錯，是這個客人很挑剔，因爲他連前面的食物都在挑，那我想就算了！

118.2可是隔天換師傅直接盯我，我後來是直接跟師傅講說，東西是你給我們的，結果師傅自己也沒有講話。

（二）照顧方方面面

72.1因爲那時候（註:在綠灣實習的時候）我是自己一個人在內場上班，

72.2那我覺得，有時候你要從主管那邊看，有時候要從師傅這邊，有時候要從外場這邊，可是有一方面你要從客人這邊，就是說你那

時候要從很多面去看這個東西，

72.3比如說單單一樣產品好了，**客人可能**會喜歡或不喜歡，**可是師傅可能**會想說，這是我新想出來的作法，管他喜歡或不喜歡，**站在主管的立場，可能**會想說，銷不銷得出去？**門市會覺得說，好不好包裝？會不會**比較方便作業這樣子！

（三）開餐廳

90遠：40歲的時候喔！……我就是希望，我有一份很好的工作就好了！覺得是我自己非常非常想要的工作，而且我自己很認真的在做那份工作。

92遠：我的夢想可能就是我有一間店吧！可能就是一間屬於自己風格的店，就是有一種簡約的感覺吧！

134遠：如果是我自己開餐廳，我會想說如果**我的員工如果有更好的意見，我要聽取，因為不見得說，我的就完全是對的**，他們的或許會更好或還不錯，就是要採納。

（四）面對自己的孩子

136遠：**我會給我小孩機會**，因為像我自己在家裏我覺得，現在爸媽都會不知道我們自己在做什麼，可是我自己覺得我們自己在做的時候又有一點不能違背他們，對呀！

139問：所以你以後當爸爸媽媽你會怎麼做？

140遠：我覺得**基本的觀念要教好**，是對是錯要讓他們知道，然後他們想做就去做。

142遠：如果他**真的不知道要做什麼，我應該會點醒他吧！**

〔118.2：**師傅直接盯我，我後來是直接跟師傅講說，東西是你給我們的，結果師傅自己也沒有講話**〕過去，總是低頭接受，即使委屈也不敢聲張，但合理的說明，不頂黑鍋，也是幫助成員不能推卸責任，間接幫助公司成長，以前總怕得罪人，都忍氣吞聲，但現在不會了！

〔72.3：**比如說單單一樣產品好了，客人可能**……，**可是師傅可能**……，**站在主管的立場，可能會**……**門市會覺得說，好不好包裝？會**

不會……〕一項產品的產銷循環，必須照顧到每一個環節，如果本位主義、只管自己，那就不會看到整體，在學校辦活動的過程中，就學會了看到整體，自然就運用到職場上了！

〔134遠：……**我的員工如果有更好的意見，我要聽取，因為不見得說，我的就完全是對的，……**〕工作完成時要大家都高興之下去完成，若一意孤行，再好的計畫，帶著不高興的心情去做，完成了也不會圓滿。

〔136遠：**我會給我小孩機會……**〕〔140遠：**我覺得基本的觀念要教好……**〕〔142遠：**真的不知道要做什麼，我應該會點醒他吧！**〕。就是在開平的經驗，給出一個範圍和目標，不告訴你怎麼做，真的不會做就給一點提醒，不採用也沒關係。這樣小孩也不會覺得無趣或拒絕，大人只要關心就等著看結果。

生命是統整連貫的，不會處理同儕關係，就不會處理親情關係，反過來，若會處理學校團體成員之間的關係，就比較懂得如何處理家庭成員之間的關係。有些時候需處理「上下關係」，有時候處理「平等關係」，這些都會「平行位移」的面向其他關係。如果學校是一個微型的社會團體，孩子在學校的成功經驗，就可以移轉應用到未來的生涯發展上了。

整體來說，從這個敘事研究中發現，敘說者在過程中有著豐富細緻的發生，如果沒有整理，也許就只有形塑了當事人的性格和條件。透過敘事，我們看到了敘說者的心路歷程，也看到了改變的脈絡。人類學家貝特森說：看到不同就能創造不同。我們的信念是，沒有兩個人是一樣的，也沒有哪種教育方法是唯一最好的，這些故事不能複製，但也許能激發每一個人更有力量創造自己的生命故事。

伍、結論

有人問到：「憑單一故事的觀點加以解讀，難以取信，整體性如何做到？」，「那麼是否落入研究者主觀的個人判斷？」，「問話是可以

操弄的，那問話的嚴謹如何判準？」，「這樣是否會有過度推論的嫌疑呢？」

量化研究傾向於，在〔變數a〕中會導致〔改變b〕的可能性有多少，所以樣本有量的需要。質性研究傾向於，去了解〔變數a〕在〔改變b〕中扮演什麼角色？a和b在某一段時間的連結互動的過程是什麼？分析〔變數a〕對〔改變b〕的影響以及因果連結關係。敘事研究，著重敘說者內在自我對改變或情緒的覺知，是主觀性的，也不需外在證明自己的改變或感覺，因為沒有兩個人是一樣的，也沒有人比自己更清楚自己的改變。其實，人生的一項苦惱，就是莊子〈逍遙遊〉中所說：「有所待者也」，期待別人來證明自己的存在。

問話的嚴謹度，無法客觀驗證，但若是相關人員共同參與討論共構故事，閱讀文本，修編確認即可。後現代的觀點是，沒有絕對的真實的世界，只有由感官經驗塑造的世界。共構的故事，對共構者來說，就是真實的故事。

本研究談到故事或故事帶出的故事的意義，閱讀者清楚知道研究者的視框觀點後，從故事中或研究者的主觀分析中去詮釋判讀對自己的意義，就沒有推論的議題了。質性研究者Fred Hess說：誠實的結果就是質性研究的效度。

敘說根本就是一種再呈現（representations），解釋常是不可避免的。個人的故事不僅僅是告訴某人（或自己）關於自己生命的一種方式，也是他們的認同賴以形成的工具（Rosenwald and Ochberg, 1992b:1）。敘說也構成知覺經驗，組織了記憶、「生命的片段及目的——建構了一個生命的真正事件」（Bruner, 1987:15），這些人建構的故事若典型地與一個社群的生命故事相契合，將可反映生命本質的深層結構（deep structure）。個人敘說並不意謂要被視為過去所發生事件的一個正確記錄，或者反映在「外在」世界的一面鏡子。因為敘事化（narrativization）就已經假定是一種觀點（point of view）。所以事實是一個解釋過程的產物，即「事實和解釋是互為需要且相互形塑的」。總是有可能以完全不同的方式敘述相同的事件，這端看敘說者的價值與

興趣為何。傳統對於信度（reliability）的觀點，並不適合應用於敘說研究，而傳統效度的觀念則在根本上必須重新概念化。有效性——我們宣稱解釋是否具有信賴度（trustworthiness）的一種過程。這是很重要的議題。「信賴度」並非「真實」（truth），在語意上有很大的差異：後者假設了一個客觀上的真實，而前者則把這個過程放入了社會的世界裡。

敘說研究裡有一種緊張關係，一方面是追求類化，另一方面則重視讓敘說者的話語「展露」其意義。因為敘說分析允許對個人經驗和意義進行系統性研究：亦即，事件是如何被敘說者的行動所建構出來的。藉由敘事研究，讓學校老師們看到所營造的環境氛圍影響了敘說者的思維和行動，讓行動產生意義，也讓敘說者藉著回憶整理經驗，發現以往忽略的事實，以及對未來生涯發展重要的價值。閱讀者也可透過文本打開視框，人類學家貝特森（Bateson）說：看到不同就會創造不同（differences make differences），閱讀者更可以與文本對話發現對自己有意義的故事。

本論文從一位畢業生中看到一所沒有統一教科書的學校所營造的人文環境氛圍中，如何幫助敘說者從漂流中釐清方向，從混沌中找到次序。

陸、後記

本論文雖未附錄現場文本，但附上編碼，重新排序後可大約還原，將可做為重新詮釋的基礎。

另外，感謝參與研究並擔任研究助理的晶蓉師，敘說主角林志遠校友以及劉家瑞同學、李明佳同學、周俊佑同學等，還有參與閱讀、討論，提供資料或提供編修意見的夥伴——君溥師、瑟蓮師、小馬師、佩雯師、阿茹師、主廚之家師傅群、秀芬主任、裕意副校長、俊彥校長。最後是吳熙玥老師指導性的建議，使論文更符合質性研究中必須嚴謹的理論與方法論。在掌握精神並透過不斷的討論編修，提高了可評價（inter-rater）的信度(creditability)。

　　另外，從討論的過程中讓夥伴們從不同角度回顧過去的經驗中，有了新的發現和新的體會，在後設討論的對話過程中，有了新的學習，對學校發展路線也共構了新的敘說；生命故事能帶出這麼多的迴響，眞令人振奮！

參考文獻

中文部分

邱瑜（2003）。教育科研方法的新取向——教育敘事研究。**中小學管理，9，** 11-13。

夏惠汶（2005）。透過生命故事述說——看到師生共學的教學方式影響心念的轉變。**2005華人教育學術研討會：「華人世界近世教育改革的批判」。** 台北：台灣師範大學。

翁開誠（2000）。**敘事治療序——通過故事來成人之美。** 台北：張老師。

楊莉萍（2006）。**社會建構論心理學。** 上海：上海教育出版社。

外文部分

Anderson, W. T. (1990). *Reality Isn't What It Used to Be: Theatrical Politics, Ready-to-wear Religion, Global Myths, Primitive Chic, and Other Wonders of the Postmodern World.* San Francisco: Harper & Row.

Beane, J. A. (1997). *Curriculum Integration: Designing the Core of Democratic Education.* New York: Teachers College.

Bell, S. E. (1988). Becoming a Political Woman: The Reconstruction and Interpretation of Experience through Stories. In Todd, A. D. and Fisher, S. (Eds.), *Gender and Discourse: The Power of Talk* (pp. 97-123). Norwood, NJ: Ablex.

Clandinin, D. J. and Connelly, F. M. (1994). Personal Experience Methods. In Denzin, N. K. and Lincoln, Y. S. (Eds.), *Handbook of Qualitative Research* (pp. 413-427). London: Sage.

Freedman, J. and Combs, G. (1996). *Narrative Therapy: The Social Construction of*

Preferred Identities. New York: W.W. Norton.

Ginsburg, F. D. (1989a). *Contested Lives: The Abortion Debate in an American Community.* Berkeley: University of California Press.

Peller, G. (1987). Reason and the Mob: The Politics of Representation. *Tikkun*, 2(3), 28-95.

Riessman, C. K. (1993). *Narrative Analysis.* CA: Sage.